Margret Rasfeld | Peter Spiegel
EduAction

Margret Rasfeld | Peter Spiegel

EduAction

Wir machen Schule

MURMANN

Dieses Buch wurde klimaneutral produziert:

Bibliografische Information der Deutschen Nationalbibliothek

Die Deutsche Nationalbibliothek verzeichnet diese Publikation in der deutschen Nationalbibliografie; detaillierte bibliografische Daten sind im Internet über http://dnb.d-nb.de abrufbar.

ISBN 978-3-86774-181-1

Redaktion: Julia Schoon, Berlin
Umschlaggestaltung: Groothuis, Lohfert, Consorten, Hamburg | glcons.de
Herstellung und Gestaltung: Presse- und Verlagsservice, Erding
Gesetzt aus der Utopia und der Univers
Druck und Bindung: Freiburger Graphische Betriebe, Freiburg
Printed in Germany

Besuchen Sie uns im Internet: www.murmann-verlag.de

Ihre Meinung zu diesem Buch interessiert uns!
Zuschriften bitte an **info@murmann-verlag.de**

Den Newsletter des Murmann Verlages können Sie anfordern unter
newsletter@murmann-verlag.de

Inhalt

Vorwort
von Marianne Obermülller 8
Editorial 10
Einführung
von Gerald Hüther 12

**Das Lernen der Zukunft: Paradigmenwechsel
als Antwort auf neue Herausforderungen** 20

Eine Gegenüberstellung 27
Das Schulethos der esbz:
protestantisch – mutig – weltoffen 30

**Agenda-Schule und das Haus des Lernens:
Wie an der esbz Verantwortung für Kinder und
die Erde übernommen wird** 32

Säule 1: Lernen zu handeln 39

Lernen durch Engagement: Überfachliche
Kompetenz und Selbstwirksamkeitserfahrungen
für Heranwachsende 39
Projekt Verantwortung: Spüren, wie es ist,
gebraucht zu werden 52
Projekt Herausforderung: An die eigenen
Grenzen stoßen und darüber hinauswachsen 62
Wie Schüler große Visionen umsetzen 75
Menschen mit Botschaften kommen in die Schule –
von Zeitzeugen bis zu Nobelpreisträgern 89

5

Säule 2: Lernen, Wissen zu erwerben 93

Lernbüro und Logbuch: Lernen im eigenen
Tempo, individuell und selbständig 93
Motivierende Leistungsbewertung: Wertschätzung
und Förderung statt Defizitblick und Noten 104
Innovationsfähigkeit ist lernbar – individuell
und im System Schule 110

Säule 3: Lernen, zusammen zu leben 120

Inklusive Schule: Heterogenität als
Schatzkiste der Talente 120
Peer Learning: Die Mitschüler als erste Lehrer 133
Klassenrat und Soziales Lernen: Schule
gemeinsam verantworten 138
Schulversammlung: Demokratie
braucht Öffentlichkeit 144
Naturerfahrung und Gemeinschaft: Neue und
fast vergessene Wege zur Potenzialentdeckung 149
Alle ins Ausland: Wie Heranwachsende
Weltentdecker und Weltbürger werden 156
Lernen vom Kopf auf die Füße gestellt:
Wie Schüler Lehrer und Erwachsene fortbilden 167

Mit lebendigen Ritualen eine Mut- und
Mitmachkultur festigen 177

Die Zukunft der Bildung hat schon begonnen:
Blick nach Deutschland und in die Welt 182

Transformation ist möglich:
Diese Pioniere machen Mut 182

Warum wir das Rad doch noch einmal
neu erfinden sollten 202
Bildung neu erfinden:
Das Education Innovation Lab 218

Landkarte der esbz 229
Rahmenbedingungen 229
Strukturmodell der esbz................................. 234
Das Kollegium 240
Elternmitarbeit 242

Anmerkungen 245
Literaturverzeichnis 248
Dank 252
Register 255
Über die Autoren 259

Vorwort

von Marianne Obermüller

Es geht um einen »geistigen Klimawandel«, um weltweites Umdenken mit Herz und Hand, um eine Welt der besseren Verständigung und des besseren Miteinanders. Dies ist die Mission der earthrise society, die eine neue Kultur des Denkens und Handelns ins Leben rufen möchte, vor allem in den Bereichen Bildung, Gesundheit und soziale Innovationen. *EduAction*, ein ungewöhnliches und dennoch sehr reales Buch, bringt diesen neuen Zeitgeist des Wandels in den Bereich Bildung.

Wir müssen bei uns persönlich anfangen, bevor wir die Veränderung im Außen zur Wirklichkeit werden lassen können. Wir erlangen weder die notwendige Handlungsklarheit noch die unumgängliche Handlungsstärke, wenn der Wandel nicht mit einem Umdenken beginnt.

Wir haben die Schöpfung in unsere Hand genommen, also muss unser Denken nun auch den Wandel in Richtung einer nachhaltigen Verantwortung für intakte Ökosysteme vollziehen. Wir leben über unsere Produkte in engster tagtäglicher Verbindung mit der gesamten Menschheit. Also haben wir Verantwortung für die unteilbare Menschheit, die unseren Wohlstand geschaffen hat.

Fast alles, was wir dafür brauchen, besitzen wir. Die Mehrzahl von uns ist vom reichen Wissen der Menschheit, ihren Erfahrungen und Erfindungen nur noch einen Mausklick weit entfernt. Somit war es für keine Generation leichter, den Einzelnen zu einem überreich sinnstiftenden Unternehmer seiner besten, eigenen Potenziale auszubilden. Wenn wir uns dazu entscheiden, Lebensunternehmer, Changemaker, zu werden, können wir gemeinsam zu einem neuen Denken kommen.

Geistiger Klimawandel kann nur in sehr konkreter Form stattfinden. Mit diesem Buch in der Hand können wir die Transformation vollziehen von einem viel zu einseitig auf Wissensvermittlung getrimmten Schulsystem hin zu Schulen ganzheitlicher Potenzialentfaltung. Schulischer Erfolg muss neu definiert werden, und das Ziel von Schule sollte sein, das Potenzial in jedem einzelnen Schüler zu fördern, so dass er später seine einzigartigen Begabungen und Talente zum Wohle des Ganzen einsetzen kann.

Dieses Buch soll den Start für den Aufbruch in eine tiefgreifend neue Potenzial-Bildungsrepublik markieren. Sie werden sehen, es enthält reichlich Stoff für handfeste Veränderungen.

Dass man Schule so leicht, so anders und so faszinierend neu erfinden und umsetzen kann – dies zu erfahren, da bin ich mir sicher, wird jedem Leser das Herz in hellster Begeisterung aufgehen lassen.

Der geistige Klimawandel ist möglich, dieses Buch ist der beste Beweis dafür. Welche Freude daher, dass wir von earthrise diese vorliegende Erfolgsgeschichte als earthrise Report aufnehmen können.

Marianne Obermüller
Gründerin earthrise society

Editorial

In ihrer Neujahrsansprache 2012 bezeichnete Bundeskanzlerin Angela Merkel die Frage »Wie lernt unsere Gesellschaft?« als eine der entscheidenden Zukunftsfragen. Im Kern bedeutet diese Frage: Wie schnell, kreativ und grundlegend lernen unsere Bildungseinrichtungen, den einschneidend veränderten Zukunftsanforderungen gerecht zu werden?

Die Frage, was Bildung in der und für die heutige Welt und für permanentes gesellschaftliches Weiterlernen sein muss, beantwortet der Hirnforscher Gerald Hüther in seiner Einführung zu diesem Buch sehr klar. Bildung muss Potenzialentfaltung sein. Die heute immer noch übliche Wissensvermittlung stellt lediglich den Rohstoff bereit. Doch erst die Potenzialentfaltung bestimmt, was jeder Mensch daraus kreativ gestalten kann. Das neue Lernziel lautet daher: Lebensunternehmer.

Dieses Ziel findet sich, in unterschiedlichen Begriffen ausbuchstabiert, in zahlreichen klugen Bildungsbüchern der Gegenwart. Doch zwei Fragen bleiben meist nur unbefriedigend beantwortet: Wie kann ein derartig verändertes Bildungsverständnis ohne langes Warten auf die große Bildungsreform von oben unmittelbar in der Schule, in unserer Stadt, in unserer Gemeinde praktisch umgesetzt werden? Und besteht eine realistische Chance, dass unsere gesamte Gesellschaft lernt, die notwendige Bildungswende zur Potenzialentfaltung tatkräftig und erfolgreich zu vollziehen? Diese beiden Fragen haben die Autoren dieses Buches zusammengeführt und zum Schreiben von *EduAction* motiviert.

Die Entscheidung, die zukunftsweisenden Impulse kluger Vordenkerinnen und Vordenker einer Potenzialentfaltung an der eigenen Schule einfach umzusetzen, führte zu einem aufregenden Lernprozess, dessen Zwischenergebnisse wir einer breiten Öffentlichkeit hiermit zugänglich machen wollen. Über die für jeden Lernprozess typischen Schleifen von Versuch und Irrtum kristallisierte sich an der Evangelischen Schule Berlin Zentrum (esbz) aus Sicht der beteiligten Lehrer, Schüler und Eltern und von externen Beobachtern Zug um Zug eine Form konkret sich vollziehender Potenzialentfaltung heraus. Parallel dazu wurde immer nachdrücklicher der Wunsch artikuliert, die Erfahrungen an der esbz weiterzugeben. Dies geschah in einem ersten Schritt über Vorträge, auf die im zweiten Schritt schon bald Lehrerfortbildungen durch Schüler der esbz folgten, an denen in kurzer Zeit bereits mehr als 3000 Lehrer teilgenommen haben. Der dritte Schritt ist nun dieses Buch.

Innovationen gibt es selbstverständlich nicht nur an der esbz, wir selbst haben uns bei einigen der realisierten Bildungsinnovationen auf andernorts entwickelte Neuerungen gestützt. Wichtiger, als die Urheberschaft der Innovationen zu klären, erscheint uns jedoch zu erkunden, wie die bereits überaus faszinierende und lernstarke, gleichwohl noch recht fragmentarische Landschaft von Potenzialentfaltungsprojekten und -schulen aussieht und, noch wichtiger, wie es gelingen kann, auf der Basis der bereits gesammelten Erfahrungen und Beispiele eine Schule nach der anderen neu zu erfinden. Aus diesem Grund haben wir gemeinsam mit anderen Interessierten das Education Innovation Lab an der Humboldt-Viadrina School of Governance ins Leben gerufen. Was sich dort entwickelt, ist Thema am Ende dieses Buches.

Margret Rasfeld und Peter Spiegel
Berlin, Februar 2012

Einführung

von Gerald Hüther

Jeder Erwachsene, dem die Zukunft unserer Kinder am Herzen liegt, wird sich schon oft genug gefragt haben, weshalb unsere Schulen – nicht alle, aber doch noch immer viel zu viele – nicht so sind, wie sie eigentlich sein sollten. Es ist doch nicht normal, dass Kinder den größten Schatz, den sie mit auf die Welt bringen, ihre unglaubliche Entdeckerfreude und Gestaltungslust, ihre Offenheit und Lebensfreude, ausgerechnet dort verlieren, wo er sich eigentlich besonders gut entfalten sollte. Inzwischen ist es so weit gekommen, dass sogar Grundschüler nicht mehr in die Schule gehen wollen oder gar krank werden, weil sie dem dort herrschenden Leistungsdruck und dem Tempo nicht mehr gewachsen sind, mit dem sie auf die Anforderungen der weiterführenden Schulen vorbereitet werden sollen. Wer Bedenken gegenüber diesen Entwicklungen vorbringt, dem wird erklärt, für die Zukunftsfähigkeit unserer Kinder und der weiteren wirtschaftlichen Entwicklung unseres Landes sei es in einer globalisierten Welt notwendig, die Effizienz unseres Bildungssystems ständig zu verbessern und den Schülern in immer kürzerer Zeit immer mehr beizubringen. In einer vom wirtschaftlichen Wettbewerb getriebenen Welt müssten Kinder eben lernen, sich anzustrengen. Je früher, desto besser. Dieser Argumentation haben viele Eltern und sogar die meisten Pädagogen kaum etwas entgegenzusetzen.

Niemand hat aber bisher berechnet, wie groß der Verlust ist und wie viele Euro es kostet, wenn auch nur einem einzigen Kind im Verlauf der Schulzeit seine angeborene Lust am Entdecken und Gestalten und die Freude am Lernen geraubt werden. Wenn es dann als Jugendlicher »null Bock« auf Schule und eine spätere

Ausbildung hat, keinen Beruf erlernt, sich als Sozialfall durchschlägt oder womöglich drogensüchtig und kriminell wird. Oder wenn jemand den Rest seiner Schulzeit nur noch absitzt und am Ende einen Beruf erlernt, den er nur widerwillig ausübt, der seinen Frust zu Hause an Frau und Kindern abläßt, sich betrinkt und mit 50 Jahren eine neue Leber braucht. Oder wenn all das, was in einem Kind an Möglichkeiten und Begabungen steckt, durch eine negative Schulerfahrung nicht zur Entfaltung kommt. Und stellen Sie sich vor, dass das nicht nur einzelne Jungen – und auch Mädchen – sind, die in der Schule die Lust am Lernen verlieren, sondern viele, sehr viele.

Vierzig Prozent der Schüler haben nach statistischen Erhebungen gegenwärtig Angst vor der Schule. Ahnen Sie, was alles das zusammen kostet? Vielleicht ist es aus »guten« Gründen noch nie berechnet worden. Womöglich würde dann deutlich, dass die durch unser gegenwärtiges Schulsystem erzeugten Folgekosten erheblich größer sind als die für seine Aufrechterhaltung eingesetzten Mittel. Stellen Sie sich einen Betrieb vor, bei dem Instandhaltung und Reparatur der erzeugten Produkte das Unternehmen teurer zu stehen kommen als ihre Herstellung. So eine Firma wäre im Handumdrehen pleite.

Aber es ist noch viel schlimmer: In unseren Schulen werden ja keine Produkte hergestellt, sondern mit all dem, was Schüler dort lernen, mit den Erfahrungen, die sie dort machen, sollen sie das Wissen und die Fähigkeiten erwerben, die sie brauchen, um später ein sinnerfülltes, glückliches Leben zu gestalten. Dort sollen junge Menschen darauf vorbereitet werden, sich als kompetente, engagierte, teamfähige, verantwortungsbewusste, kreative und engagierte Menschen an der Gestaltung wirtschaftlicher, sozialer, kultureller und politischer Entwicklungsprozesse zu beteiligen. Wie aber soll dazu jemand in der Lage sein, der bereits in der Schule seine Lust am eigenen Entdecken und Gestalten verloren hat?

»Wonach die Zeit am sehnlichsten verlangt, das sind immer wieder die großen Individualitäten, die anders sind: denn immer ist mit ihnen die Zukunft gewesen. Wenn aber im Kinde die Individualität sich zeigt, wird sie verächtlich oder geringschätzig behandelt, womöglich, was für das Kind am schmerzlichsten ist – verlacht. Man geht mit ihnen um, als ob sie nichts Eigenes hätten, und entwertet ihnen die Reichtümer, aus denen sie leben, um ihnen dafür Gemeinplätze zu geben.«[1] So deutlich formulierte es Rilke bereits zu Beginn des 20. Jahrhunderts.

Es wäre also an der Zeit, aufzuwachen und unsere Schulen in das umzuwandeln, was sie sein müssten: Werkstätten des Entdeckens und Gestaltens, Erfahrungsräume zur Entfaltung der in allen Kindern angelegten Potenziale, Begegnungsorte für das Voneinander- und Miteinanderlernen, Basislager des Erlebens von gegenseitiger Achtung und Wertschätzung und des Gefühls, aneinander und miteinander über sich hinauswachsen zu können.

»Wenn du einen Sumpf austrocknen willst, darfst du nicht die Frösche fragen«, so lautet ein bekanntes Sprichwort. Aber dass sich die dicksten Frösche in unseren eigenen Köpfen eingenistet haben, ist eine noch recht unbekannte und auch unbequeme Erkenntnis. Die Hirnforscher haben sie im Frontallappen lokalisiert. Es sind neuronale Netzwerke, die durch selbst gemachte oder von bedeutsamen Bezugspersonen übernommene Erfahrungen entstanden sind und sich zu Metaerfahrungen verdichtet haben, die wir innere Überzeugungen und Einstellungen nennen. Weil sie auch an Gefühle gekoppelt sind, kleben die meisten Menschen fester an ihren einmal ausgeformten Überzeugungen, als sie das zuzugeben bereit sind. Manche dieser erfahrungsabhängig ausgebildeten Einstellungen behindern die eigene Vorstellungskraft so sehr, dass es fast unmöglich ist, sich vorzustellen, dass Schulen auch anders sein könnten als so, wie es die betreffenden Eltern, Lehrer oder Kultusbeamten selbst erlebt haben.

14

Wer von Schulpflicht redet und von hundertprozentiger Unterrichtsversorgung und wer meint, dass Schüler ohne Druck nichts lernen, kann nicht glauben, dass es Schulen geben könnte, in die die Schüler so gern gehen und in denen sie so viele stärkende eigene Erfahrungen machen, dass sie weinen, wenn Ferien sind. Solchen Schulverantwortlichen ist es unvorstellbar, dass Schulen ohne Schulklassen funktionieren können, ohne Lehrplan und ohne Unterrichtsstunden im 45-Minuten-Takt. Undenkbar ist es für all jene Erwachsenen, die an den negativen Erfahrungen ihrer eigenen Schulzeit noch immer leiden, dass Schüler weder Angst vor Lehrern noch vor Lernkontrollen haben, dass sich die Schüler dort in altersgemischten Lerngruppen Themen und Inhalte selbst erarbeiten und dabei mehr voneinander lernen als von ihren Lehrern. Solche Schulen würden nicht mehr wie Betonklötze aussehen, und die Schüler würden ihre wichtigsten Lernerfahrungen auch nicht im Schulgebäude, sondern draußen im richtigen Leben, in der Natur, in den Stadtteilen und den Gemeinden, in den benachbarten Betrieben machen.

Stattdessen beharren diese Eltern, Lehrer und Kultusbeamten darauf, dass Intelligenz angeboren sei und es begabte und unbegabte Kinder gebe, dass Schule ohne Leistungsdruck und Selektion nicht die gewünschten Ergebnisse bringe, dass nur solche Schüler später »Leistungsträger« würden, die diese Schulen und all das, was sie dort erleben, am besten aushielten. Und wenn jemand auf die Idee käme, andere Schulen einzufordern oder gar einzurichten, würden diese Personen auf die Barrikaden gehen oder eine breite öffentliche Mobilmachung gegen die Umsetzung dieser Ideen in Gang setzen. Es dürfte klar sein: Mit solchen Fröschen im Kopf kann man Schulen der Zukunft noch nicht einmal denken.

Es könnte nicht nur anders gehen, sondern es geht längst schon anders. Viele kleine Initiativen und Schulmodelle überall im Land zeigen nicht nur, dass es möglich ist, sondern auch, wie solche anderen Wege aussehen können. Es sind offenbar nur ganz wenige Voraussetzungen erforderlich, um eine Schule in eine wahre Zukunftswerkstatt zu verwandeln. Zuallererst muss es gelingen, die Eltern – und zwar alle Eltern – für schrittweise Veränderungen der Lernkultur und der Lernatmosphäre in einer Schule zu gewinnen. Ebenso wichtig ist es, alle Lehrkräfte mit ins Boot dieses Veränderungsprozesses einzuladen und sich möglichst von all jenen zu trennen, die sich dazu nicht einladen lassen. Beides kann aber nur dann gelingen, wenn es eine Schulleitung gibt, die das Engagement und die Kompetenz mitbringt, um diesen Veränderungsprozess in Gang zu bringen und zu steuern. Gleichzeitig müsste es die Leitung schaffen, die Unterstützung – oder zumindest die wohlwollende Duldung – der zuständigen Schulträger und Aufsichtsbehörden für diesen neuen Kurs zu erlangen. Die wichtigste Voraussetzung, die eine solche Schulleitung besitzen muss, ist wieder einmal nichts anderes als eine innere Überzeugung, dass es anders gehen kann, dass eine Transformation unseres Bildungssystems möglich ist.

Schulleiter müssten davon überzeugt sein, dass es möglich ist, Schulen nicht nur anders zu denken, sondern so umzugestalten, dass den Schülern das Lernen, das eigene Entdecken und Gestalten Freude macht. Denn nur dann, wenn Schüler mit Freude und Begeisterung neues Wissen erwerben und sich neue Fähigkeiten und Fertigkeiten aneignen, werden in ihrem Gehirn die emotionalen Zentren aktiviert. Nur dann kommt es an den Enden der Fortsätze der dort befindlichen Nervenzellen zur Ausschüttung von sogenannten neuroplastischen Botenstoffen. Diese bringen all jene Neuronenverbände, die sie im Zustand der Begeisterung besonders intensiv nutzen, dazu, vermehrt solche Eiweiße zu bilden, die für das Auswachsen von neuen Nervenzellverbindungen und die Bildung neuer Nervenzellkontakte gebraucht werden. Begeisterung wirkt also wie Dünger fürs Gehirn. Nicht nur bei Schülern, auch bei Eltern und Lehrern. Es wirkt sogar bei Kultusbeamten.

Aber die Begeisterung am Lernen kann niemand erzwingen oder anordnen. Sie lässt sich nur wecken. Die Zauberworte, mit denen sich die Begeisterung bei jedem Menschen wiedererwecken lässt, egal wie alt er ist und wie viele negative Erfahrungen er schon gemacht hat oder machen musste, sind ganz einfach: Man muss ihn einladen, ermutigen und inspirieren, sich noch einmal auf Neues einzulassen. Man muss ihm Gelegenheit geben zu erfahren, dass er doch etwas kann, dass das Entdecken und Gestalten und das Lernen Freude machen kann, dass er so, wie er ist, gemocht wird, dass er mit seinen besonderen Fähigkeiten und Begabungen gebraucht wird, um gemeinsam mit anderen etwas zustande zu bringen, was keiner allein schaffen kann. Überall dort, wo das gelingt, entstehen diese wunderbaren Werkstätten, in denen junge Menschen unsere Zukunft gestalten.

Treibhäuser der Zukunft heißt ein Film von Reinhard Kahl, dem Begründer des Netzwerks »Archiv der Zukunft«. Hier werden Schulen vorgestellt, die solche Selbstbildungswerkstätten für Schüler geworden sind. In diesen Schulen herrscht ein besonderer Geist, und dort zeichnen sich die Lernbegleiter durch eine besondere Haltung aus. *Supportive leaders* heißen solche Führungskräfte in der Wirtschaft. Lernbegleiter stehen, wie der Schulleiter der Bodenseeschule in Friedrichshafen, morgens vor der Schule und begrüßen ihre Schülerinnen und Schüler als starke, kompetente Persönlichkeiten und laden sie dazu ein, in der Schule die in ihnen angelegten Potenziale zu entfalten. Die Schüler werden wertgeschätzt, und ihnen wird etwas zugetraut. Solche Schulen gibt es überall. Aber wenn sie nicht gezeigt und öffentlich gemacht werden, bleiben sie wie Stecknadeln in einem Heuhaufen versteckt. Die Robert Bosch Stiftung zeichnet solche Schulen jährlich mit dem Deutschen Schulpreis aus.

In der Sinn-Stiftung, deren Präsident ich bin, gibt es eine Initiative »Schulen der Zukunft«, die solche Beispiele des Gelingens zusammenträgt. Dort findet man unter anderem auch einen Hinweis auf die Evangelische Schule Berlin Zentrum, in der es Margret Rasfeld als Schulleiterin gelungen ist, eine vorbildliche Lern- und Beziehungskultur zu entwickeln. Schüler aus dieser Schule sind gefragte Trainer für Lehrerfortbildungsseminare.

In Thüringen gibt es ein vom Kultusministerium unterstütztes Bildungsprogramm »Neue Lernkultur in Kommunen«. Dort werden Kommunen dabei unterstützt, ihre Kindergärten und Schulen für all das zu öffnen, was es in den jeweiligen Dörfern oder Städten für Kinder und Jugendliche zu entdecken und zu gestalten gibt. Dort findet Schule also nicht mehr in der Schule, sondern im Leben statt. Dort dürfen Schüler die Erfahrung machen, wie viel Freude es macht und wie erfüllend es ist, wenn man sich gemeinsam mit allen anderen um etwas kümmern kann, was für die Gemeinde wichtig ist.

Es lohnt sich auch, neue Schulmodelle außerhalb Deutschlands näher anzuschauen. Wer beispielsweise wissen will, wie Schulen es geschafft haben, zu Bildungseinrichtungen zu werden, in denen kein Schüler als »behindert« oder »unbeschulbar« ausgegrenzt wird, in denen alle Kinder in einer Gemeinschaftsschule lernen, worauf es im Leben später ankommt, kann sich zum Beispiel in Südtirol umschauen. Dort sind Integration und Inklusion Fremdworte. Dort wird nicht mehr über das gemeinsame Lernen geredet, dort findet es überall statt.

Das sind nur einige Beispiele, die deutlich machen, dass es die Schulen der Zukunft längst gibt. Es wird nun langsam Zeit, dass wir sie auch überall in unserem Land bekannt machen. Wer den Sumpf austrocknen will, darf aber nicht die Frösche fragen, sondern der muss den Spaten in die Hand nehmen und Abflussgräben ausheben, damit das abgestandene Brackwasser eines überholten Schulsystems möglichst schnell und ohne weitere Stauungen abfließen kann.

Margret Rasfeld ist eine Schulleiterin, die den Spaten in diesem Sinn in die Hand genommen und »ihre« Schule in eine Lern- und

Entdeckerwerkstatt verwandelt hat. Sie weiß, wovon sie redet. Sie hat das, was sie weiß, in die tägliche Schulpraxis umgesetzt. Wer könnte glaubhafter als sie beschreiben, wie ein solcher Transformationsprozess gelingen kann? Margret Rasfeld ist eine Frau der Tat und stellt das Handeln in den Vordergrund oder inspiriert andere durch begeisternde Vorträge und Workshops, statt aufzuschreiben, was dabei wichtig ist und worauf es dabei ankommt. Umso glücklicher bin ich, dass sie jetzt dieses Buch geschrieben hat. Ich kann nur hoffen, dass sich möglichst viele Eltern, Lehrer und nicht zuletzt Kultusbeamte von ihren hier dargestellten Erfahrungen ermutigen und inspirieren lassen.

Schule geht auch anders. In diesem Buch erfahren Sie, wie sie gelingen kann.

Gerald Hüther (60) ist einer der bekanntesten deutschen Hirnforscher. Er schreibt Sachbücher, hält Vorträge, organisiert Kongresse und leitet die Zentralstelle für neurobiologische Präventionsforschung der Universitäten Göttingen und Mannheim/Heidelberg. Er ist Mitbegründer des Bildungsnetzwerks »Win Future«, Präsident der Sinn-Stiftung und wissenschaftlicher Begleiter des Thüringer Modells »Neue Lernkultur in Kommunen«.

 Tipp:

- www.gerald-huether.de
- Archiv der Zukunft: www.adz-netzwerk.de
- Schulen der Zukunft: www.sinn-stiftung.eu
- Thüringer Projekt für neue Lernkultur in Kommunen: www.nelecom.de
- Neben Gerald Hüthers Standardwerken wie *Bedienungsanleitung für ein menschliches Gehirn* und *Was wir sind und was wir sein könnten* hat er auch Erziehungsratgeber geschrieben: Zusammen mit Cornelia Nitsch: *Wie aus Kindern glückliche Erwachsene werden* (Gräfe und Unzer, 2008) und mit Inge Krens: *Das Geheimnis der ersten neun Monate* (Beltz, 2008).

Das Lernen der Zukunft:
Paradigmenwechsel als Antwort
auf neue Herausforderungen

Ich denke, es gibt gute Gründe für die Annahme, dass das
moderne Zeitalter zu Ende geht. Es gibt heutzutage viele
Hinweise darauf, dass wir uns in einem Übergangsstadium
befinden, es sieht so aus, als ob etwas auf dem Weg hinaus
ist und als ob etwas anderes unter Schmerzen geboren
wird. Es ist so, als ob etwas taumelt, schwankt, schwindet
und sich selbst erschöpft – während sich etwas anderes,
noch Unbestimmtes, langsam beginnt aus den Trümmern
zu erheben.

Václav Havel

Die Zeit für einen grundlegenden Wandel in der schulischen Bildung ist reif – überreif. Das Umfeld für zukünftiges Lernen ist
gekennzeichnet von wachsender Vernetzung – global, regional,
lokal –, von wachsender Gefährdung – ökonomisch, ökologisch,
sozial – und damit einhergehender wachsender Unsicherheit und
Unvorhersehbarkeit. Wir gehen in eine gefährdete Welt vielfältiger
Möglichkeiten, die sich von allem, was wir bisher kannten, radikal
unterscheidet. Der auf Verwertungsmöglichkeiten ausgerichtete
Blick auf die Menschen und den Planeten hat uns in den Zustand
der Instabilitäten geführt. Der bisher praktizierte Weg einer sich
immer weiter verschärfenden Konkurrenz auf allen Ebenen erweist sich zunehmend als nicht zukunftsverträglich. Unverzichtbar sind vielmehr Kreativität, Verantwortung, Individualität und
Gemeinsinn, um die gemeinsamen Lebensgrundlagen und das
friedliche Zusammenleben zu sichern. Angesichts von Globalisierung (Veränderung der Arbeitswelt, der Ökonomie und des
gesamten darauf aufbauenden sozialen Systems), Individuali-

sierung (Schwinden von Autorität und tradierter Steuerung), dem Rückbau sozialstaatlicher Daseinsvorsorge und der medialen Vernetzung wird die verantwortliche Handlungskompetenz und Selbstwirksamkeit der Individuen immer mehr zur unverzichtbaren Notwendigkeit. Die aktive Teilhabe der Zivilgesellschaft ist vordringlicher denn je. Dies will gelernt sein.

Die Zukunft, in die Kinder und Jugendliche hineinwachsen, zeichnet sich durch die Unwägbarkeiten und Turbulenzen in der Folge der sich verstärkenden Krisen der Ökonomie, der Ökologie und der Politik aus. Sicherheiten in Form von bewährten Bildungskarrieren relativieren sich angesichts der Dynamiken des 21. Jahrhunderts. Die Dienstleistungsgesellschaft stirbt. Wir befinden uns in einer rasanten technologischen Entwicklung, die, wie Gunter Dueck, Autor des Buches *Professionelle Intelligenz*, darlegt, die Hälfte der Jobs überflüssig machen wird. Den westlichen Gesellschaften drohen die entgegengesetzten Extreme Elite und Slum. Unsere einzige Alternative dazu ist, den Aufbruch in die Exzellenzkultur zu wagen. Dazu brauchen wir ein komplexeres Verständnis von Potenzial, von Wissen und von Lernen.

Das 21. Jahrhundert mit seiner Komplexität verlangt ein radikales Umdenken, um Lösungen für die globalen Herausforderungen entwickeln zu können. Mit tradierten Mustern und Konformitätsdenken lassen sich die Herausforderungen nicht bewältigen. Visionsbewusstheit, Vorstellungskraft, vernetztes Denken, Innovationsgeist und Handlungsmut sind gefragt, um neue Modelle des Zukünftigen zu

> *Der eiserne Vorhang unseres heutigen Zeitalters, glaube ich, ist das Gefängnis unserer kollektiven Verhaltensmuster in Institutionen. Wir sitzen so fest wie nie zuvor im Griff unserer Vergangenheit, unserer alten Muster. ... Presencing heißt: die Wahrnehmung aus dem Gefängnis der Vergangenheit zu befreien und sie aus der Zukunft operieren zu lassen. ... Presencing ist immer dann relevant, wenn die vergangenheitsgetriebene Realität Sie nicht mehr weiterbringt und Sie das Gefühl haben, ganz neu ansetzen zu müssen.[2]*
>
> Dr. Claus Otto Scharmer, Bildungsinnovator, Dozent und Mitbegründer des MIT Leadership Lab am Massachusetts Institute of Technology

entwerfen. Auch unsere Bildungssysteme stehen zur Disposition. Bisher wird dort das Augenmerk kaum auf die Exzellenz jedes Menschen gerichtet – stattdessen herrschen Defizitgeist, Normierung und Standardisierung vor.

Schulen in Deutschland konzentrieren sich vor allem auf Wissensvermittlung, homogene Gruppen und die Förderung einseitig kognitiver Fähigkeiten. Die traditionellen Funktionen des gegenwärtigen Bildungssystems werden beschrieben mit den Stichworten Qualifikation, Selektion, Legitimation. Die Menschen werden von Anfang an und immerzu einem vorgegebenen Selektionssystem, das sich immerzu selbst zu legitimieren versucht, angepasst. Doch eine solche Bildung ist ausgerichtet auf arbeitsteilige Effizienzstrukturen in Wirtschaft und Gesellschaft, die den Vorgaben einer Industriegesellschaft entsprechen, welche im Verschwinden begriffen ist. Ihre Anschlussfähigkeit an die Herausforderungen des 21. Jahrhunderts ist nicht mehr gegeben.

Warum kleben wir an diesen alten Mustern, warum geben wir uns mit »mehr vom Gleichen« zufrieden? Fehlt es an Vorstellungskraft, Visionen und Mut? Auch Dr. Claus Otto Scharmer sieht die Notwendigkeit zur Veränderung: »Es ›kracht‹ in allen gesellschaftlichen Bereichen«, stellte er bereits 2002 auf den Trigon Studientagen fest. »Alle wollen die Veränderung. Aber realisieren im Sinne von institutionellem Wandel – können wir sie nicht.«[3] Es fehle an der Fähigkeit zum *presencing* glaubt er. Darunter versteht er eine *»neue Fähigkeit des Lernens ..., das nicht auf der Reflexion der Vergangenheit basiert, sondern auf dem Erfühlen, Erspüren und dem In-die-Gegenwart-Bringen von zukünftigen Möglichkeiten.«*[4]

Heute tritt an die Stelle von Vorstellungen über Bildungsbürger, Pflichterfüller oder Ressourcen im Konkurrenzkampf zunehmend ein Menschenbild, bei dem der Mensch als einzigartiger *Potenzialträger* Würde erfährt und Wirksamkeit erlebt. Wir brauchen eine Transformation vom Machbarkeitswahn im Ego-System zum nachhaltigen Eco-System natürlicher Systeme. Wir brauchen Innovationen, um die Probleme zu lösen, unternehmerische Initiativen, die nicht neue Bedürfnisse herauskitzeln, sondern auf vorhandene Herausforderungen mit ökologischer, ökonomischer, künstlerischer Fantasie antworten. Doch woher sollen diese kommen? Innovationsgeist und Kreativität scheinen abhandengekommen zu sein.

Innovationsgeist und Kreativität sind uns deshalb abhandengekommen, weil die meisten Menschen die Schule mit ihrem heimlichen Lehrplan der Anpassung 10, 12 oder 13 Jahre lang durchlaufen haben.

Wir sind überzeugt, dass ein zentraler Grund dafür im Bildungssystem liegt. Wir haben in der Bildung nicht nur ein quantitatives Problem (ca. 25 Prozent erreichen keine Ausbildungsreife), wir haben auch ein qualitatives Problem. Kreativität lebt von Begeisterung, und Begeisterung entsteht in Freiräumen offenen Denkens, wenn nicht alles vorherbestimmt ist, wenn man Träumen nachgehen darf. Kreativität braucht Raum zum Scheitern ohne Beurteilung. Stattdessen herrscht im Schulsystem die totale Orientierung auf Leistung mit ständiger Bewertung. Selbst wer im bestehenden System der vorrangigen Wissensvermittlung vermeintlich erfolgreich ist, wird dadurch in der vollen Entfaltung der in ihm schlummernden Potenziale gedeckelt statt zur Exzellenz gebracht. Querdenken, Unternehmungsgeist, Risikobereitschaft, Handeln werden eher nicht gefördert. Wenn der Schulalltag geprägt ist durch eine Hierarchie von Fächern, zerstückelt in Häppchen, wenn Konformität höher bewertet wird als Heterogenität und Fragmentierung statt Interdisziplinarität das Lernen bestimmt, wenn Lehrer den Unterricht vorherplanen mit Arbeitsblättern, deren Lösung im Lehrerhandbuch steht, dann folgt das dem heimlichen Lehrplan: »Tu das, was dir aufgetragen wird«. Dann werden die Grundbedingungen für Innovation, nämlich Autonomie, Selbstdenken,

Urteilskraft, Persönlichkeitsstärke, Mut, maximale Interdisziplinarität, nicht nur vernachlässigt, sondern sträflich unterlaufen. Denn so wird ein innovationsfeindlicher Erfüllergeist geprägt.

Unsere Gesellschaft braucht aber immer weniger Pflichterfüller. Sie braucht vielmehr kreative Gestalter, autonome Denker, Menschen mit Verantwortung und Rückgrat. Deutschland braucht die Transformation zu einer Innovationskultur – und zwar auf breiter Basis, nicht hier und da ein Projekt. Denn das reicht nicht, um den Geist einer Gesellschaft zu wenden.

Es muss ein Aufbruch auf breiter Front her.
Und jede und jeder wird dabei gebraucht.

Eine Gesellschaft hat so viele Talente, wie sie finden will. Das Potenzial einer Gesellschaft ist das Ergebnis der Bereitschaft, die Potenziale, die in allen Menschen vorhanden sind, tatsächlich wahrzunehmen und ihnen Gelegenheiten zu geben, sich zu entfalten. Das Bildungssystem in Deutschland organisiert dagegen das planmäßige Scheitern. Die frühe Selektion impliziert und stabilisiert den Defizitblick, auf den Lehrer in unserem derzeitigen System hin ausgebildet werden und ausgerichtet sind. Das Dilemma: Defizitorientierung und Potenzialentfaltungskultur sind zwei unvereinbare Haltungen. Dazu kommen geringe Durchlässigkeit und hohe Abbrecherquoten. Deutschland ist Weltmeister in Chancenungleichheit sowie beim Zusammenhang von sozialer Herkunft und Bildungsabschluss. Und obwohl wir zu den reichsten Ländern der OECD gehören, sind wir, was die Bildungsausgaben angeht, fast das Schlusslicht. Das sind Skandale. Zudem hält sich das System nur aufrecht mit 1,5 Milliarden Euro, die für privaten Nachhilfeunterricht jährlich aufgebracht werden. Für ein Unternehmen wäre das der Bankrott.

Schüler und Lehrer werden im System zu Erfüllern von Stoff und Leistung, und das im Gleichschritt, bezogen auf fremdbestimmte, vorwiegend kognitive Erwartungen, die in standardisierten Prüfungen und Tests sortiert werden. Das widerspricht nicht nur dem humanistischen Menschenbild, sondern auch der von den Kultusbehörden geforderten Individualisierung, das widerspricht einer Pädagogik vom Kinde aus, das widerspricht den neuen Erkenntnissen der Hirnforschung über Lernen, das fördert nicht die Metakompetenzen, die für die Herausforderungen der Zukunft so grundlegend wichtig sind. An diesem selektiven Ungeist leiden nicht nur viele Lehrer, sondern auch Kinder und Eltern.

Rund 30 Prozent der Kinder gehen mit Angst in die Schule. Angst beschädigt die Seele und ist Lern- und Kreativitätskiller. Das dürfen wir nicht zulassen. Lernen braucht verbindliche und vertrauensvolle Beziehungen. Vertrauen, Ermutigung und Wertschätzung sind zentrale Elemente einer Lernkultur, in der sich Potenziale entfalten können. Wer Lernprozesse begleitet, ist Dialogpartner, ermutigender Unterstützer, herausfordernder Begleiter. Er oder sie kennt die Heranwachsenden gut und glaubt an ihre Fähigkeiten.

Viele Schulen sind jedoch aufgrund ihrer Struktur eher Beziehungsverhinderungsanstalten, in denen Lehrer täglich alle 45 Minuten von einer Klasse in die nächste hetzen und in ständigem Wechsel täglich 100 und mehr Schüler unterrichten, von denen sie jeden einzelnen kennen und individuell fördern sollen. Innerlich aber zu wissen, nicht das Richtige zu tun, und dauerhaft gegen die innere Überzeugung zu handeln ist einer der stärksten Stressfaktoren, wie Studien zeigen. Selbst hoch engagierte Kollegen kapitulieren irgendwann vor dieser unmöglichen Aufgabe in den starren Strukturen. Die fatale Botschaft dieses Systems: Für das Wesentliche ist keine Zeit.

Die Folgen sind katastrophal – und dabei längst bekannt. Es ist doch paradox: Wir vertrauen Lehrern das Wichtigste an, das eine Gesellschaft hat – unsere Kinder. Viele Kinder bekommen viel

Gutes in vielen Schulen durch viele gute Lehrer. Die andere, die weniger gute Wahrheit ist: Viel zu viele Kinder leiden an der Schule. Und es leiden nicht nur die Kinder. Es leiden auch die Eltern. Und es leiden viele Lehrer, die ihr Bestes geben und dennoch viel besser sein könnten, wenn unsere Schule nicht in ihrem Prinzip falsch wäre. Denn statt ihnen Anerkennung zu schenken und beste Arbeitsbedingungen, stecken wir sie in eine Box der beschränkten Möglichkeiten. Viele Lehrer macht dieses System krank, andere werden »nur« demotiviert.

Nur wer radikal neu denkt, wird auch neu gestalten. Wir brauchen einen radikalen Wandel unserer Lernkultur, einen Transformationsprozess unserer Bildungsinstitute. Deshalb: Keine Reparatur am alten System. Wir brauchen eine neue Denke, auch in unseren Schulen! Wir brauchen Mut zu Visionen.

Um mit Unsicherheit – dem Merkmal moderner Lebenswelten und der Zukünfte, in die wir und unsere Kinder hineinwachsen – souverän umgehen zu können, braucht es zweierlei: eine emotionale und soziale, früh sich stärkende Stabilität, die sich aus Selbstwirksamkeitserfahrungen, sozialer Unterstützung und dem Erleben von Sinnhaftigkeit des eigenen Handelns entwickelt. Und ein Sich-erproben-Können in offenen Lernfeldern und herausfordernden Lernlandschaften. Ermutigung also und Auseinandersetzung mit Risiko und Scheitern.

Vielleicht kennen wir die Schulen der Zukunft noch nicht. Doch eines steht fest: Ihre Keime müssen heute entstehen.

Es gibt hoffnungsvolle Anfänge, überall in Deutschland. Einen solchen Anfang macht auch die Evangelische Schule Berlin Zentrum (esbz), eine Gemeinschaftsschule, deren Lern- und Schulkultur in den folgenden Kapiteln näher erläutert wird.

Wir möchten damit inspirieren und ermutigen.

Eine Gegenüberstellung

alte Schule	neue Schule
Kinder unterrichten	Kinder aufbauen
Lehrer als Curriculumerfüller	Lehrer als Potenzialentfalter
motivieren	begeistern
Traditionsvermittlungsanstalt	Zukunftswerkstatt
rezipieren	konstruieren
Unterricht	lernen
Instruktion	Selbstorganisation
Als-ob-Lernen im Klassen-zimmer	Erfahrungslernen im Leben
Antworten auf fremde Fragen finden	Antworten auf eigene Fragen suchen
richtige und falsche Ant-worten	viele mögliche Antworten
SchülerInnen sind Objekte fremdbestimmter normierter Lernprozesse	SchülerInnen sind Subjekte selbstbestimmter indivi-dueller Lernprozesse
lineares Denken	vernetztes Denken
Klassenzimmer	Future Lab
hierarchische Beziehungen	gleichwürdige Beziehungen
Allein-Be-Lehrer	alle lernen voneinander
Arbeitsblätter und Bücher als Arbeitsmittel	das World Wide Web als Arbeitsmittel
Heterogenität als Last	Heterogenität als Schatz
lehrplanzentrierter Gleich-schritt	lernerzentrierte Vielfalt

alte Schule	neue Schule
Zeugnisse und Noten	Portfolio und Zertifikate
selektiver Geist – Defizitnachweiser	inklusiver Geist – Schatzsucher
Fehler als Notenverschlechterer	Scheitern als Innovationschance
Fächerfakten wiedergeben	komplexe Zusammenhänge erfahren
abgespeichertes Wissen	reflexives Lernen
Reisen stört den festgelegten Plan	Reisen bildet
getaktete Stundenpläne	Raum für Spontanes
Kopf	Kopf, Herz und Hand
bewerten	wertschätzen
Angstkultur	Vertrauen und Mut
Kontrolle	Vertrauen in Prozesse
Einzelkämpfer in Konkurrenz	Kollaboration
Lehrer-Vermittlung Einzelexperten	Peer-Lernen, alle sind Experten
Wissen	Ethos/Sinn
zweckhaftes Tun	sinnhaftes Tun
Jasager	Einmischungskompetenz
Pflichterfüller	selbstwirksame Gestalter
Stoffabarbeiter/Arbeitsblätterausfüller	Wandelversteher
kognitive Intelligenz	Förderung vielfacher Intelligenzen

alte Schule	neue Schule
vorgegebene Perspektiven einnehmen	Fähigkeit zu Perspektivwechsel
Risikovermeidung	Unternehmungsgeist
Beziehungsverhinderungsanstalten	individualisierte Gemeinschaften
Abarbeiten	Flow
unten abgeschnitten, oben gedeckelt	unten abgefedert, oben freie Entfaltung
Burn-out	Burn for

Platz für weitere Gegensatzpaare

Das Schulethos der esbz: protestantisch – mutig – weltoffen[5]

Wir verstehen unsere Schule als einen Lebens- und Erfahrungs-
raum in der

Verantwortungsgemeinschaft von Kindern und Jugendlichen,
ihren Eltern, den pädagogischen Professionellen und den
Partnern unserer Schule.

*

Wir verstehen uns als Schule, die sich den Herausforderungen
der Agenda 21 in besonderer Weise verpflichtet weiß.
Wir heißen darum Agenda-Schule.
Lernen, Wissen zu erwerben –
Lernen, zusammen zu leben –
Lernen zu handeln
sind die Fundamente, auf dem unser »Haus des Lernens«
immer weiter aus- und fortlaufend auch umgebaut wird.

*

Wir wollen, dass jedes Kind als Kind Gottes in seiner
Einzigartigkeit
wahrgenommen und geachtet, gefördert und gefordert wird.
Alle Kinder sollen durch ein ganzheitliches Lernangebot
lebensnah mit Kopf, Herz und Hand
ihre Entwicklungschancen optimal entfalten können:
in der Schule und an außerschulischen Lernorten.

*

Wir wollen ein »Haus des Lernens« sein, in dem *alle*
willkommen sind.
Kinder mit Begabungen aller Art, auch Kinder mit Handicap sowie
Kinder aus vielen Kulturen sollen sich in unserer Schule
angenommen fühlen.

So kann auch das demokratische Miteinander, das
»Zusammenleben«,
eine der großen Herausforderungen des 21. Jahrhunderts,
nachhaltig gelernt werden.
Als evangelische Schule wollen wir ein Beispiel
einer solidarischen und tragenden Gemeinschaft sein.

*

Wir wollen, dass alle Kinder Mut zu und Freude an
sozialer und ökologischer Verantwortung entwickeln.
Verantwortung lernen und zivilgesellschaftliches Engagement
im Gemeinwesen
sind zentrale Elemente unserer Lernkultur.
Die Schule soll ein kulturelles Forum und ein Marktplatz für
Impulse
für die Schul- und Stadtteilentwicklung sein und werden.

*

Wir wollen, dass in unserem »Haus des Lernens«
ein Geist der Offenheit und des gegenseitigen Vertrauens lebt,
der Kooperation, Teamgeist und eine faire Feedback-Kultur
zwischen allen Gruppen ermöglicht.

*

Wir wollen uns in Achtsamkeit und Ehrfurcht
für Gerechtigkeit, Frieden und für die Bewahrung der
Schöpfung einsetzen
und an der Verständigung der Generationen und der Kulturen
fächerübergreifend und weltoffen gemeinsam arbeiten.[6]

Agenda-Schule und das Haus des Lernens: Wie an der esbz Verantwortung für Kinder und die Erde übernommen wird

> Die lehrende Person braucht nicht nur Geistesschärfe, Verstand und Wissen. Vielmehr muss sie für etwas stehen, sie muss etwas bezeugen. Es muss erkennbar sein, was zu lieben und was zu verachten ist.
>
> *Dorothee Sölle,* Theologin und Pazifistin

Schulen brauchen eine geistige Mitte, ein Ethos. Organisationsformen sind wichtige Gelingensbedingungen, doch erst im Ethos wird eine Organisation lebendig. Als evangelische Schule haben wir den Anspruch, unsere Schule als Ganzes in einen christlichen Lebens- und Weltanschauungshorizont einzubetten. Dieser ist zu Beginn des 21. Jahrhunderts vor allem durch zwei Herausforderungen gekennzeichnet: Verständigung und Verantwortung. Das Zusammenleben zu lernen ist eine der wichtigsten Aufgaben der Zeit, und wir alle müssen Verantwortung übernehmen: für uns selbst, für unsere Mitmenschen, für unsere Nachbarschaft, für unseren Planeten. Deshalb heißt unser Ethos: Verantwortung für Kinder – Verantwortung für die Erde.

Am Beginn des neuen Jahrtausends gilt es zu fragen, von welchen Visionen wir uns leiten lassen sollten in einem Bildungsverständnis der Nachhaltigkeit und Zukunftsfähigkeit. Wenn es aber um diese geistige Weite geht, dann müssen die großen Fragen gestellt, dürfen nicht nur die kleinen Schritte beschworen werden. Die Agenda 21[7] ist daher unser Maßstab für das Lernen und Handeln.

Die Präambel der Agenda 21, Aktionsprogramm für das 21. Jahrhundert,

das im Juni 1992 auf der Konferenz der Vereinten Nationen für Umwelt und Entwicklung von mehr als 170 Staaten dieser Erde unterzeichnet wurde, beginnt mit diesen Sätzen:

»Die Menschheit steht an einem entscheidenden Punkt ihrer Geschichte. Wir erleben eine zunehmende Ungleichheit zwischen Völkern und innerhalb von Völkern, eine immer größere Armut, immer mehr Hunger, Krankheit und Analphabetentum sowie eine fortschreitende Schädigung der Ökosysteme, von denen unser Wohlergehen abhängt. Durch eine Vereinigung von Umwelt- und Entwicklungsinteressen und ihre stärkere Beachtung kann es uns jedoch gelingen, die Deckung der Grundbedürfnisse, die Verbesserung des Lebensstandards aller Menschen, einen größeren Schutz und eine bessere Bewirtschaftung der Ökosysteme und eine gesicherte, gedeihlichere Zukunft zu gewährleisten. Das vermag keine Nation allein zu erreichen, während es uns gemeinsam gelingen kann: in einer globalen Partnerschaft, die auf eine nachhaltige Entwicklung ausgerichtet ist.«

Die Welt braucht neue Wege des Lernens und Lehrens, auf denen nicht nur die Schätze der Vergangenheit gehütet und immer wieder neu vermittelt, angeeignet und verstanden werden. Vielmehr geht es darum zu fragen, wie wir heute unsere Verpflichtung erfüllen können, junge Menschen darin zu fördern, ihre eigene Persönlichkeit auf der Grundlage eines globalen, offenen, toleranten und verantworteten Denkens und Handelns im Hinblick auf zukünftige Gesellschaften zu entwickeln. Mädchen und Jungen, die heute zur Schule gehen, werden bis in das nächste Jahrhundert hinein Erdenbürger sein. Unser gegenwärtiges schulisches Leben, Lernen und Lehren hat sich daher vor diesem Zeitraum zu verantworten.

Agenda 21, Kapitel 25:

Es ist zwingend erforderlich, dass Jugendliche aus allen Teilen der Welt auf allen für sie relevanten Ebenen aktiv an den Entscheidungsprozessen beteiligt werden, weil dies ihr heutiges Leben beeinflusst und Auswirkungen auf ihre Zukunft hat. Zusätzlich zu ihrem intellektuellen Beitrag und ihrer Fähigkeit, unterstützende Kräfte zu mobilisieren, bringen sie einzigartige Ansichten ein, die in Betracht gezogen werden müssen.

Wie sich das Leben im Einzelnen entwickeln wird, ist ungewiss. Gewiss ist aber dies: Die Zukunft wird wesentlich davon abhängen, wie wir uns heute als Menschen verhalten und wie sich die Menschheit zukünftig verhalten wird. Die Ungewissheit im Einzelnen entlässt uns nicht aus diesem Wissen, aus dem uns Verantwortung erwächst für die Gestaltung der Gesamtheit unseres schulischen Lebens, Lernens und Lehrens.

Agenda 21, Kapitel 36:

... Bildung ist eine unerlässliche Voraussetzung für die Förderung einer nachhaltigen Entwicklung und die Verbesserung der Fähigkeit der Menschen, sich mit Umwelt- und Entwicklungsfragen auseinanderzusetzen. ... Sowohl die formale als auch die nichtformale Bildung sind unabdingbare Voraussetzungen für die Herbeiführung eines Bewusstseinswandels bei den Menschen, damit sie in der Lage sind, ihre Anliegen in Bezug auf eine nachhaltige Entwicklung abzuschätzen und anzugehen. Sie sind auch von entscheidender Bedeutung für die Schaffung eines ökologischen und eines ethischen Bewusstseins sowie von Werten und Einstellungen, Fähigkeiten und Verhaltensweisen, die mit einer nachhaltigen Entwicklung vereinbar sind, sowie für eine wirksame

Beteiligung der Öffentlichkeit an der Entscheidungsfindung. ...
Lehrpläne sind gründlich zu überarbeiten, damit ein multidiszi-
plinärer Ansatz gewährleistet ist. ...

Grundlage für die Entwicklung der Lern- und Schulkultur der esbz
ist das Leitbild der nachhaltigen Entwicklung der Agenda 21: Sie
bezieht Sinn- und Wertefragen in Unterrichtsfächer und als Quer-
schnittsaufgabe ein und hat als umfassendste Bildungsidee der
Gegenwart den Anspruch, dazu beizutragen, dass alle Menschen
auf dieser Erde ein lebenswertes Leben führen können. Mit ihrer
Ethik der doppelten Gerechtigkeit formuliert die Agenda 21 in einem Diskurs der Völker Maßstäbe und regt zum Handeln an für
ein verantwortetes Leben für Frieden, Gerechtigkeit und die Bewahrung der Schöpfung.

»Bildung für nachhaltige Entwicklung« wurde von den Staaten
der Vereinten Nationen als UN-Dekade für die Jahre 2005 bis 2014
ausgerufen und ist Auftrag für alle Schulen. Die internationale Initiative will dazu beitragen, die Prinzipien nachhaltiger Entwicklung
weltweit in den Bildungssystemen zu verankern. In Deutschland
wird sie als Nationalkomitee koordiniert, das von der Deutschen
UNESCO-Kommission einberufen wurde.

Das Konzept der Gestaltungskompetenz (Bildung für nachhaltige Entwicklung)[8]

* Weltoffen und neue Perspektiven integrierend Wissen aufbauen
* Vorausschauend Entwicklungen analysieren und beurteilen
  können
* Interdisziplinär Erkenntnisse gewinnen und handeln
* Risiken, Gefahren und Unsicherheiten erkennen und abwägen
  können

- Gemeinsam mit anderen planen und handeln können
- Zielkonflikte bei der Reflexion über Handlungsstrategien berücksichtigen können
- An kollektiven Entscheidungsprozessen teilhaben können
- Sich und andere motivieren können, aktiv zu werden
- Die eigenen Leitbilder und die anderer reflektieren können
- Vorstellungen von Gerechtigkeit als Entscheidungs- und Handlungsgrundlage nutzen können
- Selbständig planen und handeln können
- Empathie für andere zeigen können

Die drei tragenden Säulen, auf denen unser Haus des Lernens aufgebaut ist und weiterentwickelt wird

Lernen zu handeln

Lernen, Wissen zu erwerben

Lernen, zusammen zu leben

**Lernen zu handeln,
lernen, Wissen zu erwerben und
lernen, zusammen zu leben.**

Diese drei essenziellen Grundkompetenzen möchten wir Kindern und Jugendlichen mit unserem Ethos vermitteln. Denn Wissen ist wichtig, reicht aber alleine nicht aus für die Herausforderungen der Zukunft. Die drei Kompetenzen sind gleichermaßen bedeutsam und bekommen in der Lern- und Schulkultur zentralen Raum.

Lernen, zusammen zu leben, wird an der esbz in vielen Zusammenhängen geübt. Es beginnt im Kleinkosmos Schule: in den jahrgangsgemischten inklusiven Klassen, in Klassenstunden wie Klassenrat und Soziales Lernen, in vielen Lernarrangements, in denen sich Kinder unterschiedlicher Klassen und Jahrgänge mischen. Ein Herzstück unserer Schulkultur der Gemeinschaft ist die Schulversammlung, mit der jeden Freitag die Schulwoche endet. Das Lernen, zusammen zu leben erweitert sich von der Schule in die Kommune, wenn Jugendliche im »Projekt Verantwortung« ihr Gemeinwesen mitgestalten. Viele engagieren sich auch im Rahmen unseres »Projekts Herausforderung« deutschlandweit in sozialen und ökologischen Projekten.

Auch geben wir allen Jugendlichen des 11. Jahrgangs die Möglichkeit, eine Zeitlang in einer ihnen bis dahin fremden Kultur zu leben. Die heutige Kindergeneration besteht aus Weltbürgern und nicht mehr nur aus jungen Menschen einer jeweiligen Nation. Die Aneignung interkultureller Kompetenz ist eine der wichtigsten Zukunftskompetenzen für jedes Individuum und für die Gestaltung einer friedlichen, humanen, solidarischen Welt. Die reale Begegnung mit einer anderen Kultur ist für das Begreifen, für das Sichbefreunden, für das Verstehen, für das Bemühen um Verständigung durch nichts zu ersetzen.

Handeln lernt man, wenn die Lebenswirklichkeit in die Schule hineindarf und die Heranwachsenden sich mit ihr in realen Projekten auseinandersetzen dürfen. Dabei lernen sie sich selbst und ihre Fähigkeiten kennen, können diese erproben und erweitern und gewinnen so den Mut, sie auch einzusetzen. Die esbz verankert in jedem Jahrgang Zeiten für Engagement im schulinternen Curriculum und arbeitet mit vielen externen Projektpartnern zusammen (Unternehmen, Vereine, Bildungseinrichtungen usw.). Aufgrund der proaktiven Offenheit der Schule, der Schulleitung, des Teams ergeben sich immer wieder neue Gelegenheiten und Partnerschaften: sei es durch unser Versprechen, als »Plant for the Planet«-Visionäre 100 000 Bäume zu pflanzen, oder durch unser Pilotprojekt »Design Thinking Coaching für Manager« in Kooperation mit der European Leadership Academy.

Und was ist Ihr EduAction-Plan?

....

....

....

....

....

....

....

....

....

Tipp: Weitere Informationen und Materialien unter www.bne-portal.de und www.transfer-21.de.

Säule 1: Lernen zu handeln

Lernen durch Engagement: Überfachliche Kompetenz und Selbstwirksamkeitserfahrungen für Heranwachsende

Vom Lernen in der Schule zur lernenden und handelnden Schule

aus dem Schulprogramm der esbz

Schulprogramme entfalten dann ihre Wirkung, wenn sich der schulische Alltag nach ihnen richtet. Wenn sich die esbz in ihrem Grundsatzbeschluss als Agenda-Schule versteht und es dort um »Verantwortungsübernahme durch Handeln« geht, dann sollte sich diese bei allen Mitgliedern der Schulgemeinde und bei den Partnern der Schule finden. Diesem Anspruch entsprechen in besonderer Weise Projekte, in denen es um das Lernen im Leben, das Lernen durch Engagement geht.

Denn: Die Lebenswirklichkeit ist prägender Lehrstoff. In den realen Erfahrungsräumen wird Verantwortung übernommen oder Indifferenz gelernt, hier wird Demokratiefähigkeit eingeübt oder eine (Un-)Kultur des Wegsehens. Hier können sich Achtsamkeit und Ehrfurcht, der Mut zu Visionen und die Kraft des Herzens bilden, hier entscheidet sich, ob das Leben mutig gewagt wird.

Einstellungen und Haltungen entwickeln sich in der bewusst gelebten Auseinandersetzung mit dem Leben innerhalb und außerhalb der Schulmauern. Damit Kinder den Mut entwickeln können, ihre außergewöhnlichen Fähigkeiten zum Leuchten zu bringen und Wegweiser für Potenziale, Berufung und Beruf zu finden, sind die Erwachsenen gefordert, Zeiten und Orte für eigenverantwortliches, selbstwirksames, zukunftsorientiertes Handeln zu schaffen, das heißt Möglichkeiten, in denen Visionen nicht nur gedacht, sondern auch umgesetzt werden können.

Wir müssen die Prioritäten der Schulkultur neu definieren: auf die (Selbst-)Kompetenz von Kindern vertrauen, Räume der Selbstwirksamkeit öffnen, Gelegenheitsstrukturen für Engagement in schulinternen Curricula nachhaltig verankern.

Entscheidend dabei ist, dass nicht »Als-ob«-Lernsituationen, sondern Aufgaben mit Ernstcharakter im Leben gestellt werden. Menschen wollen sich engagieren, sich einbringen, und sie wollen einen Sinn in ihrer Arbeit sehen. Der Wandel der Prioritätensetzung muss deshalb auf mehreren Ebenen stattfinden und braucht Unterstützung. Zum Beispiel durch die Kommune, die sich als Raum der Verantwortung für Heranwachsende öffnen und damit eine Identifikation mit dem Umfeld, in dem sie leben, ermöglichen sollte. Ein kluges und sehr wahres Sprichwort besagt: Um Kinder optimal zu erziehen, braucht man ein ganzes Dorf.

Diese Schule zeigt, dass es auch anders geht: dass man fast unmerklich lernen kann, indem man dem folgt, was man mit Freude tut.

Annette Geissler,
Schülermutter

»Schule muss nicht wehtun und immerzu anstrengend sein«, meinte Annette Geissler mit Blick auf ihren Sohn, der in Jahrgangsstufe 8 geht. »Das ist für mich das Großartige an dieser Schule: Da wird nicht erst gelernt, gelernt, gelernt, bis der Kopf voll ist, sondern es wird immer gleich der Bezug hergestellt, was man damit anfangen kann.« Für den Sohn von Nadja und Martin Breibert war dies sogar der Hauptgrund, zur 11. Klasse auf die esbz zu wechseln: »Er meinte, entweder höre ich nach der Zehnten auf, oder ich suche mir eine Schule, in der ich selbst in die Verantwortung zum Lernen komme«, erzählen die Eltern. »Er wollte nicht mehr die ganze Zeit nur zuhören und sich nach den Lehrern richten, er will ernst genommen werden und mehr sein Ding machen.«

Interdisziplinäre Projektarbeit wird in jedem Curriculum gefordert. Autonom handeln und erfolgreich in heterogenen Gruppen agieren können sind zwei der drei zentralen Kompetenzen, die von der OECD zu Leitlinien ihrer Bildungsstrategie erklärt wurden. Viele Lehrer würden auch gerne Projekte durchführen – aber in 45 oder 90 Minuten ist das kaum möglich. Schule in ihrer derzeitigen zerstückelten Fachstundenstruktur ist nicht projektunterstützend, sondern projektverhindernd.

Dass Projekte ein gewisses kreatives Chaos gegenüber einem »geregelten Schulablauf« bedeuten, insbesondere in einer Schule im Aufbau, ist für Dorothea Kleihues, deren drei Kinder auf die esbz gehen, ein Lerngewinn: »Auch unser Leben ist sehr chaotisch, und vieles kann sich verbessern – so gesehen ist die Schule sehr realistisch.« Die Sorge mancher Eltern, ob Kinder auf diese Weise überhaupt »richtig« und genug lernen, teilt sie nicht: »Die Kinder verstehen plötzlich, was das, was sie in der Schule tun, mit der Außenwelt zu tun hat. Das hat diese Schule geschafft, und das ist eine enorme Leistung.«

Lernen durch Engagement und die nachhaltige Wirkung der Projektergebnisse stehen im Mittelpunkt.

Drei für alle verbindliche Formate für das Lernen im Leben hat die esbz in ihrem Curriculum verankert: Das erste ist das »Projekt Verantwortung«, bei dem sich alle Jugendlichen der Stufe 7 und 8 für jeweils ein Jahr eine verantwortungsvolle Aufgabe im Gemeinwesen suchen. Dafür bekommen sie mittwochs zwei Stunden Unterricht als individuelle Lernzeit geschenkt (nach der Mittagspause bis Schulschluss, um den für dieses Zeitfenster größtmöglichen Freiraum zu lassen). Ihre Erfahrungen präsentieren sie am Schuljahresende auf dem Verantwortungsfest, das im Forum gefeiert wird und auf dem besondere Schülerleistungen öffentlich ausgezeichnet werden.

Das zweite ist das »Projekt Herausforderung«, eine selbst gesuchte Aufgabe, die außerhalb Berlins zu bewältigen ist. Dafür bekommen die Schüler der Stufe 8, 9 und 10 dreimal, jeweils zu Schuljahresbeginn, drei Wochen Zeit. Im Anschluss daran werden alle Projekte auf dem »Campus Herausforderung« auf dem gesamten Schulgelände präsentiert.

Und im Jahrgang 11 gehen alle Jugendlichen für mindestens drei Monate ins Ausland, im Idealfall engagieren sie sich dort in einem sozialen oder ökologischen Projekt. Nach ihrer Rückkehr arbeiten die Jugendlichen ihre Erfahrungen gemeinsam auf und teilen sie in vielfältiger Weise, wie zum Beispiel durch eine Ausstellung, mit.

Ich lerne total viel, ich lerne hier für mich. Ich hab ein anderes Selbstbild, kann selbstkritisch sein, bin sehr selbständig. Ich weiß, wofür ich stehe und was ich will. Und hier kennen mich die Leute, sie sehen meine Entwicklung – das ist eine zweite Familie für mich. Das kann man nicht ersetzen.

Martha, 9. Klasse

Ein weiteres wichtiges Format ist der Projektunterricht. Jeden Donnerstag ab 10.30 Uhr bis Schulschluss arbeiten die Jugendlichen der Jahrgänge 7 bis 9, betreut durch ihre Klassenlehrer, über mehrere Wochen an einem fächerübergreifenden Thema. Je nach Aufgabe tun sich auch die drei Klassen eines Kleinteams arbeitsteilig zusammen. Das Lernen vollzieht sich zeitlich konzentriert (epochal) und verständnisintensiv (exemplarisch) unter einem Oberthema. Innerhalb dieses Rahmens werden Inhalte und Anforderungen der Rahmenpläne abgedeckt. Die Jugendlichen verfolgen eigene Forscherfragen und lernen unterschiedliche Zugänge, Methoden und Präsentationsformen kennen. Im Unterschied zum Lernbüro liegt beim Projektunterricht der Schwerpunkt auf Teamarbeit. Die Ergebnisse werden von der Gruppe verantwortet und zu Ende eines jeden Projekts den Mitschülern, Eltern, Lehrern und Partnern der Schule oder der Öffentlichkeit vorgestellt. Dabei geht es nicht nur darum, einseitig die Präsentationsfähigkeit der Schüler zu trainieren und zu bewerten. Alle Beteiligten sind bei diesem Prozess Lehrer und Lerner zugleich und können voneinander lernen.

Mit dem wöchentlichen Projektdonnerstag in allen Klassen der Jahrgänge 7 bis 9 hat die esbz eine Gelegenheitsstruktur geschaffen, in der auch die Zusammenarbeit mit außerschulischen Experten oder das Arbeiten an anderen Lernorten möglich ist. Das alles kann kurzfristig und ohne großen Aufwand organisiert werden, weil intern sich außer den Schülern nur die Klassenlehrer damit befassen müssen. Beispielsweise beschäftigt sich eine Klasse mit Protestformen und hat einen Flashmob zu einem selbst gewählten Thema – in diesem Fall die Belästigung durch Telefonate im öffentlichen Raum – organisiert und auf dem Alexanderplatz durchgeführt.

Kinder unterschiedlicher Klassen können sich zusammentun und ein eigenes Projekt kreieren oder sich für ein Projekt mit einem außerschulischen Partner zusammenfinden wie beim Archäologieprojekt, in dem interessierte Jugendliche gemeinsam mit Archäologen Geschichtsforschung betrieben, eine Kirchengrundmauer freilegten und historische Schätze bargen. Am Tag des offenen Denkmals stellten sie in Vorträgen ihre Ergebnisse vor und erklärten der interessierten Öffentlichkeit die archäologischen Befunde. Eine andere, wiederum aus verschiedenen Klassen zusammengesetzte Schülergruppe hat beim Begegnungsprojekt mit dem Titel »Der rote Faden« mit alten Menschen in berührenden Dialogen deren Biografien erfahren, die Lebensgeschichten als roten Faden bildlich dargestellt und der Schulgemeinde präsentiert. Nicht nur die alten Menschen waren bei dieser Vorstellung oft den Tränen nahe. Ohne dass dadurch größerer organisatorischer Aufwand entsteht, kann bei Bedarf auch ein ganzer Tag für eine Exkursion verwendet werden.

In diesem Jahr haben sich mehrere Klassen zusammengetan, um das Projekt Schul(hof)gestaltung in Angriff zu nehmen. Die Ideen haben die Schüler entwickelt und selbständig Teams gebildet: Eine Gruppe richtet ein Schülercafé ein, eine andere baut Sitzgelegenheiten aus Schubkarren, und eine dritte legt einen

Steingarten und Komposthaufen an. Als zusätzlichen Anreiz gibt es noch einen Wettbewerb, bei dem die Schüler Pflanzkübel mit Kräutern bepflanzen und später die beste Ernte gewinnt. »Unser Essen wird teilweise frisch in der Schulküche zubereitet«, erklärt Mandy Voggenauer, die den Wettbewerb mit Pflanzkübeln der Prinzessinnengärten, einem Gemeinschaftsgarten-Projekt in Berlin-Kreuzberg, organisiert hat. »Die Kräuter, die die Schüler anbauen, können die Köche dann für das Schulessen verwenden.«

Eine andere Klasse will ihr Klassenzimmer streichen, Regale und einen Computertisch bauen und hat dafür drei Teams gebildet: die Spendensammler (die Geld für die Materialien auftreiben müssen), die Möbelgruppe (die sich Hilfe in der Holzwerkstatt holt) und die Maler. Eine Wand soll zum Dschungel werden, dafür erhält das Team kompetente Unterstützung von Thorsten Brill, einem Schülervater: »Ich erzähle ihnen etwas über die psychologische Wirkung von Farben und zeige praktische Dinge, etwa wie der Farbbedarf berechnet wird und wie man so ein Vorhaben strukturiert«, sagt der gelernte Illusionsmaler. »Aber das meiste machen sie alleine.«

Weitere Projekte der esbz sind die Lehrerfortbildungen durch Schüler, die sich großer Nachfrage erfreuen, und natürlich die Sprachbotschafter, ein Peer-Education-Projekt für sozial benachteiligte Grundschüler, das die Jugendlichen der esbz als Projekt Verantwortung und als Werkstatt wählen können. Auch Projekte mit außerschulischen Partnern wie beispielsweise das Design Thinking Coaching für Manager können aufgrund der offenen Struktur der esbz kurzfristig und unkompliziert realisiert werden.

Anja Niesler ist Mutter eines hochbegabten Sohnes und glücklich über die besonderen Lerngelegenheiten, die ihm die Projekte an der esbz bieten: »Mein Sohn blüht immer dann auf, wenn es schwierig wird und komplex.« Als Neuntklässler konnte er am ersten Design Thinking Workshop teilnehmen, den die Schule in Zusammenarbeit mit dem Hasso Plattner Institut in Potsdam durchführte, an dem diese Methode zur Lösung komplexer Probleme und Entwicklung neuer Ideen studiert werden kann. »Er hat mir nachher vorgeschwärmt: Ich kann davon gar nicht mehr lassen, mein Gehirn wird benutzt, ich fühl mich lebendig!« Aber auch Shana, die von sich selbst sagt, sie sei nicht die schlechteste Schülerin, aber auch nicht die beste, liebt den Projektunterricht, insbesondere die Lehrerfortbildungen: »Das ist eine Stärke, die ich an mir gesehen habe, die ich hier super ausleben kann. Vielleicht kann ich es sogar mal in meinem Beruf anwenden«, sagt sie. »Dafür bin ich der Schule sehr dankbar.«

Ermutigt durch die esbz, hat die Grundschullehrerin Sabine Weiche auch in ihrer Klasse Projektarbeit eingeführt. »Ich habe gelernt, dass ich den Kindern Vertrauen entgegenbringen muss«, sagt sie. »Je mehr sie gemerkt haben, dass sie sich engagieren können, dass sie etwas bewirken können, umso mehr wollten sie es auch tun.« Eigenständig haben sich ihre Sechstklässler eine Kampagne gegen klimaschädliche Heizstrahler in Straßencafés ausgedacht und damit eine Diskussion in ihrem Bezirk angestoßen, in die sich sogar der Bezirksrat einklinkte. Einige Cafés schalteten daraufhin die Strahler aus, und die Kinder erhielten für ihr Engagement gleich zwei Auszeichnungen. »Das sind ganz starke Kinder geworden«, sagt Sabine Weiche. »Sie haben gemerkt, dass sie ganz viel können und nicht nur Menschen sind, die man auf Noten reduzieren kann.« Einige ihrer Schüler besuchen inzwischen die esbz.

> Wir müssen uns von diesem 45-Minuten-Takt-Fachunterricht lösen und den Kindern (Frei-)Räume bieten, ihre Fähigkeiten einzubringen, zu entwickeln und vor allem zu erkennen. Wir schicken sie in eine Welt, in der sie sich durchsetzen müssen – dafür brauchen sie kooperative Fähigkeiten, um in einer Gemeinschaft zu leben – Flexibilität, keine Starre, um sich Neuem zu stellen –, und Selbständigkeit, vor allem im Umgang mit Problemen, Schwierigkeiten und Hürden, die ihnen das Leben bietet.
>
> Jenni Leonhard, Mittelstufenleiterin

Lernen durch Engagement kann als Unterrichtskonzept in allen Schulformen und Klassenstufen und in vielen Lernformaten eingesetzt werden: im Fachlernen, im Projektlernen, in Arbeitsgemeinschaften oder Werkstätten, in Wahlpflichtkursen oder in ganz eigenen Zeitfenstern wie dem Projekt Verantwortung.

Schulen haben den Auftrag, überfachliche Kompetenzen zu fördern. Das Problem dabei ist, dass dies häufig im Rahmen eines Methodencurriculums geschieht, in dem die Schüler sich das Lernen, Projektmanagment, Teamarbeit, Präsentation, Rhetorik usw. abstrakt begrifflich, abgekoppelt von Realsituationen mit Arbeitsblättern und Übungen aneignen sollen. Dieses isolierte Als-ob-Lernen ohne Anbindung an authentische Aufgaben ist wenig nachhaltig. Lernen durch Engagement dagegen ist an konkrete Erfahrungen gekoppelt. Selbstorganisation, Selbststeuerung, die Entwicklung personaler Kompetenzen sind hier integral verankert. Hinzu kommt die wichtige ethische Dimension: Gemeinsinn, Verantwortungsbewusstsein, Werteorientierung lassen sich nicht unterrichten, genauso wenig komplexe Metakompetenzen wie strategische Handlungsplanung, Folgenabschätzung, Problemlösungskompetenz, Flexibilität, Frustrationstoleranz, Impulskontrolle. Die Hirnforscher nennen diese Befähigungen exekutive Frontalhirnfunktionen. Auf diese Metakompetenzen wird es in Zukunft deutlich mehr ankommen als auf all das in der Schulzeit auswendig gelernte Wissen.

Kriterien für Lernen durch Engagement sind nach Anne Sliwka, Professorin für Erziehungswissenschaften und Prorektorin der PH Heidelberg,

- ein echter Bedarf,
- die Verknüpfung mit curricularen Inhalten,
- die Reflexion der Erfahrungen,

- die Zertifizierung der erworbenen Kompetenzen,
- und die öffentliche Anerkennung der Jugendlichen.

In zahlreichen Studien werden die positiven Wirkungen von Lernen durch Engagement beschrieben: Abbau von Vorurteilen, Verbesserung der Problemlösefähigkeit, Förderung von Kooperationsfähigkeit und ethischem Denken, eine stärkere Identifikation mit der Schule sowie eine höhere Engagementbereitschaft im Erwachsenenalter.

Zur Initiierung, Implementierung und Institutionalisierung bedarf es an der Schule und im Schulumfeld unterstützender Strukturen, denn die Wirkqualität von Lernen durch Engagement hängt von Qualitätskriterien der Umsetzung ab. Besondere Bedeutung kommt dabei Netzwerken zu, die unterstützen und einen Rahmen für kollegialen Austausch schaffen. Am bundesweiten Netzwerk Lernen durch Engagement beteiligen sich rund 100 Schulen, Kompetenzzentren und Kooperationspartner, die Lernen durch Engagement umsetzen und ihre Erfahrungen austauschen. Dort wird eine Fülle von Praxismaterial und Literatur bereitgestellt, und Schulen erhalten auf Wunsch kompetente Beratung und Begleitung bei der Einführung.

Projektarbeit und Öffnung von Schule: Neue Medien, Blue Economy und Co.

Die Werkstätten der esbz bieten Schülern ab der 7. Klasse Wahlmöglichkeiten ihren Neigungen und Stärken entsprechend, beispielsweise den Kurs »Let's go shopping – fairer Konsum« von unserer Kollegin Barbara Stockmeier oder die Schreibwerkstatt von unserer Mittelstufenleiterin Jenni Leonhard, die sehr gut ankommt. Die Erzieherin und Koordinatorin Anne Pesch pflegt gute Kontakte auch zu Eltern und außerschulischen Partnern und entwickelt neue Angebote. Beispielsweise bietet der Johanniter-Jugendclub Filmbearbeitung an, und in Zusammenarbeit mit dem Musik-Wahlpflichtkurs entsteht jetzt ein Musikvideo. Und in der Werkstatt Internationaler Kinderclub besuchen zehn Mädchen, die sich selbst »The Big Sisters« nennen, jede Woche ein Asylbewerberheim und spielen mit Kindern, die gerade erst nach Deutschland geflohen sind.

Ein weiterer Werkstatt-Kurs ist das »Praktische Lernen«, das die esbz dank einer sehr gut ausgestatteten Holzwerkstatt anbieten kann. Beispielsweise wird in der Holzwerkstatt eine Jolle, die ein Vater der Schule geschenkt hat, von Schülern restauriert und wieder segeltauglich gemacht. »Man lernt an der Uni ja nicht, welche Sprache auf dem Bau gesprochen wird oder wann Holz bricht – man lernt vielleicht die mathematische Berechnungsformel dafür«, unterstreicht Paul B. Schmidt die Bedeutung praktischer Erfahrung. Als nächstes großes Projekt will der Kurs die Bühne in der Aula zur Theaterbühne umbauen.

Die Öffnung von Schule und die Zusammenarbeit mit außerschulischen Partnern entwickelt sich auch im Bereich neuer Technologien. Mit Unterstützung der Telekom entsteht gerade ein Open Media Lab. Unter Federführung der Künstlerin Peggy Sylopp sollen damit Räume geschaffen werden, in denen Kinder sich spielerisch-kreativ auf Basis von Bildungskunst mit Technik beschäftigen. Das geschieht in Zusammenarbeit mit Lehrern (Mathematik, Kunst, Naturwissenschaften, Praktisches Lernen), aber auch externen Partnern wie Universitäten oder potenziellen Ausbildungsbetrieben. »Ich will eine werkstattähnliche Situation, in der man Ideen aufnehmen und prozessual bearbeiten kann«, erklärt die Künstlerin. »Ich will nicht vorgeben: Wir bauen jetzt ein Mobile mit Solartechnik, sondern: Wir haben die und die Technik, welche Ideen habt ihr dazu?« Durch dieses freie, experimentelle Arbeiten ohne Produktdruck gelingt eine unbefangene Annäherung an ein Thema, das für viele Kinder, vor allem Mädchen, angstbehaftet ist und als viel zu kompliziert oder unsexy gilt. »Mädchen werden durch die ästhetische Komponente angesprochen«, beobachtet Peggy Sylopp. »Jungs fragen mich als Erstes, ob ich hacken kann. Das entspricht überhaupt nicht der Herangehensweise von Mädchen. Die möchten eher, das etwas Schönes dabei herauskommt, und um dieses Ziel zu erreichen, lösen sie auch technische Probleme. So baue ich den Unterricht auf.«

Beim Creative Computing beispielsweise finden die einen spielerisch einen Einstieg in Theorie und Praxis des Programmierens, andere probieren 3-D-Effekte oder Bildbearbeitung aus. »Das unterscheidet sich grundsätzlich von einem Programmierkurs nach Anleitung«, meint Sylopp. Beim ersten Technik-Campus an der esbz hat beispielsweise das DAI-Labor (*Distributed Artifical Intelligence*) der TU Berlin humanoide Roboter präsentiert. Die kamen gerade bei den Mädchen sehr gut an, weil sie so »niedlich« sind. Das Angebot wird sich sukzessive erweitern und soll für Schüler aller Jahrgangsstufen offen sein. Einen Computerraum gibt es bereits, der nun auch mit Werkzeug und Elektronikbauteilen, Widerständen, Kondensatoren, Chips usw. ausgestattet wird, aber auch mit Materialien für den Modellbau, zum Nähen und Basteln. Peggy Sylopp will auch MINT-Slams veranstalten, bei denen Schüler unterhaltsame Zehn-Minuten-Vorträge aus den Themenbereichen Mathematik, Information, Naturwissenschaften und Technik (MINT) halten. Über den besten Vortrag wird per Applaus entschieden. »Da könnten zum Beispiel die Kids, die bei der Herausforderung ein Floß gebaut haben, erzählen, wie sie das genau gemacht haben.«

Um den Schülern komplexe Zusammenhänge wirklich deutlich machen zu können, braucht man, so unsere Kollegin für Naturwissenschaften Mandy Voggenauer, »immer einen Aufhänger, mit dem man in den Unterricht reingehen und den Bezug vom Lehr-

> *Wenn man Technik als Wissensgebiet, nicht nur als Konsumobjekte begreift, geht man ganz anders damit um. Technik ist dann nicht mehr diese »magic box«, der man hilflos ausgeliefert ist.*
> Peggy Sylopp, Künstlerin

stoff zur Lebenswelt herstellen kann. Und dann schaut man: Wie kann ich damit praktisch handlungsorientiert arbeiten?« So arbeitet sie seit langem schon mit den 36 Fabeln der Blue Economy, in denen die Themen dieses Konzepts auf die Welt der Kinder übertragen und vermittels Illustrationen und Geschichten anschaulich gemacht sind. Blue Economy ist ein von Gunter Pauli entwickeltes Konzept, das die Grundgedanken der Green Economy weiterentwickelt, ein Plädoyer für das Prinzip »Mache mehr aus weniger!« Umwelt- und Klimaschutz werden weitergedacht: Emissionen und Abfälle sollen soweit möglich reduziert und vermieden und das, was als »Müll« unvermeidbar anfällt, als Ressource begriffen werden, die nicht verschwendet werden darf, sondern mittels von der Natur inspirierter Innovationen in den Produktionskreislauf zurückgespeist wird. Aus Abfällen, die bislang die Umwelt und uns Menschen belasten, entstehen so neue Nähr- und Rohstoffe. Statt künstlicher Knappheit und Engpässen gewinnen wir ein Plus an Arbeitsplätzen und Wertschöpfung. Produktion und Konsum werden schließlich wahrhaft nachhaltig.

Ich achte immer darauf, Rahmenplaninhalte in Projekte zu integrieren und den Kindern dadurch nicht weniger zu geben, sondern noch ein Sahnehäubchen draufzusetzen.

Mandy Voggenauer, Lehrerin für Naturwissenschaften

In einer der Fabeln zur Blue Economy unterhalten sich beispielsweise eine Kuh und ein Pilz darüber, wer in kurzer Zeit mehr Protein produziert. Beiläufig werden darin auch Themen wie Tierhaltung, die Entwicklung von Mensch und Nutztieren, der klimaschonende Umgang mit Ressourcen angesprochen, aber auch die handfeste Frage geklärt, wie der Magen einer Kuh funktioniert.

Mandy Voggenauer setzt diese Fabel in ihrer Zehnten ein, mit der sie gerade über Massentierhaltung und mögliche Alternativen spricht. »Wir wollen den Pilz auch züchten«, erzählt sie. »Wir werfen täglich Tonnen Kaffeesatz weg. Kaffeeabfall ist aber ein idealer Nährboden für die Pilzzucht. So lernen Kinder: Abfall ist

Ressource für neue Produkte. Und anschließend stellen wir Materialien her, mit denen Siebt- und Achtklässler, die in ihrem Projekt Verantwortung in Kindergärten gehen, mit den Kindern das Pilzzuchtexperiment wiederholen können.« Markus Haastert, Vorsitzender des Vereins ZERI in Deutschland (Zero Emissions Research and Initiatives, www.zeri.org) und einer der Vordenker der Blue Economy, ist zum festen Engagementpartner der esbz geworden. Sie könnte damit zur Pionierschule werden, an der aus dem ökonomisch, ökologisch und gesellschaftlich visionären Konzept ein Lernbaustein für die nächste Generation wird.

Und was ist Ihr EduAction-Plan?

....

....

....

....

....

....

....

....

....

Tipp: Die 36 Blue-Economy-Fabeln und weitere Materialien für den naturwissenschaftlichen Unterricht sind (auf Deutsch und Englisch) erhältlich unter www.zeri-germany.de/institut/bildungsinitiativen.

Projekt Verantwortung: Spüren, wie es ist, gebraucht zu werden

In der 7. und 8. Klasse bekommen die Schüler zwei Stunden Lernzeit pro Woche geschenkt für ein festes zivilgesellschaftliches Engagement.

aus dem Schulprogramm der esbz

Ein funktionierendes Gemeinwesen ist auf die Verantwortungsübernahme von Bürgerinnen und Bürgern angewiesen. Gemeinsinn und Verantwortung sind die Grundlagen einer demokratischen Gesellschaft. Eine Gesellschaft, die dieser Herausforderung nicht gerecht wird, zerstört ihre eigene Basis. Verantwortung lernt man aber nicht aus Büchern oder durch moralische Appelle, sondern indem man Verantwortung übernimmt. Und nur wer selbst Anerkennung für verantwortungsvolles Handeln erfahren hat, wer sich als Person gebraucht und wertgeschätzt fühlt, wird auch anderen Menschen für ihr Engagement Respekt und Anerkennung entgegenbringen.

Die Schüler übernehmen Verantwortung, nehmen Dinge in die eigene Hand und spüren, was das für Folgen hat – im positiven Sinne. Was es für die Mitmenschen, für die Kinder bedeutet, dass sie das machen. Dazu braucht es von allen Beteiligten ganz viel Sensibilität und Mut, sich darauf einzulassen. Ich denke, das ist es, was wir alle brauchen, um gut miteinander leben zu können.

Anna-Lilja Edelstein, Koordinatorin Projekt Sprachbotschafter

Da wird mir etwas zugetraut, da spürt man, wie Verantwortung ist ...

Gemeinsinn stiftende Erfahrungen geschehen konkret in der Auseinandersetzung mit Menschen, Anliegen, Situationen. Hier besteht in Deutschland noch Entwicklungs- und Handlungsbedarf, denn Partizipation von Kindern und Jugendlichen ist, obwohl ein wichtiges Handlungsfeld, in dem sich Einstellungen junger Menschen zur Politik und Demokratie bilden, in unserem Land noch wenig ausgeprägt. Das unausgeschöpfte Engagementpotenzial lässt sich, wie Studien zeigen[9], auf fehlende Anlässe und Gelegenheitsstrukturen zurückführen. Wo Kinder und Jugendliche verantwortlich mitwirken können und die Erfahrung wächst, dass ihr Engagement wichtig ist, entsteht Sinn und sinnvolles Tun: »*burn for*« statt »*burn out!*« Doch die formalisierten Bildungssysteme sind völlig unzureichend mit den Kommunen und ihren politischen, ökonomischen und sozialen Akteuren vernetzt. Diese örtlichen Bezüge zurückzugewinnen und dadurch Erfahrungen aus erster Hand zu ermöglichen ist essenziell, denn sie bilden in einer zunehmend virtuellen Erfahrungswelt und virtuell vernetzten Gesellschaft ein unerlässliches Gegengewicht im Sinne von »*global denken – lokal handeln*«. Aus diesem Anspruch erwächst der Schule die Aufgabe, Räume für zivilgesellschaftliches Engagement zu eröffnen und das Lernen von Verantwortung im Schulcurriculum zu verankern.

Ohne das Projekt Verantwortung hätte ich mich niemals getraut, Co-Trainerin zu werden.
Daria, 7. Klasse,
Sportprojekt Power-Kids

Laut dem *Sozialbericht für Deutschland* aus dem Jahr 2011[10], einer Studie der Bundeszentrale für politische Bildung, ist das zivilgesellschaftliche Engagement von Jugendlichen seit 1999 langsam, aber kontinuierlich gesunken. »Zu den Ursachen zählen eine gestiegene räumliche Mobilität und die Verringerung der zeitlichen Freiräume durch Veränderungen im Zeitregime von Schule und Studium«[11], heißt es dort. Beachtliche Teile des Engagements seien außerdem durch relativ kurzfristige Ein- und Austritte gekennzeichnet. Zugleich wird dem zivilgesellschaftlichen Engagement »angesichts der zunehmenden Individualisierung, des demografischen Wandels und des Verlusts sozialer Bindungen«[12] eine wachsende Bedeutung beigemessen, da es helfe, »Fähigkeiten zum Kompromiss und zu einem zivilen Umgang herauszubilden«[13], die für den gesellschaftlichen Zusammenhalt unverzichtbar sind.

Gemeinschaft endet nicht am Schultor. Wir stellen uns unserer Verantwortung auch über die Schule hinaus.

Verantwortung und zivilgesellschaftliches Engagement zu übernehmen gehört zu den zentralen Elementen der Lernkultur an der esbz. Im Projekt Verantwortung, das als zweistündiges Schulfach im Curriculum verankert ist, übernehmen alle Siebt- und Achtklässler eine Aufgabe im Gemeinwesen. Bis zu den Herbstferien bereiten sich die Siebtklässler intensiv auf das Projekt vor. »Wir erarbeiten gemeinsam: Was ist Verantwortung? Wo habe ich schon Verantwortung übernommen? Welche Stärken und Schwächen habe ich, was kann ich gut?«, erklärt Projektkoordinatorin Ariane Konetzka.

Zusätzlich erkunden die Schüler und Schülerinnen als Gemeindedetektive ihr Umfeld, erproben sich im Vorstellungstraining, überlegen, wie sie ihre Erfahrungen dokumentieren können. Manche erzählen schon beim Aufnahmegespräch, wo sie sich engagieren wollen, andere brauchen noch Anregungen. Diese bekommen sie auf einer Börse, bei der Mitschüler, die schon ein Jahr Projekt Verantwortung hinter sich haben, ihre Projekte vorstellen, sowie außerschulische Kooperationspartner wie Senioreneinrichtungen, Naturschutzverbände, die Johanniter-Jugend, Kirchengemeinden, Bibliotheken, Vereine ihre Arbeit und Engagementmöglichkeiten präsentieren. Wir arbeiten inzwischen mit über 80 Partnern im Gemeinwesen zusammen. Das Projekt, das angelehnt ist an das schon 1999 an der Gesamtschule Essen-Holsterhausen entwickelte Vorbild, wurde vom Bundesministerium für Familie, Senioren, Frauen und Jugend als Bildungsleuchtturm Berlin zertifiziert.

Mir bedeutet das ganz viel. Die Kinder mögen mich, die mögen, dass wir kommen. Die Kinder warten auf uns. Wir sind ihnen wichtig. Sie fragen: »Könnt ihr nicht jeden Tag kommen?« Das fragen die uns!

Nirosha, 7. Klasse, Projekt Vorlesen in der Grundschule

Ihre Aufgabe suchen sich die Kinder selbst. Die Schule stellt Unterrichtszeit, Lehrerwochenstunden zur Betreuung und zur Fortbildung, eventuell benötigte Räume und Materialien zur Verfügung. »Beim Service Learning, also Lernen durch Engagement, merken die Kinder: Ich kann etwas bewegen und verändern, mein Wirken, meine Existenz sind wichtig«, meint unsere pädagogische Leiterin Caroline Treier.

»Es geht darum, dass die Kids etwas machen, was sie machen wollen«, unterstreicht eine Schülermutter, die die Kinder bei ihrer Suche beratend unterstützt. Allerdings könne es auch passieren, dass ein Schüler im Laufe des Projektes merke, dass er kaum oder gar keine Verantwortung übernehmen kann, weil es von den Strukturen her nicht funktioniert, sagt die Koordinatorin des Projekts, Ariane Konetzka. Während des Schuljahres wird der »Unterricht im Leben« in der Klasse daher regelmäßig reflektiert. Das ist auch deshalb wichtig, weil die Jugendlichen durch die Kombination von Erleben und Reflektieren die Erfahrungen bewusst verarbeiten und diese so auf eine höhere Ebene der allgemeinen Erkenntnis gehoben werden können. Reflexion erweitert das Handlungsspektrum.

Einmal im Halbjahr besuchen die Tutoren die Jugendlichen im Projekt. Dabei wechselt die Rolle: Die Lehrer sind die »Neulinge«, und die Schüler zeigen und erklären, was sie machen. Und wie bei der Schulversammlung auch wird auf diese Weise die Klassensituation aufgebrochen, und es entsteht ein neues Lernformat als bereichernde Erfahrung.

Alle Jugendlichen dokumentieren in einem Verantwortungsbuch ihre Erfahrungen. Darin können sie einen Brief schreiben, das wichtigste Wort der Woche notieren, einen Comic zeichnen, ein Stimmungsbild malen, festhalten, was ihnen am wichtigsten erscheint. Nach dem ersten Jahr sollen die Kinder ihren Verantwortungsbereich vergrößern, indem

Ich habe gelernt, öffentlich zu sprechen. Ich möchte das Projekt »stillen Kindern« empfehlen, denn ich bin jetzt auch in der Schule mutiger geworden und melde mich viel öfter.
Sandra, 7. Klasse, Museumsprojekt Kids führen Kids

sie den Einsatzort wechseln oder noch mehr eigenständig gestalten. Am Ende jeden Jahres feiern wir ein Verantwortungsfest mit allen Jugendlichen, ihren Eltern und den Partnern, bei dem besondere Projekte vorgestellt und besonderes Engagement öffentlich gewürdigt wird. Alle bekommen ein Zertifikat, in dem bescheinigt wird, wofür und in welcher Intensität sie Verantwortung übernommen und welche Kompetenzen sie erworben haben.

Ich möchte gerne den Kindern Mut geben, an sich selbst zu glauben und nicht an sich zu zweifeln. Das möchte ich noch hinbekommen.

Memmet, 8. Klasse, Projekt Hausaufgabenhilfe im Flüchtlingsheim

Sarah beispielsweise wurde ausgezeichnet, weil sie, zusätzlich zu ihrem Projekt Verantwortung in einem Kindergarten, im Reitverein in der Reittherapiegruppe für Behinderte mithalf. »Das ist ihr Berufswunsch, und sie hat da wirklich ein Händchen dafür«, sagt ihre Mutter Karin Benkmann stolz. Weil der Kurs um 18 Uhr stattfindet, fährt Sarah, die inzwischen in der 10. Klasse ist, immer noch jeden Montag direkt nach der Schule in den Verein und ist erst nach 20 Uhr wieder zu Hause. »Montag ist wirklich ein harter Tag. Aber die Therapeutin ist ganz begeistert von ihrer besonderen Art, mit den Patienten und den Pferden umzugehen.«

Für unsere Koordinatorin Ariane Konetzka ist eine solche dauerhafte Motivation ein wichtiges Ziel des Projekts Verantwortung: »In einem weiteren Schritt geht es darum zu sehen, was für schöne Momente daraus längerfristig entstehen können. Das ist natürlich ein Ziel, das weit über die Schule hinausgeht.« Julius beispielsweise hat in einem Seniorenheim zwei alte Menschen betreut. »Zuerst haben die Kinder ein bisschen gemeckert: Was sollen wir denn da?«, erinnert sich seine Mutter. »Aber dann war er so angetan, dass er immer von diesen alten Menschen erzählt hat, was sie erlebt haben. Er fand das so wichtig, dass er sogar in den Ferien hingegangen ist.«

Napirai ist jetzt in der 8. Klasse und besucht jede Woche eine Kreuzberger Kita, wo sie mit den Kindern ein Theaterstück entwickelt. »Das hab ich schon mal gemacht, letzten Sommer, als ich in einem Ferienlager in Frankreich war«, sagt sie selbstbewusst. Als die Dreizehnjährige den Erzieherinnen ihre Idee vorstellte, gab es nur positive Reaktion. »Die Kinder denken sich die Geschichte aus, und ich überlege mir, wie wir daraus ein Stück machen«, erklärt sie. »Das wollen wir dann vor den Eltern aufführen.«

Ihr Klassenkamerad Lukas musste ziemlich suchen, bis er einen Projektplatz gefunden hatte. Erst wollte er in einem Puppentheater mitarbeiten, »aber die haben mir nicht geantwortet«. Dann interessierte er sich für einen Fahrradladen, was auch nicht klappte, weil es kommerziell war. Jetzt hilft er in einem Seniorencafé der Kirche und findet es »ganz schön spannend«, was für Geschichten die alten Leute zu erzählen haben. Alle sitzen gemeinsam um einen großen Tisch, und Lukas verteilt Kaffee und Kuchen. »Da helfen auch Leute, die ganz normal arbeiten«, sagt er, »denen hab ich gesagt, setzt euch doch mal dazu, ich mach das. Darüber haben sie sich gefreut.«

Gerade bei den Siebtklässlern ist immer wieder zu beobachten, wie sie sich durch diese Projektarbeit verändern. »Wir haben ein paar Schlusis dabei«, erzählte uns Jenni Leonhard, »die dann plötzlich am Ende der Stunde, bevor sie zu ihrem Projekt fahren, ganz kribbelig dastehen und sagen, sie müssten gleich los. Die dann plötzlich unbedingt pünktlich sein müssen und auch wollen.« Wichtig dabei ist auch, dass die Kinder im Projekt erleben, dass Dinge auch schiefgehen können. Beispielsweise wollen sie mit Kindern einer Grundschule eine Aktion machen, für die sie rausgehen müssen, und plötzlich hat die Erzieherin, die ihnen eigentlich ihre Begleitung zugesagt hatte, doch keine Zeit. Durch solche Erfahrungen lernen die Kinder, mit Enttäuschung umzugehen – oder auch flexibel und kreativ zu sein, um Hindernisse zu

> *Einige Jungs in meiner Klasse haben sich überlegt, dass sie gezielt für Jungs in der Kita Angebote machen wollen, denn die Erzieher dort sind ja meist Frauen.*
>
> Jenni Leonhard,
> Mittelstufenleiterin

beseitigen. Als Jenni Leonhard ihre Tutanden in der Nachmittags-
betreuung einer Grundschule besuchte, stellte sie fest:»Die Kinder haben dort Regeln eingeführt, die sie von ihrer Schule kennen,
zum Beispiel die erhobene Hand, um für Ruhe zu sorgen. Und sie haben auch neue Zeichen erfunden.«

Es ist auch schon passiert, dass sich jemand mit einer Lese-Recht- schreib-Schwäche im Kinder- garten getraut hat vorzulesen. Die Kinder waren total begeistert, und plötzlich haben die sich auch getraut, hier in der Schule vor- zulesen.

Shana, 11. Klasse

Unsere Erfahrungen zeigen, dass im Projekt Verantwortung Kreativität, Planungs- und Organisationskompe-tenz, Kooperations- und Kommunika-tionsfähigkeit, Selbstbewusstsein, Mut, Durchhaltevermögen, Verständigungs-bereitschaft, die Sensibilisierung der Wahrnehmung von sich selbst und anderen sowie Verantwortungsgefühl gefordert, geför-dert und gestärkt werden. Die Jugendlichen erleben neben der Lust an Eigenverantwortlichkeit vor allem die Anerkennung und das in sie gesetzte Vertrauen durchgängig als prägende Erfahrung. Lernen im Projekt Verantwortung heißt, sich einzulassen auf Fremdes, sich einzusetzen, sich auszusetzen und sich auseinan-derzusetzen in der persönlichen Begegnung mit Menschen, in der Begegnung mit sich selbst.

Das Projekt Verantwortung ist ein Win-win-win-win-Pro-jekt.

Für die Jugendlichen bedeutet das Projekt Verantwortung Kompe-tenzentwicklung, Lernmotivation und positive Identifikation mit Schule und Gemeinde. Die begleitenden Lehrer erfahren durch das Projekt Professionalisierung in der Arbeit mit externen Part-nern und können Netzwerke mit vielfältigen Synergieeffekten und Erfahrungen mit projektorientierter, kooperativer Kultur bilden. Für die Kommune sind verantwortliche und aktive Bürger, Be-teiligung und soziale Kohäsion der Gewinn. Generell erhält das

Projekt und damit die Schule hohe Anerkennung durch Eltern und die Öffentlichkeit.

Es gibt inzwischen viele Schulen, die, angeregt und ermutigt durch uns, Ähnliches tun – in Berlin und in anderen Städten. Nach einem Workshop beim Bildungstag in Aachen bekamen unsere Schüler eine E-Mail von Heike Luckhard, einer Lehrerin an der Gesamtschule Aachen-Brand: »Ich finde dieses Projekt Verantwortung so gut, dass ich schon meinen Chef und eine Mutter meiner Klasse überzeugen konnte, es auch bei uns – in meiner Klasse – zu versuchen«, schrieb sie und stellte unseren Schülern einige Fragen zur praktischen Umsetzung. Shana, 9. Klasse, antwortete darauf: »Liebe Schüler/-innen, dieses Projekt ist eine große Chance, eure Stärken zu nutzen, zu zeigen und dafür viel Anerkennung und Respekt zu bekommen und an euren Schwächen zu arbeiten, ohne dass ihr dabei nach dem strengen Leistungssystem bewertet werdet. Seid offen, flexibel, fantasievoll, ideenreich und habt Mut, mit kleinen Schritten raus in die so vielfältige und bunte Welt zu gehen und Verantwortung zu übernehmen. Das Projekt wird nicht von Anfang an perfekt strukturiert sein, und es wird noch viele Hindernisse geben. Deswegen ist es wichtig, dass ihr euch gegenseitig unterstützt und weitermacht, auch wenn es mal nicht so einfach ist. Verantwortung ist nicht nur eine große Last, sondern es kann auch wahnsinnig viel Spaß machen, wenn man seine eigenen Ideen mit einbringt oder auch andere um Rat fragt, wenn es mal nicht so gut läuft. Ich wünsche euch ganz viel Spaß und spannende, neue und lehrreiche Erlebnisse.«

Kurze Zeit nach dem Bildungstag startete Heike Luckhard das Projekt in ihrer eigenen Klasse, bald wollte auch die Parallelklasse einsteigen. Das Echo aus der Gemeinde war sehr positiv, und zum Schuljahresende erhielten 60 stolze Teilnehmer Zertifikate vom Schulleiter. Das Projekt war zunächst im Fach Religion angesiedelt, im neuen Schuljahr ist es auf praktische Philosophie ausgedehnt, wodurch Schüler aller sechs Klassen des 10. Jahrgangs teilnehmen können. Das Interesse bei den Jugendlichen ist sehr groß, auch viele Kollegen finden das Projekt gut und sind grundsätzlich dafür, es ins Schulprogramm aufzunehmen. Viele schrecken allerdings vor den Belastungen der Betreuung zurück, denn die Schüler sind nicht nur im Zeitrahmen der Schulstunde tätig, sondern teilweise auch abends oder am Wochenende. »Anders als in der esbz haben wir (noch) einen festen Stundenplan mit dem üblichem Fächerkanon, und daher muss der feste Platz für das Projekt noch gefunden werden«, sagt die Initiatorin.

Und was ist Ihr EduAction-Plan?

....

....

....

....

....

....

....

....

....

....

....

....

Tipp:

- Zivilgesellschaftliches Engagement bei Jugendlichen wird derzeit in vielen Kontexten gefordert und gefördert. Die Bundesregierung hat am 6. Oktober 2010 die Nationale Engagementstrategie beschlossen. Die Koordinierungsstelle Nationales Forum für Engagement und Partizipation begleitet die Umsetzung. Hierfür wurden 2011 drei Dialogforen eingerichtet, eines davon – zum Thema Engagement als Unterrichtsmethode: Schule wird Lernort für Partizipation und gesellschaftliche Verantwortung – findet sich unter www.forum-engagement-partizipation.de.

- Die Bertelsmann Stiftung arbeitet im Programm »jungbewegt« daran, dass sich Kitas und Schulen zu Orten der Engagementförderung entwickeln und in Kommunen gemeinnütziges Engagement anerkannt und langfristig gefördert wird. Auf www.jungbewegt.de findet sich für Kitas und Schulen gutes von der Primarstufe bis zur Sekundarstufe II aufbereitetes Material für Projekte und Evaluation. Interessant ist auch die Initiative zur Jugendpartizipation mit Wirkung.

- Am Netzwerk »Lernen durch Engagement« beteiligen sich rund 100 Schulen und Partner, die vielfältig im Austausch unterstützt werden. Es wird eine Fülle von Praxismaterial und Literatur bereitgestellt, Schulen erhalten auf Wunsch kompetente Beratung und Begleitung bei der Einführung. Hilfreiche Veröffentlichungen dazu: Seifert; Seifert/Zentner; Sliwka/Frank (siehe Literaturverzeichnis); www.servicelearning.de

- Die Diakonie entwickelt im Programm »Freiwillig engagiert sein« für alle Schulstufen Arbeitshefte: www.diakonie.de/unterrichtsmaterial-7979.htm

- Weitere Anregungen, Materialien, Kooperationspartner, Fortbildungen: www.ev-zentrum.de, www.degede.de, www.mitarbeit.de, www.buergergesellschaft.de, www.b-b-e.de

Projekt Herausforderung: An die eigenen Grenzen stoßen und darüber hinauswachsen

In der 8., 9. und 10. Klasse stellt sich jeder Jugendliche – individuell oder in der Gruppe – einer dreiwöchigen Aufgabe außerhalb Berlins, die für ihn persönlich eine Herausforderung darstellt.

aus dem Schulprogramm der esbz

Eines wissen wir ganz sicher: Die Zukunft ist unsicher. Darauf müssen wir unsere Kinder vorbereiten. Sie werden mit Fragen umgehen müssen, auf die es noch keine Antworten gibt, und Lösungen finden müssen, für die unbekannte Wege einzuschlagen sind. So befand auch Andreas Schleicher, internationaler PISA-Koordinator, anlässlich des »Bildungsdiskurs« der Stiftung Mercator am 22. März 2011 in Essen, es sei an der Zeit, über die »Schule 2.0« nachzudenken: »Sie bereitet auf ein gesellschaftliches und berufliches Leben vor, das wir heute noch nicht kennen, auf Technologien, die erst morgen erfunden werden, und hilft, Herausforderungen zu bewältigen, von denen wir heute noch nicht wissen, dass es sie gibt.«[14]

Ich hab gemerkt, ich kann Energien verwenden, die ich gar nicht hab. Ich kann über meine Grenzen hinaus und dann noch weiter. Das war unglaublich.

David, 10. Klasse

Aber wie soll uns das gelingen in einer Schule, die traditionell angelegt ist auf Sicherheit? In der der Tag in Stundenhäppchen zerstückelt ist und vom Lehrer so durchgeplant, dass von vornherein feststeht, was am Ende herauskommen soll? Die Antwort ist eigentlich ganz einfach: Wenn unsere Kinder wirklich fürs Leben lernen sollen, dann müssen wir das Leben in die Schule holen. Und Schule muss rausgehen ins echte Leben, dann stellt das Leben die Fragen. Lernen im Leben stellt die Weichen dafür, ob in der »Generation Unsicherheit« Sicherheitsbedürfnis und Delegation von Verantwortung vorherrschen oder Kreativität, Verantwortungsbereitschaft und produktiver Umgang mit Scheitern.

Herausforderungen haben uns geprägt, weitergebracht, mentale Modelle verändert, uns Vertrauen in die eigenen Fähigkeiten gegeben, zu Anstrengung und Ausdauer, zu Neuem befähigt.

Dass Herausforderungen bilden, wissen wir aus der Entwicklungspsychologie, aus der soziokulturellen Forschung, der Hirnforschung, der Motivationsforschung, der Resilienzforschung, wir wissen es von den großen Pädagogen und aus unserer eigenen Lebenserfahrung. Sich Ziele zu setzen, eine Vision zu haben und zu verfolgen, Herausforderungen zu bestehen und dabei Erfahrungen von Selbstwirksamkeit zu machen, das fördert Entdeckungsfreude, Erlebnisfähigkeit, Unternehmungsgeist, Wagemut, Risikobereitschaft, Verantwortungsgefühl, Selbstbewusstsein.

Erfahrungen von Selbstwirksamkeit sind prägende Lebenserfahrungen, die psychologisch und neurophysiologisch Motivation freisetzen, mehr davon zu bekommen. »Use it or loose it« – so lautet die Grundregel unseres Gehirns. Visionen, Ziele, innere Bilder sind ausschlaggebend dafür.

Herausforderungen gehören in die Schule: Das 21. Jahrhundert braucht eine Vielfalt von Talenten und Persönlichkeiten. Es braucht außergewöhnliche Individuen. Es ist daher wichtig, jungen Menschen so oft wie möglich die Gelegenheit zu geben, zu entdecken und zu experimentieren – ästhetisch, sportlich, wissenschaftlich, kulturell und sozial. Die Kinderrechtskonvention und die Schulgesetze der Länder fordern die größtmögliche Förderung aller Potenziale der Kinder und Jugendlichen – und gleichzeitig wissen wir, dass in der Schule mit ihrer traditionellen Unterrichtskultur nur etwa 30 Prozent des menschlichen Lernens stattfinden und ein Großteil der Potenziale nicht ausgeschöpft wird. Trotz vielfältiger wegweisender nationaler und internationaler Expertisen und Empfehlungen ist das informelle »Just-in-time-Lernen« bisher nicht wirklich in Schule integriert.

Kästchen in Arbeitsblättern auszufüllen ist nichts, was Menschen als besonders sinnhaft empfinden.

Um junge Menschen nicht als Schülerinnen und Schüler im tradierten Sinne zu sehen, sondern als engagierte junge Menschen mit Gestaltungsmut, die einen Schatz von Potenzialen mitbringen, dazu braucht es Mut. Wir müssen Möglichkeiten schaffen, in denen Kinder eigene Erfahrungen machen können, statt ihnen nur im Klassenzimmer Wissen einzutrichtern. Menschen lernen durch Begeisterung und wenn sie in ihrem Handeln einen Sinn erkennen. Wir müssen unseren Kindern etwas zutrauen und zumuten.

Schule muss Kindern und Jugendlichen Räume bieten, um sich ausprobieren und eigene Grenzen austesten zu können, um Fähigkeiten zu entdecken und vor allem auch Fehler machen zu dürfen. Die Hirnforschung bestärkt uns darin: »Selbstvertrauen und Zuversicht sind Fähigkeiten, die in den Menschen wachsen müssen – nicht von außen, sondern von innen«, sagte Gerald Hüther im Gespräch mit dem Kollegium der esb am 6. Mai 2011. »Jeder Mensch muss in sich selbst Mittel suchen, in die ihn umgebende Welt aufzubrechen. Nur so kann er die Erfahrung machen, Schritt für Schritt an neuen Herausforderungen zu wachsen.« Dabei baut sich sein Gehirn um. Die Hirnforscher nennen das *experience dependent plasticity.*

Das Projekt Herausforderung ist die wohl intensivste Aussage, wofür diese Schule steht und wofür Schule stehen sollte. Das sind Momente, die man bewahrt! Die Momente, die ich mir bewahrt habe, kamen nicht aus der Schule.

Frans Dikmans, Schülervater

Wir brauchen einen Paradigmenwechsel von der passiven Belehrung zur aktiven Erfahrung. Deshalb haben wir ein Schulfach eingeführt, das wir Herausforderung nennen. Dafür bekommen unsere Schüler in der Stufe 8, 9 und 10 am Anfang des Schuljahres drei Wochen Zeit, um eine Aufgabe zu meistern, die sie sich in den Wochen und Monaten vor den großen Ferien selbst gesucht und eigenständig vorbereitet haben. Jedem stehen 150 Euro zur Verfügung, davon müssen Unterkunft, Fahrtkosten und Verpflegung gezahlt werden. Drei Wochen auf dem Zeltplatz oder in einer Pension kann man sich davon natürlich nicht leisten, das heißt, die Jugendlichen müssen kreativ werden: irgendwo anklingeln, ihre Hilfe anbieten, mitarbeiten. Manche suchen sich eine Aufgabe für sich alleine – die Achtklässlerin Loukie hat zum Beispiel in drei Wochen einen 300-seitigen Roman geschrieben. Und Henriette ist auf einen Bauernhof in Südfrankreich gefahren, obwohl sie gar kein Französisch sprach, und hat dort für ihre Unterkunft und Verpflegung gearbeitet. Der Großteil der Schüler tut sich jedoch zu kleinen und größeren Teams zusammen.

Wer an keinem festen Ort ist, weil zum Beispiel eine Radtour oder Wanderung zur Aufgabe gehört, wird von Erwachsenen begleitet – das können Lehrer sein, Studenten, jemand aus einem freiwilligen sozialen Jahr, wir hatten auch schon ehrenamtliche Helfer aus der Wirtschaft, zum Beispiel eine Hotelmanagerin oder eine PR-Frau. »Die Begleiter gehören zur Gruppe, aber halten sich raus«, erklärt Shana auf einer Lehrerfortbildung. »Es soll ja unsere Herausforderung sein.« In der 8. Klasse fuhr Shana mit fünf anderen Mädchen mit dem Fahrrad nach Hiddensee, um Dünen abzuplaggen. Eine herausfordernde Aufgabe, die sich die Mädchen in Zusammenarbeit mit der Universität Greifswald im Vorfeld organisiert hatten. Nach einer Woche radelten sie wieder zurück. »Unterwegs haben wir uns auch mal verfahren, ich glaube, weil wir die Karte falsch herum gehalten haben. Unsere Begleiter, zwei Studentinnen, haben aber nichts gesagt. Erst als es dunkel wurde, haben wir es gemerkt, weil wir mitten in der Pampa waren und kein Haus mehr kam.« Natürlich ist es Aufgabe der erwachsenen Begleiter, Situationen einzuschätzen und, wenn nötig, einzugreifen. Aber wir müssen den Jugendlichen auch vertrauen und etwas zutrauen. Nur wenn sie wirklich Verantwortung für sich und ihr Handeln übernehmen, können sie Erfahrungen von Selbstwirksamkeit machen.

Eine der wichtigsten Erfahrungen – die übrigens beinahe alle während ihrer Herausforderung auf die eine oder andere Weise machen – hat eine Begleiterin, Alice Rathgeber, wunderbar beschrieben:»Während der Reise gab es Tausende von diesen Überraschungseimomenten. Die Türen öffnen sich, sobald man auf dem Weg ist.« Die Studentin der Sonderpädagogik und Arbeitslehre ist im verregneten Sommer 2011 mit fünf dreizehn- und vierzehnjährigen Mädchen an die Ostsee geradelt. »Wir haben in Pfarrheimen geschlafen und einmal sogar in einer Kirche, direkt unter den Glocken, das war echt schön. Einen Abend hatten wir die Fähre verpasst und wussten nicht, wohin. Aber dann haben wir Leute auf einer Yacht kennengelernt, die uns den Schlüssel für ihr Clubhaus gegeben und uns sogar noch einen Topf Kartoffeln gekocht haben. Die leckersten Kartoffeln meines Lebens!« Schöner kann man nicht lernen, dass es sich lohnt, sich auf Neues einzulassen und Unsicherheiten auch mal auszuhalten.

Ich finde es großartig, dass die Schule solche Räume anbietet, mit Naturwissenschaften ins Leben zu gehen. So viel Unterrichtsinhalt könnte ich nie in eine Stunde bekommen, wie ich auf Herausforderung nebenbei besprochen habe.

Mandy Voggenauer, Lehrerin für Naturwissenschaften

Besonders berührend war ein Erlebnis der Gruppe, die 18 Tage auf Korsika gewandert ist, neun Schüler und zwei unserer Lehrerinnen. Die Neuntklässlerin Anni hatte sich für die Wanderung neue Stiefel gekauft, aber nach ein paar Tagen klaffte in einer Sohle ein großes Loch. »Ich bin praktisch auf dem Boden gelaufen, ich hätte genauso gut barfuß gehen können.« Das war ein Problem für die Gruppe, deren Route durch die Berge im Inselinneren führte: In den Dörfern, durch die sie alle paar Tage mal kamen, gab es nur winzige Tante-Emma-Lädchen. Während die elf noch überlegten, ob sich die Sohle irgendwie reparieren ließe, passierte etwas Unglaubliches: »Wir sind in ein Dorf gekommen und wollten unseren Müll wegschmeißen, den wir gesammelt hatten. Als einer von uns in die Mülltonne guckte, lagen da zwei Wanderschuhe drin. Die waren so gut wie neu und haben mir gepasst.« Anni lächelt noch immer, wenn sie davon erzählt. Und Jasper, der dabei war, sagt: »Wir sind ja hier auf einer evangelischen Schule, und in dem Moment dachten wir: Da oben, da ist jemand, der passt auf uns auf.« Auch für Shanas verirrte Radelgruppe nahm der Tag damals ein gutes Ende: Sie hat den Weg aus dem Wald gefunden und ihr Etappenziel erreicht – wenn auch mit ordentlichem Umweg.

Den Mädels wurde vorher gesagt: Redet mit keinem und passt bloß auf, dass euch keiner wegfängt. Aber es ist nichts vorgefallen! Es war super, was wir für hilfsbereite Menschen kennengelernt haben.

Sarah Klug, Lehramtsstudentin und ehrenamtliche Begleiterin

Zum Teil sind diese drei Wochen für die Eltern eine größere Herausforderung als für die Kinder selbst. Zumindest beim ersten Mal, wenn die Schüler in der 8. Klasse, also 13, 14 Jahre alt sind. Das Konzept finden viele Eltern zwar gut, etliche haben aber auch Sorge, dass die Herausforderung doch zu gefährlich sei und die Kinder noch viel zu klein. Bei der zweiten Herausforderung hat sich das dann geändert. Denn die Jugendlichen kommen von der ersten Herausforderung verändert zurück: selbstbewusst, geerdet, gewachsen. So erlebte es auch die Lehramtsstudentin Sarah Klug, die mit vier Mädchen entlang der Elbe, von Brandenburg nach Hamburg, wanderte. Sie erinnert sich, wie erleichtert, aber vor allem wie stolz die Eltern waren, als sie ihre Töchter bei ihrer Rückkehr vom Zug abholten. »Mich einfach so loszuschicken war für meine Mutter nicht leicht«, erinnert sich auch Shana. »Aber bei der zweiten hat sie gesagt, das schaffst du locker, mach, was du willst.«

Manche Eltern bestehen darauf, dass ihr Kind sich jeden Abend meldet, und sei es nur mit einem per SMS verschickten Smiley, wenn das nächste Etappenziel erreicht und die Unterkunft gefunden ist. Andere akzeptieren, wenn der Nachwuchs auf drei Wochen Funkstille besteht. Annette Geissler musste schon schlucken, als ihr dreizehnjähriger Sohn diesen Wunsch am Abend vor der Abreise äußerte. »Für ihn war es offenbar auch eine Herausforderung, sich jetzt ein bisschen von seinem Elternhaus abzunabeln«, sagt sie. »Und als er wiederkam, war das einfach toll. Er hat so gestrahlt und war so begeistert!« – »Ich muss nicht ständig nachfragen, wie geht's dir denn«, findet Frans Dikmans, der einen Sohn und eine Tochter in der Mittelstufe hat. »Ich vertraue in das, was sie tun. Und wenn es unterwegs nicht gut geht, melden sie sich schon.«

»Wenn man drei Wochen eine schwere Zeit gehabt hat, die richtig anstrengend war, dann ist das ganze Leben danach einfacher«, fasst Nicolas, der inzwischen in der 11. Klasse ist, die Erfahrung für sich zusammen. Deshalb hatten er und die vier Jungs, mit denen er auf seiner letzten Herausforderung an die Ostsee geradelt ist, vorher auch nur die Route herausgesucht, alles andere, auch die Übernachtungen, organisierten sie spontan. Als zusätzliches Handicap kamen für Nicolas »ein ziemliches Schrottfahrrad und jede Menge Gepäck« dazu – und die meiste Zeit schlechtes Wetter. Trotzdem, oder besser gesagt, deswegen freut er sich schon auf die nächste Herausforderung.

Genau so muss Pädagogik funktionieren: dass man mit Ernsthaftigkeit und Begeisterung und viel Zeit an einer Sache arbeitet und dadurch Intensität entsteht und Vertrauen und Beziehung. Ich bin sehr dankbar, dass ich das erleben durfte.

Oliver Meyer-Krahmer, Musiklehrer

»Ich bin dieses Jahr auf Korsika gewandert, 18 Tage lang«, erzählte Clara auf einer Lehrerfortbildung. »Ich kann mir eigentlich keine Steigerung mehr vorstellen, aber die gibt es bestimmt. Im Jahr davor sind wir nach Rügen geradelt und haben dort auf einem Bauernhof gearbeitet. Da dachte ich auch schon, es gibt keine Steigerung mehr.« Unser Lehrer für Praktisches Lernen, Paul B. Schmidt, hat zum zweiten Mal eine Segel-Herausforderung auf der Ostsee angeboten. In diesem Jahr ist er mit neun Schülern auf einer 13-Meter-Yacht von Greifswald nach Südschweden und über Dänemark und Hiddensee wieder zurück gesegelt, nur der Jüngste in der Gruppe konnte vorher schon segeln.

»An einem Tag hatten wir Windstärke 7 bis 8 und ordentlich Wellen«, erzählt er anschließend. »Da haben viele einen Moment der Angst überstanden und waren richtig stolz hinterher.«

Das, was die Jugendlichen in den drei Wochen Herausforderung erleben, wirkt weit über diese Zeit hinaus. Vier Freundinnen haben sich zum Beispiel irgendwo in Brandenburg eine Bleibe gesucht, dort ein Label ausgedacht, eine eigene Kollektion entworfen und genäht und schließlich alle Stücke fotografiert und in drei Tagen und Nächten einen ungewöhnlichen Katalog erstellt, den sie auf unserem anschließenden »Campus Herausforderung« präsentierten. Die Mutter eines der Mädchen trug auf unserem Schulball ein Kleid aus dieser Kollektion, das aussah, als sei es von einem Designer entworfen. »Luca näht weiter und hat sogar schon einen Auftrag entgegengenommen«, erzählte sie sichtlich stolz.

Von großer Wirkung war auch die Musik-Herausforderung, die unser Musiklehrer Oliver Meyer-Krahmer in diesem Jahr angeboten hat. Neun Jungs, die schon ein Instrument spielten, meldeten sich dafür. Die Gruppe zog sich in ein kleines brandenburgisches Dorf zurück und probte jeden Tag acht Stunden. »An manchen Tagen hatte ich einfach keine Lust, Gitarre zu spielen, aber ich hab's trotzdem gemacht, weil meine Band das brauchte, weil ich das brauchte, weil ich da was lerne«, erzählt David aus der Zehnten. Und Anja Niesler kann kaum glauben, dass ihr Sohn Leon plötzlich gerne und freiwillig Klavier spielt. »In der Band sind coole Typen, die kriegen super Feedback, und die spielen auch richtig gut – das ist intrinsische Motivation pur.« Oliver Meyer-Krahmer hat aus diesen drei Wochen eine »ganz große Zufriedenheit« mitgenommen: »Ich konnte endlich mal dem gerecht werden, was jede Pädagogik immer fordert: Nach drei Wochen, in denen wir jeden Tag acht Stunden zusammen geprobt haben, kenne ich jeden Einzelnen so gut, dass ich jederzeit mit ihm über seine Stärken und Schwächen sprechen kann. Das war für mich pädagogisch sehr erfüllend.«

Nach nur drei Wochen ist aus neun Jungs, die sich vorher zum Teil untereinander nicht kannten, eine Band geworden, sie spielen zusammen wie erfahrene Profis. Sogar erste eigene Lieder haben sie schon geschrieben. Auf unserem »Campus Herausforderung« ist »Rosehip« aufgetreten, und nicht nur die Schüler, auch unsere Lehrer und Eltern haben sich anstecken lassen und mitgerockt. Drei Wochen später ist die Band bei einem Kongress im Bregenzer Festspielhaus vor 1600 Leuten aufgetreten – die Jungs mussten neun Zugaben geben. Rosehip ist eine klare Bestätigung der Hirnforschung: Gib begeisterten jungen Menschen Zeit für ihre Sache und einen Meister an die Seite, und du erreichst Leistungen, die traditioneller Unterricht nicht hervorbringen kann. Die Bandprobe haben wir jetzt als zweistündige Werkstatt im Stundenplan untergebracht, und auch nach der Schule kann sich Rosehip in einem Raum im Keller unserer Schule treffen.

In einem positiven Sinne anders als in der Schule findet bei den Herausforderungen auch Fachlernen statt. »Auf der Herausforderung hab ich gemerkt: So viel Unterrichtsinhalt könnte ich nie in einer Stunde vorbereiten, wie ich hier so nebenbei besprochen habe«, berichtete Mandy Voggenauer, die gemeinsam mit unserer Französischlehrerin Annette Frauendorf die Wanderung auf Korsika begleitet hat. Schon in ihrem Unterricht arbeitet sie fast ausschließlich in Projekten, durch die die Schüler die Inhalte des Rahmenlehrplans und mehr lernen. Aber auf Korsika eröffneten sich ganz neue Möglichkeiten, mit Naturwissenschaften ins Leben zu gehen. Die Gruppe wanderte in den Bergen und kam nur ab und und

Vorher war das Instrument immer eine Pflichtübung. Seit der Musik-Herausforderung spielt Leon freiwillig Klavier, geht freiwillig zum Unterricht und gern zu den Bandproben.

Anja Niesler, Schülermutter

Unter uns »Männern« wurden natürlich viele Sprüche geklopft. Aber an einem Abend hab ich gesagt: Lasst uns mal ernsthaft reden, welche Stärken seht ihr bei den anderen? Daraufhin haben sie sich so aufrichtig und überhaupt nicht schmalzig Dinge gesagt, die es genau getroffen haben, das war wirklich berührend.

Oliver Meyer-Krahmer, Musiklehrer

70

zu durch kleine Dörfer. Alles, was die Jugendlichen brauchten, mussten sie im Rucksack mitnehmen. Weil die Flüge einen Großteil des 150-Euro-Budgets aufgebraucht hatten und um Gewicht zu sparen, gab es jeden Tag Müsli mit Pulvermilch und Traubenzucker zum Frühstück und Nudeln mit Tütensuppe zum Abendessen. Alleine das war schon eine Herausforderung. Zum Glück wuchsen überall auf der Insel Brombeeren, die die Kinder immer sammelten. »Einer von den Jungs hat dann in einem Dorf eine Tüte Mehl gekauft und wollte versuchen, Kekse zu backen«, erzählte Mandy Voggenauer später. »Er hat es mit Traubenzucker und Wasser angerührt und aus zwei aufeinandergestellten Blechtöpfen und dem Gaskocher einen Backofen gebaut. Das hat gut geklappt!«

Daraufhin haben sich andere aus der Gruppe überlegt, dass sie ja aus Brombeeren und Zucker Marmelade kochen könnten. Und weil nach dem Essen noch was übrig war, fragten sie die Lehrerin: Können wir das jetzt noch behalten, oder wird das schlecht? »Daraufhin haben wir über Konservierungsstoffe gesprochen, erst über Zucker, später auch Salz und über den osmotischen Druck, mit dem es zusammenhängt, dass ein Bakterium abgetötet wird.« Ein Schüler setzte sich noch dazu und meinte: »Findet hier wieder eine Chemiestunde unter freiem Himmel statt?«

Für Mandy Voggenauer ist »Lernmotivation nicht: Ich habe Interesse an etwas, sondern: Ich finde eine zu meinen Interessen passende Herausforderung und muss mich anstrengen, etwas zu erreichen, das auch schiefgehen könnte. Ich finde es großartig, dass die Schule solche Räume anbietet, die auch meine eigene Motivation enorm steigern.« Dass sie im nächsten Jahr wieder eine Herausforderung begleitet, steht für Mandy Voggenauer schon fest. Am liebsten möchte sie wieder wandern und dann aber versuchen, komplett von der Natur zu leben.

Mittlerweile arbeiten wir daran, Universitäten und Lehrerausbildungsseminare von der Bedeutsamkeit der Herausforderungen für eine zukunftsfähige Lehrerausbildung zu überzeugen, auch um angehende Pädagogen als Begleiter für unser eigenes Projekt Herausforderung immer wieder neu zu gewinnen und um gute Voraussetzungen für die Multiplikation für andere interessierte Schulen zu schaffen. Erste Kontakte haben wir schon geknüpft, zum Beispiel über eine Seminarleiterin, die mit ihrem Hauptseminar bei uns eine Lehrerfortbildung mitmachte und die Idee künftig in ihre Seminare tragen und umsetzen will.

So wie die esbz die Prinzipien »Verantwortung« und »Herausforderung« in der Schule umsetzt, so muss es doch möglich sein, auch in der Lehrerbildung zu arbeiten.

Josef Sampl, Rektor der PH Salzburg

Wenn in Zukunft Universitäten und Lehrerausbildungsseminare diese Chance erkennen und das Begleiten eines Projekts Herausforderung vor- und nachbereiten, anerkennen und zertifizieren, bekäme das Ganze eine völlig andere Dynamik. Dann wäre das Lernen im Leben Teil der Lehrerausbildung. Die PH Salzburg will hier eine Pionierrolle übernehmen: Sie will ein Ausbildungscurriculum »Bildung durch Verantwortung – Lernen durch Engagement« entwickeln, in dem die Studierenden über ihr Fachwissen hinaus gesellschaftlich verantwortlich handeln und sich dabei persönlich weiterentwickeln.

Bei einer Herausforderung lernt man als Begleiter etwas, das viele, selbst erfahrene Lehrerinnen und Lehrer nicht können, weil es in der Ausbildung gar nicht vorkommt: den Umgang mit Jugendlichen, nicht mit Schülern. Man lernt, wie junge Menschen denken, lebt Begeisterung, aber auch Tiefen mit, spürt mit, wie junge Menschen wachsen an Grenzerfahrungen. Das sind Erfahrungen aus erster Hand, die kein Lehrbuch oder Seminar ersetzen kann. Paul B. Schmidt, der als Koordinator der Herausforderung für die ehrenamtlichen Begleiter verantwortlich ist, weist immer wieder darauf hin, wie wichtig diese Unterscheidung für eine moderne Pädagogik ist und auch für die Authentizität der Lehrer selbst. »Es geht um Kinder und Jugendliche und ihre Entwicklung.

Wenn man nicht den gesamten Menschen im Blick hat, ist man ganz schnell wieder in konventionellen Mustern.« An unserer Schule verstehen sich die Lehrerinnen und Lehrer nicht als Belehrer, sondern als Coachs und Begleiter, die die Kinder in ihrem individuellen Lernprozess unterstützen. Eine wichtige Voraussetzung dafür sind gute, vertrauensvolle Beziehungen. Dieser Paradigmenwechsel lässt sich bei Herausforderungen ganz wunderbar erfahren, und die neue Rolle kann dort trainiert werden.

In diesem Jahr hatten wir schon einige angehende Lehrerinnen als Begleiter dabei, und ihre Rückmeldungen beim Reflexionsabend haben uns in unserer Erwartung bestätigt.»Ich fand es beeindruckend, wie sozial die Mädels miteinander waren. Ich dachte vorher, die sind 15 Jahre alt, die werden sich bestimmt nur anzicken«, erzählte eine Begleiterin, und eine andere, die mit zwei Jungs unterwegs war, berichtete davon, wie offen, witzig und unkompliziert die Teenager waren.»Wenn ich mit Erwachsenen unterwegs bin, erlebe ich es immer so, dass alles nach Plan gehen muss«, sagte eine dritte Begleiterin.»Die Mädels haben nie ein Drama draus gemacht, egal ob wir einen Platten hatten oder die Gangschaltung kaputtging.« – »An einem Abend saßen wir zusammen, hatten gekocht und gegessen und anschließend ein Team-Meeting«, erzählte Mandy Voggenauer von einem Moment, der ihr richtig ans Herz ging.»Und dann hat einer von den größeren Jungs den Kleinsten, den wir dabeihatten, Leon, gelobt, und alle haben angefangen zu klatschen.« Manchmal dauert der Gruppenprozess. Dann, wenn zum Beispiel anfangs einige nicht teilen wollen und sagen:»Ich geb doch nicht einen Euro fürs Frühstück, wenn ich nur ein halbes Brötchen esse und die anderen ein ganzes.« Für solche Gruppen ist die Erfahrung »Wir sind eine Gruppe geworden, die zusammenhält und teilt« dann von besonders hoher Qualität.

Das Projekt Herausforderung macht nicht nur die Kinder mutiger und stärker, sondern auch die Begleiter. Ein Beispiel ist die

Sonderpädagogik-Studentin Alice Rathgeber, die von ihrem Umfeld davor gewarnt wurde, allein mit fünf Schülern loszuziehen. Fast hätte sie sich abschrecken lassen von all den Überlegungen, was da alles passieren könnte. Im Nachhinein, sagt sie, war es gut, diese Angst zu spüren, die sie später als von anderen aufgestülpt erkannte. Jetzt sagt sie: »Meine Erlebnisse an der esbz sind die besten Energie-Kraftstrotz-Katapulte der Welt! Ich bin total froh, dass ich Lehrerin werde und die Möglichkeit habe, Dinge zu verändern.«

Und was ist Ihr EduAction-Plan?

....

....

....

....

....

....

....

....

Tipp:
- Auf der Website der esbz haben wir Material, Checklisten, Filme und mehr online gestellt: www.ev-zentrum.de
- Inspirierende Herausforderungsprojekte macht auch die Gesamtschule Winterhude in Hamburg. www.herausforderung.net

Wie Schüler große Visionen umsetzen

Wenn man im Leben keine Vision hat, nach der man strebt, die man verwirklichen möchte, dann gibt es auch kein Motiv, sich anzustrengen, sagt der Psychologe und Philosoph Erich Fromm. Menschen brauchen Visionen. Sie bringen Klarheit und Richtung in das Handeln und Denken. Von einer Vision eingenommen zu sein ist wohl eines der ältesten und natürlichsten Prinzipien, mit denen Menschen sich selbst und andere antreiben. Doch Visionen brauchen Fahrpläne, sagte der Philosoph Ernst Bloch – gerade eine große Vision braucht auch die kleinen Schritte zur Realisierung. Das gilt für das Projekt Plant for the Planet, das von einem neunjährigen Jungen gegründet wurde, und das gilt auch für die 100 000 Bäume, die Schüler der esbz gepflanzt haben, und für ihr Engagement als Klimabotschafter.

Thank you that so many of you care about the future. For us, future is 80, 90 years. For you, future is 20, 30 or 40 years.

Felix Finkbeiner, 12, Gründer von Plant for the Planet, auf dem Vision Summit 2009

Im Juni 2008 hatten wir Felix Finkbeiner zum Sommerfest unserer Partner-Grundschule eingeladen. Der damals Zehnjährige erzählte, wie er vor einigen Jahren für ein Schulreferat über den Klimawandel bei seiner Recherche auf die kenianische Friedensnobelpreisträgerin Wangari Maathai stieß, die in ihrem Heimatland mit anderen Frauen mehr als 30 Millionen Bäume gepflanzt hatte, um der Entwaldung und Bodenerosion entgegenzuwirken. Weil ihn das so beeindruckt hatte, schloss er sein Referat mit dem Appell: Alle Kinder dieser Erde sollten in ihrem Land eine Million Bäume pflanzen! Sein Aufruf »Stop Talking! Start Planting!« ging dann um die Welt, und bis Ende 2011 sind bereits in 72 Ländern Bäume von Kindern gepflanzt worden, in einigen davon, darunter Deutschland, ist die Millionenmarke schon erreicht.

Der starke Eindruck, den Felix auf dem Sommerfest bei uns hinterlassen hatte, veranlasste uns, nach den großen Ferien mit allen Klassen ein mehrwöchiges Schulprojekt zum Thema Wald zu starten, bei dem es um Waldsterben und Abholzung, Regenwälder und Klimaschutz ging. Die Kinder gestalteten einen Baumraum, schrieben einen Baumsong, den die Band einübte, entwickelten einen Comic und ein Theaterstück, machten Infostände auf dem Alexanderplatz, betrieben Aufklärung an Grundschulen und vieles mehr. Die erste Etage unseres damals noch sehr öden Plattenbaus wirkte bei der Präsentation wie ein grünes Labor.

Man sollte seine Idee verfolgen, auch wenn sie vielleicht unrealistisch scheint. Als ich damals gehört habe, dass wir 100 000 Bäume pflanzen, hab ich gedacht: Ja, klar, macht mal schön. Und nächste Woche pflanzen wir tatsächlich den hunderttausendsten.

Clara, 10. Klasse

Auf einer Schulversammlung, zu der wir Felix erneut eingeladen hatten, beschlossen wir, 100 000 Bäume für mehr Klimagerechtigkeit zu pflanzen. Unser schriftlich festgehaltenes Versprechen haben wir am 16. Oktober 2008 vor dem Reichstag feierlich dem Bundesumweltministerium übergeben. Unser fester Glaube daran, dass Kinder Dinge beeinflussen und ändern können, hat uns in den drei Jahren, die wir brauchten, um es einzulösen, Fantasie, Energie und Durchhaltekraft gegeben. Wir haben nicht nur Bäume gepflanzt, sondern auch andere Kinder davon überzeugt, sich Plant for the Planet anzuschließen. Die 40 Schüler unserer Schule, die sich zu Klimabotschaftern haben ausbilden lassen, haben ihr Wissen in drei Klimaakademien an über 200 Grundschüler weitergegeben, die ihrerseits nun als Klimabotschafter wirken. Eine Klimaakademie dauert einen Tag. Den Teilnehmern wird erklärt, woher der Klimawandel kommt und was er bewirkt, was Bäume damit zu tun haben und warum sich die Kinder einschalten müssen. Lena aus der 7. Klasse macht ihre Motivation fürs Bäumepflanzen so deutlich: »Die Erwachsenen sagen immer viel: ›Ja, wir wollen was machen, das soll besser werden.‹ Wir Schüler machen tatsächlich etwas.« Und der gleichaltrige Anatol stellt fest: »Bäume sind wichtig für uns Menschen, weil sie das Kohlendioxid in Sauerstoff umwandeln. Wenn es keine mehr gibt, werden wir irgendwann einfach aussterben. Wegen unserer eigenen Fehler.«

In der Akademie erarbeiten die Schüler auch Methoden der Öffentlichkeitsarbeit und wie man andere zum Mitmachen motiviert. Sie lernen, einen Vortrag zu halten, und tauschen sich über Tipps fürs Spendensammeln aus, denn jeder Setzling kostet einen Euro. Als Gast ist immer ein Förster dabei, der meistens mit Fragen gelöchert wird. Und schließlich werden Bäume gepflanzt. »Danach fühlt man sich richtig gut, weil man weiß, man hat etwas getan«, sagt Lara-Luna, die mit elf Klimabotschafterin wurde und seitdem »bestimmt 500 Bäume« gepflanzt hat. Weil die Neuntklässlerin schon so lange dabei ist, konnte sie bei unserem Pflanz-Endspurt ihre Setzlinge aus den Jahren zuvor begutachten. »Die waren schon einen Meter hoch, das war toll zu sehen!« Und die Achtklässlerin Johanna erzählt nach einem Pflanznachmittag stolz: »Wir haben zu zweit 43 Stück geschafft!«

Unsere Schüler sind durch ihre Ausbildung zum Klimabotschafter tatsächlich so etwas wie kleine Diplomaten geworden: Sie halten an Schulen und Universitäten Vorträge und auf großen Veranstaltungen wie dem Vision Summit oder der Tagung für nachhaltige Entwicklung für Schulleiter in Berlin. Im Vorfeld des Klimagipfels 2009 in Kopenhagen haben unsere Klimabotschafter 80 verschiedene Botschaften in Berlin besucht und mit vielen politischen Botschaftern persönlich gesprochen.

Die zuständigen Behörden sollen dafür Sorge tragen, dass jede Schule bei der Erarbeitung eigener Umweltarbeitspläne unter Beteiligung von Schülern und Lehrern unterstützt wird.
Agenda 21, Kapitel 36.5

Martha und Max, zwei Siebtklässler, haben im September 2009 auf der Eröffnungsveranstaltung der weltweiten UN-Klimawoche in Hamburg gesprochen. »Mir war gar nicht klar, was da auf uns zukam«, erzählt Martha. »Auf dem Weg vom Bahnhof dorthin sahen wir schon riesige Plakate, auf denen Klimawoche stand, und als wir reinkamen, waren überall Kameras und wichtige Leute. Ich war so aufgeregt. Und dann war das so unglaublich toll, da sind Leute aufgestanden und haben geklatscht.«

Ben und Tara, damals in der 9. Klasse, wurden sogar nach Kaliningrad eingeladen, um auf dem deutsch-russischen Umweltgipfel zu sprechen. »Klar war ich ein bisschen aufgeregt davor«, sagt Ben, »aber das ist eine gute Aufregung. Ich glaube, wenn man das nicht mehr ist, dann ist man nicht mehr richtig an dem Thema interessiert.« Karoline, Szesima und Max haben an dem Buch *Baum für Baum* mitgewirkt und sind Mitglieder des Kinderrates der Plant for the Planet Foundation, der aus 22 Kindern besteht und sich zweimal im Jahr trifft.

> Wir sind nicht naiv und glauben, dass wir allein mit Bäumepflanzen die Welt retten können. Nein, wir mischen uns auch ein und demonstrieren und halten Vorträge.
>
> Mia, Stella, Karoline und Szesima, 9. und 10. Klasse

Unsere Schüler haben auch eigene Projekte entwickelt, um den Klimaschutzgedanken weiterzutragen. Clara, Anna, Annie und Paula haben als Projekt Verantwortung einen sogenannten Klimakoffer entwickelt, mit dem man in Grundschulen bei einem gemeinsamen Frühstück erklären kann, wie durch den Umgang mit Lebensmitteln das Klima geschützt werden kann. »Die Kinder konnten immer zwischen zwei verschiedenen Lebensmitteln wählen, zum Beispiel ein Block Käse zum Abschneiden oder kleine, in Folie eingepackte Stücke«, erklärt Clara. »Danach haben wir ausgewertet, was jeder genommen hat, und erklärt, warum das gut oder klimaschädlich war.«

Friedericke hat sich als Projekt Herausforderung eine Klimabotschafter-Radtour ausgedacht: Sie hat zusammen mit zwei anderen Schülern Kinder und Jugendliche in Ostfriesland zum Bäumepflanzen aufgerufen. »Ich hatte vorher 20, 30 Schulen angemailt, ob sie an unserem Vortrag interessiert sind«, erzählt Friedericke, »aber es meldeten sich nur zwei zurück.« Davon ließen die drei sich aber nicht abschrecken und fuhren trotzdem. »Unterwegs hat sich dann immer mehr ergeben«, erzählt sie. »Wir haben einfach bei Schulen geklopft und bei der Kirche gefragt, ob wir in den Konfirmandenkursen unser Projekt vorstellen können.« An sieben Schulen erzählten sie schließlich von Plant for the Planet. »In den Grundschulen haben die Kinder gleich gesagt: ›Das ist ja toll, wir pflanzen auch 100 000 Bäume!‹«

Um unser eigenes Pflanzversprechen einlösen zu können, mussten wir 100 000 Euro zusammenbekommen. Dafür haben unsere Schüler auf Märkten mit Passanten »Glücksrad« gespielt und ihnen von Plant for the Planet erzählt, sie haben selbst gemachte Buttons und Lesezeichen, unsere Mutkarten (das Markenzeichen der esbz: ein visitenkartengroßes Kärtchen, das jedes Kind von uns zur Einschulung als Mutmacher erhält) und jede Menge Kuchen verkauft. Sarah, die mit ihrer Mutter in der Arbeiterwohlfahrt aktiv ist, sammelte dort auf großen Veranstaltungen bei den geladenen Honoratioren Spenden. »Man muss die Quellen nutzen, die man hat«, sagt ihre Mutter. Allein auf diesem Fest hat die Zehntklässlerin 300 Euro gesammelt. Und für einen Vortrag bei einer Tagung des Geflügelzüchterverbandes bekamen Sarah und Tara sogar einen Scheck über 5000 Euro, um damit 5000 Baumsetzlinge kaufen zu können. Ein wirksames Werbemittel ist auch die Mutkarte, die Unternehmen ihren Mitarbeitern zu Weihnachten überreichen und damit jeweils einen Baum sponsern.

Am 25. November 2011 haben wir auf dem Schulhof die letzten drei der 100 000 Bäume der esbz gepflanzt. Dank der tatkräftigen Mithilfe einiger engagierter Grundschullehrerinnen, insbesondere Katharina Jacob von der Grundschule am Insulaner und Sabine Weiche von der Grundschule an der Marie, wachsen jetzt 79 997 neu gepflanzte Bäume in Berlin, vorwiegend im Kinderwald Pankow, 20 000 Bäume haben wir dem Schulprojekt »Forikolo« in Sierra Leone geschenkt. Zum Dank für unser Engagement haben die Berliner Forsten uns drei bereits drei Meter hohe Esskastanien geschenkt. Elmar Lakenberg, Leiter der Berliner Forsten, überreichte sie mit den Worten: »Irgendwann tragen die Früchte, die ihr dann als Maronen verkaufen könnt – für die nächsten Projekte, die ihr finanzieren möchtet.«

Sprachbotschafter bringen Lernfreude

So wie wir mit unserem Programm Klimabotschafter und Bäumepflanzen zu mehr Klimagerechtigkeit beitragen wollen, leisten wir mit unserem Programm Sprachbotschafter einen Beitrag zu mehr Bildungsgerechtigkeit. Wir haben in Deutschland die Situation, dass ein Viertel der Jugendlichen die Schule nach zehn Jahren ohne Ausbildungsreife verlässt. Der überwiegende Teil dieser Jugendlichen kommt aus sozial benachteiligten Familien oder hat einen Migrationshintergrund. Das ist eine enorme Benachteiligung und hat dramatische Konsequenzen für unsere Gesellschaft – sozial, gesellschaftlich und auch ökonomisch. Darauf, dass die Politik es richten wird, wollen wir nicht länger warten.

Es ist zwingend erforderlich, dass Jugendliche aus allen Teilen der Welt auf allen für sie relevanten Ebenen aktiv an den Entscheidungsprozessen beteiligt werden, weil dies ihr heutiges Leben beeinflusst und Auswirkungen auf ihre Zukunft hat. Zusätzlich zu ihrem intellektuellen Beitrag und ihrer Fähigkeit, unterstützende Kräfte zu mobilisieren, bringen sie einzigartige Ansichten ein, die in Betracht gezogen werden müssen.
Agenda 21, Kapitel 36

Probleme kann man nicht mit derselben Denkweise lösen, durch die sie entstanden sind, sagte uns schon Albert Einstein. Altes Denken führt über unbefriedigende Reparaturmaßnahmen kaum hinaus, schafft nur die Reform der Reform der Reform ... Wie aber können wir uns aus altem Denken, altem Handeln, alten Mustern lösen, und wie könnte die dringend benötigte neue Denkweise aussehen?

Bessere frühkindliche Bildung, mehr gut ausgebildete Erzieher und ähnliche Maßnahmen sind wichtig – zeigen aber keine wirklich neuen Denkweisen. Der Weg in eine Gesellschaft der Potenzialentfaltung kann nur durch gelebte Innovationskultur entstehen: Stellen Sie sich vor, Kinder und Jugendliche machen sich auf in die Grundschulen und Kitas in sozialen Brennpunkten, um dort Kinder zu unterstützen. Welche Lernrevolution würde das auslösen!

Die Kinder in den Brennpunktschulen erfahren durch dieses Programm Zuwendung und erleben, dass Menschen an sie und ihre Fähigkeiten glauben. Den engagierten Jugendlichen ihrerseits wird die Gelegenheit gegeben, sich selbstwirksam zu erleben und Kindern aus anderen Lebenswelten zu begegnen. Strahlende Augen und von Herzen kommende Zugewandtheit entfalten dabei ihre starke Wirkkraft.

Würde sich nur ein Drittel der Schulen am Sprachbotschafter-Programm beteiligen, die Weichen könnten frühzeitig anders gestellt und die komplexe Problematik maßgeblich behoben werden – durch Kinder und Jugendliche!

Margret Rasfeld, Schulleiterin

Warum ist das so enorm wichtig? In Deutschland sind gruppenbezogene Menschenfeindlichkeit und soziale Kälte, wie die Langzeitstudie *Deutsche Zustände*[15] des Soziologen Wilhelm Heitmeyer zeigt, besorgniserregend verbreitet. Die Hauptursache dafür ist die fehlende persönliche Begegnung. In einer Gesellschaft, in der Segregation vorherrscht, das heißt, in der Menschen verschiedener Herkunft und unterschiedlichen sozialen Status in Wohnvierteln separiert sind, in der sich Menschen tendenziell eher abgrenzen als miteinander kooperieren und leben, ist es elementar wichtig, schon im jungen Alter Begegnungen zu ermöglichen. Denn fehlende Begegnung ist die Hauptursache dafür, dass wir »andere« – seien es nun Menschen anderer Nationalität, mit einem anderen sozialen Hintergrund, aus einer anderen Altersgruppe oder Menschen mit Behinderungen – als Fremde empfinden. Außerdem könnte damit zugleich der Auftrag, Kindern und Jugendlichen Aufgaben zuzutrauen und sie an der Lösung der großen gesellschaftlichen Fragen ernsthaft zu beteiligen, erfüllt werden. Ein Jahr nach dem Start des Programms gibt es an der esbz bereits über 50 Sprachbotschafter.

Zu ihnen zählt Sarah: Sie geht in die 8. Klasse und besucht einen Nachmittag pro Woche für zwei Stunden den Hort einer

Kreuzberger Grundschule, wo sie eine Werkstatt zum Thema Wasser anbietet. Für einen dieser Nachmittage hat sie das Thema Haie vorbereitet. Vier kleine Jungs sitzen um sie herum und kommentieren munter ihren Vortrag:»Dem Pinocchio-Hai wächst bestimmt 'ne lange Nase, wenn er was Falsches blubbert!« – »Ich hasse Wal- und Haifänger!« Dann dürfen sie selbst einen Hai malen, und auch ein eben noch unkonzentrierter Knirps paust sorgsam den Raubfisch von Sarahs Vorlage ab, die anderen zeichnen frei Hand. Die Dreizehnjährige verteilt großzügig Lob.»Nächstes Mal machen wir ein Experiment«, verspricht sie den Jungs.

Meine Tochter Mia war in einer Grundschule in Kreuzberg mit hohem Migrantenanteil und hat im Deutschunterricht mitgearbeitet. Die Deutschlehrer wollten das erst nicht – aber nachher waren sie ganz happy.

Dorothea Kleihues, Schülermutter

Im Nebenzimmer proben Elias und Charlotte mit einer Mädchengruppe Improvisationstheater. Ihre einzige Requisite ist ein Stück Teppich. Und in der Hortküche kochen Coco, Anna Clara, Magdalena und Lara-Luna mit Erst- und Zweitklässlern unterschiedlicher Nationalitäten Spaghetti mit Tomatensauce.»Letzte Stunde haben wir über Italien gesprochen, und die Kinder durften den Schiefen Turm von Pisa nach ihrer Fantasie malen«, erzählt Coco.»Nächstes Mal ist Frankreich dran, und dann backen wir Crêpes.« Während die Nudeln kochen, beschäftigt Lara-Luna die Kinder mit einem Quiz: Was kommt in die Sauce? Woraus sind die Nudeln? »Die sind ganz schön wild und hören auch nicht so gut«, sagt sie. »Aber ich glaube, mit der Zeit werden sie vertrauter mit uns und wir können konzentrierter zusammenarbeiten.«

Die Erzieherin Aysel findet, dass das Programm noch besser läuft, als sie es sich vorgestellt hatte.»Mittwochs sind die Kinder richtig aufgeregt, weil sie wissen, heute kommen die Jugendlichen wieder. Die Jugendlichen aus der esbz sind sehr selbstbewusst und auch sehr selbständig.« Es geht bei dem Programm jedoch nicht in erster Linie darum, Sprache zu lehren, unsere Schüler als kleine Nachhilfelehrer einzusetzen. Es geht darum, Beziehungen aufzubauen, und Beziehungen entstehen über Sprache, über Kommunikation. Und beides, Sprache und Beziehungen, sind die Basis für erfolgreiches Lernen. Unsere Vision ist, dass es 2016 bundesweit 10 000 Sprachbotschafter gibt.

Im Moment arbeiten wir deshalb daran, eine Struktur zu schaffen, die in ganz Berlin beziehungsweise bundesweit in dieser Weise funktionieren kann. Flexibilität ist die große Herausforderung dieses Projektes: Jede Schule funktioniert auf ihre eigene Art und Weise, hat ihre eigene Unterrichtsorganisation. Es gibt daher keine Standardlösung, wie sich Projekt- und Partnerschule miteinander verknüpfen lassen.

Aus eigener Erfahrung kann ich sagen: Wenn man acht oder neun ist und da kommt ein Vierzehnjähriger, dann ist das eine Autoritätsperson. Manchmal machen die Kleinen schon Späße mit uns, aber nichts Schlimmes, das ist ganz normal.
Leo, 8. Klasse

Unsere Projektkoordinatorin Anna-Lilja Edelstein findet, dass sich das Programm in Religion oder Ethik anbieten würde oder als Wahlpflichtkurs oder Arbeitsgemeinschaft und dass es mindestens eines engagierten Lehrers bedarf, der Teile seiner Unterrichtsstunden für die Projektorganisation verwendet. An Ganztagsschulen bieten sich besonders viele Spielräume. Es könnte aber auch eine Schülerfirma dafür gegründet werden, die dann die Werbung, die Buchhaltung und die Organisation der Trainings übernimmt und Kontakt zu bestehenden anderen Schülerfirmen aufnimmt. »Und ich würde die Funktion einer Beraterin übernehmen«, meint Anna-Lilja Edelstein.

Wenn sie Fragen haben oder etwas nicht verstehen, dann helfen wir ihnen. Nachher können die das immer ganz gut. Manchmal verzweifeln die Kinder, wenn sie eine Aufgabe nicht schaffen, und dann machen wir ihnen Mut.
Lennart, 7. Klasse

Der große Vorteil des Programms ist, dass es ganz simpel gestrickt ist. Sind die Strukturen zwischen der Projekt- und der Partnerschule einmal geschaffen, läuft das Programm ohne großen Aufwand. Die Schüler bekommen zu Schuljahresbeginn eine Einführung, die ihnen den Zugang zu ihrer Aufgabe erleichtert. »Da haben wir Projektideen gesammelt und für Spiele, die wir kennen, Anleitungen geschrieben«, erzählt der vierzehnjährige Leo. Zur Vorbereitung gehört aber auch ein Methodentraining, durch das die Schüler lernen, wie sie sich Aufmerksamkeit verschaffen und wie sie so mit den Kindern sprechen, dass sie auch verstanden werden. Eine Entwicklungspsychologin erarbeitet mit ihnen, warum ihr Besuch für die Grundschüler so wichtig ist und warum ihr Engagement auch sie selbst weiterbringt. Im weiteren Verlauf des Schuljahres gehen die Schüler in die Grundschulen und bereiten sich eigenständig auf ihren wöchentlichen Einsatz vor. Begleitend führen sie ein Projekttagebuch. Der verantwortliche Coach, ein Lehrer, eine Erzieherin, ein FSJler, eine Mutter, bietet über das Schuljahr verteilt Reflexionsstunden an und besucht sie mehrmals an der Partnerschule.

> *Ich glaube, wenn Menschen von früh auf lernen, miteinander umzugehen und aufeinander zuzugehen, dann kann Bewegung geschaffen werden, und die Kontaktaufnahme fällt einem später nicht mehr so schwer. Dafür müssen wir in der Schule Räume schaffen – wo sonst soll das passieren?*
>
> Anna-Lilja Edelstein, Projektkoordinatorin Sprachbotschafter

Die Achtklässler Leo, Manuel und Niels haben schon zum zweiten Mal Sprachbotschafter als Projekt Verantwortung gewählt. Im ersten Jahr haben sie mit Erst- und Zweitklässlern gearbeitet, in diesem Jahr bieten sie für eine 4. Klasse eine freiwillige Lernwerkstatt nach dem Unterricht an. Manuel arbeitet jede Woche mit einem autistischen Jungen zusammen. »Der braucht ziemlich viel Hilfe in der Schule«, erklärt er. »Er nennt mich immer Kumpel und ich ihn auch, da freut er sich.« Zum achten Geburtstag hat Manuel ihm eine Kleinigkeit geschenkt. »Da hat er sich so gefreut, dass seine Augen ganz groß wurden.«

Leo und Niels sind als Ansprechpartner für alle anderen Kinder da. Wenn die beiden kommen, hat der Lehrer die Hausaufgaben des Tages an die Tafel geschrieben, Mathe ist fast immer dabei, manchmal Deutsch oder Englisch. »Einmal hat die Lehrerin einem Mädchen, das nicht so gut Deutsch kann und nicht so gut in der Schule ist, ziemlich lange was erklärt, und sie hat es trotzdem nicht verstanden. Dann hab ich es versucht, und bei mir hat sie es dann verstanden«, erzählt Leo, und man sieht ihm an, wie stolz er darauf ist.

Sophia ist in der 7. Klasse und hat Sprachbotschafter als Projekt Verantwortung und Werkstatt gewählt, so dass sie einmal pro Woche für vier Stunden an eine Grundschule gehen kann. »Ich arbeite ziemlich gerne mit Kindern«, erklärt sie. Sie will lernen, gut mit Kindern umzugehen und Dinge richtig erklären zu können. Am Vormittag ist sie mit fünf weiteren Sprachbotschaftern in einer jahrgangsgemischten 1. und 2. Klasse. »Wir kriegen von der Lehrerin ein Arbeitsblatt oder Heft und die Namen der Schüler. Die rufen wir dann auf und gehen mit denen in einen anderen Klassenraum.« Manchmal sind die Sprachbotschafter auch im Unterricht dabei. Am Nachmittag begleitet Sophia die Kinder in den Hort, wo sie zusammen malen oder spielen. »Wenn ich komme, kommen ziemlich viele angestürmt und wollen mir was erzählen. Und ein kleiner Junge will mich immer umarmen.«

Gelesen, gespielt und Mathe gelernt, das hat Spaß gemacht. Könnt ihr nicht jeden Tag kommen?

Grundschulkind einer Sprachbotschafter-Partnerschule

Erstmals in diesem Jahr haben vier Schüler das Sprachbotschafter-Programm als Herausforderung gewählt. »Ich weiß, dass es für sie nicht einfach war, sich darauf einzulassen, jeden Tag von 9 bis 15 Uhr an der Grundschule zu sein und sich mit den Kindern zu beschäftigen«, erzählt Anna-Lilja Edelstein. Zwei Schülerinnen haben beispielsweise bei den Lernstandserhebungen der Erstklässler am Anfang des Schuljahres mitgeholfen, die dadurch viel schneller abgeschlossen werden konnten. »Am Ende haben sie ganz tolles Feedback bekommen und waren traurig, wieder zu

Am besten klappt's mit den Erstklässlern, die sind noch ziemlich offen. Die Zweitklässler sind ein bisschen zurückhaltender. Und die Drittklässler sind oft ein bisschen vorlaut und wollen angeben.

Lennart, 7. Klasse

gehen. In dieser Zeit sind sie wirklich mit den Schülern zusammengewachsen.«

Und schließlich gibt es die oben beschriebene Klasse, deren Siebt- und Achtklässler fast geschlossen Sprachbotschafter als Projekt Verantwortung machen. Jeden Mittwoch besuchen 14 Kinder den Hort einer Kreuzberger Grundschule und bieten in kleinen Gruppen verschiedene kreative Projekte an. Ihre beiden Klassenlehrerinnen haben sie die ersten Wochen dorthin begleitet und werden sie im Laufe des Schuljahres noch einige Male besuchen.

Haltungen sind das Ergebnis von Erfahrungen. Erfahrungsprozesse zeichnen sich dadurch aus, dass sie unter die Haut gehen. Alles wird emotional und kognitiv verankert.

Gerald Hüther, Hirnforscher

Durch diese Öffnung von Schule zum Gemeinwesen wird deutlich, was Schule alles leisten kann. Das Programm Sprachbotschafter ermöglicht gelebtes soziales Lernen: Die Kinder spüren das Interesse der Älteren, die Älteren übernehmen Verantwortung und spüren, was es für die Kleinen bedeutet, wenn sie da sind. Dadurch entstehen Beziehungen, es stoßen aber auch Lebenswelten aufeinander. »Aber Kinder können noch viel natürlicher miteinander umgehen als Erwachsene.«

Weil das Interesse an unserem Sprachbotschafter-Programm immer größer wird – bald wird es beispielsweise auch in Düsseldorfer Schulen starten –, arbeiten wir inzwischen daran, dass unsere ausgebildeten Sprachbotschafter das Training für neue Sprachbotschafter übernehmen. Es soll komplett als Peer Education durchstrukturiert sein, und auch die Eltern der Kinder an den Partnerschulen sollen stärker einbezogen werden. Trotz vorhandener Sprachbarrieren – die Partnerschulen

Wie die Schüler ihr Herz da reinstecken – das verändert auch das eigene Bewusstsein. Das verändert, wie man später in der Gesellschaft ist, und, ja, das klingt jetzt so groß, aber es verändert auch die Gesellschaft selbst.

Anna-Lilja Edelstein, Projektkoordinatorin Sprachbotschafter

liegen ja in sogenannten Problemkiezen, und die Eltern sprechen zum Teil wenig Deutsch – kann auf ganz natürlichem Weg die Teilhabe funktionieren. Beispielsweise können die Eltern dort bei einem Theaterstück, das Schüler mit den Kindern planen, Kostüme nähen oder andere Aufgaben übernehmen. Außerdem möchten wir das Programm an die Universitäten bringen, um Ehrenamtliche zu finden, die beispielsweise Schülergruppen begleiten, gemeinsam Inhalte erarbeiten oder auch evaluieren. Bald wollen wir auch versuchen, Grundschulkinder als Sprachbotschafter für Kitas zu gewinnen. Im Frühjahr 2012 ist das erste Feriencamp geplant, zunächst als Pilotprojekt für eine Woche, um Erfahrungen zu sammeln.

Wir wollen das Programm in Berlin und bundesweit verbreiten. Auch hier ist unsere Vision: 10 000 Sprachbotschafter bundesweit bis 2016!

Was ist das Besondere und Innovative am Projekt Sprachbotschafter?

- *Vision:* Sprachbotschafter verfolgt eine klare Vision: Mehr Bildungsgerechtigkeit, Chancengleichheit, Integration.
- *Muster brechen:* Sprachbotschafter ist eine starke Innovation, weil es alte Denk- und Lösungsmuster bricht.
- *Peer Coaching:* einfach, sinnhaft, wirkungsvoll. Kinder und Jugendliche setzen ihre Verantwortungsbereitschaft, ihre Kreativität und ihre Gestaltungskraft ein, um Jüngere zu unterstützen. Die Erwachsenen trauen und muten ihnen das zu.
- *Begeisterung:* Lernen braucht Begeisterung, Begeisterung braucht Bedeutsamkeit.
- *Partizipation:* Jugendliche werden an der Lösung der großen gesellschaftlichen Herausforderungen beteiligt.
- *Win-win-win-win:* für die Grundschulkinder, für die jugendlichen Coachs, für die Grundschullehrer, für die Gesellschaft.
- *Entlastung statt Belastung:* Grundschullehrer erleben die Sprachbotschafter als deutliche Unterstützung.

- *Neue Formen der Begegnung:* Hier kommt eine Begegnung ansonsten voneinander abgeschotteter Kultur- und Lebenswelten zustande, die für den Zusammenhalt in einer multikulturellen Gesellschaft existenziell wichtig ist. Verständigung und Verstehen und soziale Verantwortung werden gestärkt.
- *Wertschätzung – die Grundbedingung für Motivation und Lernen:* Die Grundschulkinder erleben intensive persönliche Zuwendung, Interesse und Empathie älterer Jugendlicher und finden in den Sprachbotschaftern Bezugspersonen mit Zeit.

Und was ist Ihr EduAction-Plan?

....

....

....

....

....

....

....

....

Tipp:
- Sprachbotschafter ist Leuchtturmprojekt der GLS Zukunftsstiftung Bildung und wird gefördert. www.zukunftsstiftung-bildung.de
- Bei Interesse, sich bei Sprachbotschafter zu engagieren (z. B. als Begleiter, Trainer, Multiplikator), oder um weitere Informationen zu erhalten, melden Sie sich bitte bei Anna-Lilja Edelstein (Projektleitung): anna.edelstein@googlemail.com

Menschen mit Botschaften kommen in die Schule – von Zeitzeugen bis zu Nobelpreisträgern

Menschen brauchen Vorbilder, denen sie sich anschließen können und die ihnen zeigen: Alternativen sind möglich! Eine Gesellschaft, die sich selbst Gehalt und Halt geben will, braucht Orte und Zeiten der Begegnung. Begegnungen, die berühren, zum Nachdenken anregen, mit Neuem konfrontieren, Gewohntes in Frage stellen, aufregend sind und auch mal verunsichern. Begegnungen, die immer auch Chancen zu neuen Erfahrungen und Erkenntnissen, zum Lernen eröffnen. Insbesondere für Heranwachsende sind persönliche Begegnungen mit Vorbildern prägende Erfahrungen, die für das Verstehen und die Verständigung durch nichts zu ersetzen sind.

Haltungen und Einstellungen, innere Bilder sind wirkmächtig. Sie haben die Kraft, das Gehirn, den Menschen und damit die Welt zu verändern. Leider leben wir in einer Kultur der schlechten Nachrichten. In den Medien geht es vor allem um Katastrophen und Skandale, Konsum und seichte Unterhaltung. Wie inspirierend und ermutigend könnte es sein, wenn Schulen von ihrem Geist her Botschafter für gute Nachrichten sind! An der esbz wollen wir daher Gelegenheiten für die Begegnung mit Menschen schaffen, die etwas bewirken in ihrem Leben.

Aha-Erlebnisse und positive Bestärkung

Zu unseren Gästen gehörte Klaus Werner, der mit seinem Weltbestseller *Schwarzbuch Markenfirmen*[16] zu den bekanntesten Autoren der alternativen Globalisierung zählt. An einem mitreißenden Abend hielt er seinem Publikum – die versammelte Schulgemeinde – den Spiegel vor, machte die Zusammenhänge zwischen internationaler Wirtschaftspolitik und unserem Alltag bewusst und zeigte, was jeder von uns der Macht der Multis entgegensetzen kann. Sein Schüler-Workshop am nächsten Tag war komplett ausbucht.

Der jüdische Zeitzeuge Sally Perel erzählte uns, wie er sich als sogenannter Volksdeutscher in der Hitlerjugend versteckte und so das Dritte Reich überlebte. Die neunzehnjährige Sahra Khodja erzählte von ihrer Kindheit in Afghanistan, wo die Taliban ihre Eltern töteten. Die Geschichte ihrer Flucht, die sie sieben Monate lang zu Fuß bis nach Deutschland führte, berührte und brachte uns den sonst so fernen weltpolitischen Konflikt ganz nah. Trotz ihrer schweren Lebensgeschichte machte uns Sahra sogar Mut: Obwohl die Taliban sie gezwungen hatten, die Grundschule abzubrechen, hat sie in Deutschland die Fachoberschulreife geschafft. Jetzt möchte sie Kinderärztin werden, um anderen helfen zu können.

Wir durften auch einen Auftritt des »Circus Halli Galli« der Bonner Christophorusschule für Körperbehinderte erleben: Die Akrobatik der Kinder war so erstklassig, dass ehrfürchtige Stille in unserer Turnhalle herrschte, die nach der Vorstellung in tosenden Beifall überging. Anschließend waren die kleinen Zirkuskünstler umringt von unseren Schülern – keine Berührungsängste, sondern nur spontane Begeisterung.

Auch Jugendliche, die ein Jahr in einer fremden Kultur verbracht haben, waren mit ihren Botschaften schon bei uns und berichteten von ihren Erfahrungen. Bald können durch unser Programm »Alle ins Ausland« unsere eigenen Schüler solche Menschen mit Botschaften sein.

Der mehrfach preisgekrönte Jugendbuchautor Lutz van Dijk, Gründer der Initiative »Pädagoginnen und Pädagogen für den Frieden«, stellte uns sein Buch *Themba* vor. Er hat uns so beeindruckt, dass er im Mai wiederkommen wird, um mit uns über sein neues Buch *Niemand wird mich töten* zu sprechen: Es erzählt die Geschichte eines südafrikanischen Jugendlichen, der aus schwierigsten sozialen Verhältnissen stammt und HIV-positiv ist, aber tapfer für ein besseres Leben kämpft.

Auch Frances Moore Lappé war in unserem Forum. Sie ist für ihren Kampf gegen den Hunger in der Welt und für ihre unermüdliche Arbeit, die wahren politischen und wirtschaftlichen Ursachen des Hungers aufzudecken, mit dem Alternativen Nobelpreis ausgezeichnet worden.

Eine ganz besondere Begegnung war für uns der Besuch des Friedensnobelpreisträgers Muhammad Yunus im Jahr 2008 in Berlin. Er kam zum Vision Summit, um seine Idee des Social Business in die Welt zu tragen. Das bekannteste Beispiel für sein Prinzip, soziale Probleme mit unternehmerischen Mitteln zu lösen, ist die von ihm gegründete Grameen Bank, die ausschließlich an ganz arme Menschen Mikrokredite vergibt, um damit eine Existenzgrundlage zu finanzieren. Millionen Menschen konnten sich so aus der Armut befreien.

Als wir unseren Schülern von der Arbeit von Muhammad Yunus erzählten, wollten sie ihn unbedingt kennenlernen und ihm eine Reihe von Fragen stellen. Da sich die Leiterin der esbz und der Organisator des Vision Summit kannten – es sind die beiden Autoren dieses Buches –, ließ sich dieser Wunsch leicht realisieren: Die Schüler erhielten die Gelegenheit, beim Vision Summit ihre vorbereiteten Fragen unmittelbar an Muhammad Yunus zu stellen. Dieser zeigte sich positiv überrascht von der Ernsthaftigkeit und dem echten Engagement dieser Jugendlichen. Sie wollten von ihm wissen, welche Ereignisse und Erlebnisse ihn in seiner Kindheit und Jugend am meisten auf das vorbereitet haben, was später zu seinem Lebenswerk wurde, und was wir im Westen von ihm lernen können. Aber auch, welches das schönste Vorhaben war, für das die Grameen Bank einen Kredit gab. Am meisten freute Muhammad Yunus sich über die Idee eines Schülers, eine Aktion

Mein Besuch an eurer Schule war das Highlight meines Deutschlandbesuches. Bitte sagt den Schülern, wie beeindruckt ich von ihnen war, wie sehr ich den Austausch mit ihnen genossen habe. Und haltet mich auf dem Laufenden, wie sich eure Vision eines neuen Lernens und einer wachsenden Umwelt entwickelt.

Frances Moore Lappé,
Alternative Nobelpreisträgerin

zur Förderung von weiteren Mikrofinanzorganisationen zu initiieren und möglichst viele andere Jugendliche dafür zu interessieren.

Das »konkreteste« Ergebnis dieser Begegnung ist das 2009 erschienene Buch *Armut gehört ins Museum*[17] über das Leben und Wirken von Muhammad Yunus, das wir gemeinsam mit der Jugendbuchautorin Petra Schäfer-Timpner umsetzten und in das die Fragen unserer Schüler eingeflossen sind.

Entscheidend für das Projekt, Menschen mit Botschaften in die Schule zu bringen, ist nicht die Prominenz von diesen Besuchern, sondern deren authentisch vermittelte Botschaft. Zwischen der Vermittlung der Idee der Kleinkredite für die Armen in Bangladesch in irgendeinem Schulfach und der Begegnung mit jenem Menschen, der diese Idee in die Tat umgesetzt hat, liegen Welten. Dasselbe gilt für die abstrakte Diskussion über die Lage von Frauen in Afghanistan und die unmittelbare Begegnung mit einer solchen. Warum nutzen wir die Begegnung mit Menschen mit Botschaften nicht viel mehr als eine ebenso einfache wie wirksame Methode, die Lerntiefe und Lernmotivation an unseren Schulen radikal zu verbessern?

Und was ist Ihr EduAction-Plan?

. . . .

. . . .

. . . .

. . . .

. . . .

. . . .

. . . .

Säule 2: Lernen, Wissen zu erwerben

Lernbüro und Logbuch: Lernen im eigenen Tempo, individuell und selbständig

Stellen Sie sich eine Klasse vor, die 26 Schüler hat und in der dennoch individuelle Betreuung möglich ist. In der schwächere Schüler die Möglichkeit erhalten, den Stoff zu üben, bis sie ihn verstanden haben, während die leistungsstarken zusätzliches Material bearbeiten – keiner langweilt sich, und keiner fühlt sich überfordert. Die Klasse arbeitet konzentriert, motiviert und selbständig. Und muss ein Schüler wegen Krankheit längere Zeit zu Hause bleiben, verpasst er weder Lehrstoff noch Klausuren und kann danach einfach in den Unterricht wieder einsteigen. Das klingt zu schön, um wahr zu sein? An der esbz funktioniert das System Lernbüro genau so.

Über innere Differenzierung und weil die Tutoren ihre Tutanden sehr gut kennen, kann man im Lernbüro unterschiedliche Anforderungen stellen.

Jenni Leonhard, Mittelstufenleiterin

Jeden Morgen wählen die Schüler der Jahrgangsstufen 7 bis 9, ob sie eine Doppelstunde lang Mathe, Englisch, Deutsch oder Natur & Gesellschaft (Geografie, Geschichte, Sozialkunde, Naturwissenschaften) lernen möchten. Jeweils drei jahrgangsgemischte Klassen mit je 26 Kindern (sogenannte Kleinteams) teilen sich diese vier Lernbüros, auf die sich die Kinder jeden Morgen selbständig verteilen. Aus drei Klassen werden so vier Lernbüros, was die Anzahl der Kinder pro Lernbüro reduziert.

Dort erwarten sie jeweils die Lehrer, und sie finden die sogenannten Bausteine mit dem Lehrstoff der Stufen 7 bis 9 vor, mit denen sie arbeiten können. Ein Baustein besteht aus einem Karteikasten mit Karten, auf denen das jeweilige Thema aufbereitet ist, mit Erklärungen und Aufgaben, oft mit Zusatzmaterialien, häufig mit Selbstkontrolle. Die Materialien für die Lernbüros haben die Lehrer der esbz selbst hergestellt, in Anlehnung an den Rahmenplan und an Schulbücher. Sie sind ähnlich aufgebaut wie Unterrichtseinheiten – zum Beispiel gibt es in Geschichte eine zum deutschen Kaiserreich –, mit dem Unterschied, dass die Schüler sie eigenständig erarbeiten und eine Selbstkontrolle durchführen.

Wenn Fragen auftauchen, wenden sich die Schüler zunächst an Mitschüler – das ist eine feste Regel an der esbz. Wir haben eigens auch Bausteinpaten ernannt, die in bestimmten Themen fit sind und anderen helfen können. Nur wenn das Problem auf diese Art nicht geklärt werden, hilft der Lehrer weiter. Durch dieses neue Verhältnis wird der (Be-)Lehrer ganz automatisch zum Coach. Und die Lehrer-Coachs machen nebenbei eine sehr schöne Erfahrung: Sie sind plötzlich immer gefragt, statt »da vorne zu nerven«. Die Schüler kommen zu ihnen und freuen sich, wenn sie Unterstützung bekommen. Hier hat der mentale Wechsel von »Du sollst« (der Lehrer steht vorne und gibt vor, was passiert) zu »Ich kann!« stattgefunden. Oder wie ein Schülervater einmal sagte: »Das Motto an der esbz hieß lange vor Obama ›Ich kann!‹.«

Wir sehen in den jungen Menschen nicht Schüler im tradierten Sinne, sondern engagierte junge Menschen mit Entdeckungsfreude und Gestaltungsmut, die Potenziale mitbringen und weit mehr können, als Erwachsene ihnen oft zutrauen. Die jungen Menschen lernen bei uns so individuell wie möglich, aber gleichzeitig immer auch gemeinsam.

Durch das Prinzip Lernbüro und Coach steht jedes Kind mit seinen Stärken im Mittelpunkt, es wird ernst genommen und darf ohne Versagensangst und mit Anspruch sein Potenzial entfalten. Vom Objekt, das mit Lehrstoff befüllt wird, wird es durch eine Vielzahl von Gestaltungs- und Entscheidungsmöglichkeiten zum Subjekt seines Lernprozesses.

- Es kann täglich wählen, welches Fach es besucht.
- Es kann nach seinem eigenen Tempo und Rhythmus lernen.
- Es kann unterschiedlich viel Zeit in die einzelnen Fächer investieren.
- Es kann auf unterschiedlichen Niveaus und Zugängen arbeiten, entsprechend seinen individuellen Fähigkeiten.
- Es kann Aufgaben mit unterschiedlichem Schwierigkeitsgrad bearbeiten.
- Es kann selbständig und im Team Bausteine erarbeiten.
- Es kann selbst entscheiden, wann es im Stoff weit genug ist, um den Lernnachweis zu erbringen.

Aus der Hirnforschung wissen wir, dass Begeisterung eine Grundvoraussetzung für erfolgreiches und nachhaltiges Lernen ist. Wer, wie oben beschrieben, seinen individuellen Fähigkeiten entsprechend arbeiten darf und dabei die Erfahrung macht, dass seine Stärken gesehen und seine Schwächen gefördert werden, wird mit sehr viel mehr intrinsischer Motivation dabei sein.

Je nach Aufgabe auf der Bausteinkarte haben die Schüler auch die Freiheit, ihren Lernort oder Lerninhalt selbst festzulegen. Wer beispielsweise in Deutsch gerade eine Ballade einstudiert, darf sich dazu auch auf sein Skateboard auf dem Schulhof stellen oder auf die Treppe setzen. Auch die Ballade ist frei wählbar und wird im Rahmen des regulären Lernnachweises der ganzen Klasse vorgestellt – so verhilft Wahlfreiheit zu mehr Abwechslung und neuem Wissen. Wer englische Konversation übt, tut dies nicht im Klassenraum, wo die Schüler möglichst still arbeiten sollen, sondern auf dem Flur oder einer Bank auf dem Schulhof. Gerade Jungs in der Pubertät, die oft Schwierigkeiten haben, längere Zeit still zu sitzen, werden

> *Natürlich sind wir Erwachsenen geprägt von unserer eigenen Schulbildung. Umso wichtiger ist es, sich für Neues zu öffnen. Wir müssen weggehen vom Lehr-Paradigma zum Lern-Paradigma – da sind wir an dieser Schule einfach schon weiter.*
>
> Caroline Treier, pädagogische Leiterin

durch dieses »mobile« Lernen ausgeglichener und »stören« weniger.

Viele Kinder müssen sich erst an das selbständige Arbeiten gewöhnen, daran, ihr Lernmaterial selbst zusammenstellen zu müssen oder ihre Fragen nicht sofort vom Lehrer beantwortet zu bekommen, sondern als ersten Schritt zur Hilfe die Selbsthilfe anzuwenden. Das ist einigen Schülern unbequem, sie müssen das aktive Handeln erst üben. Hier ist die Jahrgangsmischung von großem Vorteil, da die jüngeren Schüler sich an den älteren orientieren können. In diesem Prozess erhalten sie regelmäßige Unterstützung in den Tutorengesprächen, die ihre Klassenlehrer mit ihnen führen.

Wie funktioniert das individuelle Lernen und die Binnendifferenzierung?

Entsprechend dem Rahmenlehrplan ist eine bestimmte Anzahl von Bausteinen vorgeschrieben, die pro Schuljahr bearbeitet und erfolgreich abgeschlossen werden müssen. Bei manchen ist eine Reihenfolge vorgegeben, da sie aufeinander aufbauen, bei anderen haben die Schüler freie Wahl. Wie viel Zeit jedoch auf einen Baustein verwandt wird, liegt weitgehend beim Schüler. Wer beispielsweise in Englisch sehr gut ist und in Mathe Schwierigkeiten hat, hat die Möglichkeit, mehr Zeit im Mathe-Lernbüro zu verbringen, zusätzliche Übungen zu machen oder sich den Stoff nochmals erklären zu lassen, bevor er sich zum Test anmeldet. Die klassische Situation im herkömmlichen Matheunterricht ist: Einer hat es immer noch nicht verstanden, und die anderen sitzen da und langweilen sich. Oder aber der Langsamere bleibt zurück und hat binnen kürzester Zeit den Anschluss verloren – und die Motivation, sich weiter anzustrengen.

In Lehrerfortbildungen wird an dieser Stelle regelmäßig gefragt, ob man nicht für jeden Schüler einen individuellen Test entwickeln müsse, weil sie zeitlich versetzt schreiben. Nein, muss man nicht. Zum einen, weil bis zur Klasse 9 keine Noten vergeben werden und dies dazu führt, dass das Denken, besser als andere sein zu wollen, so gut wie ausgeschaltet ist. Den viel wichtigeren Grund nennt aber die Elftklässlerin Shana: »Klar könnte man sich die Ergebnisse weitersagen, das passiert vielleicht auch mal. Aber man merkt dann schon irgendwann, dass man sich damit selbst betrügt. Anfangs kann man sich vielleicht noch durchwursteln, aber die Sachen bauen ja aufeinander auf, und irgendwann muss ich sie verstanden haben.«

Nicolas, der auch zum ersten Jahrgang gehört, wechselte im zweiten Halbjahr der 7. Klasse von einem Superschnellläufer-Gymnasium auf die esbz. »Weil ich vorher den Stoff so eingetrichtert bekommen hatte, konnte ich viele Bausteine ganz schnell machen. Wahrscheinlich war ich ein bisschen gelangweilt und hab dann allen möglichen Quatsch gemacht. Aber das hat sich alles ziemlich gut entwickelt. Den größten Unterschied sieht man von der 9. in die 10. Klasse, wenn man sich mein Zeugnis anguckt. Ich denke also, dass die Schule einen ziemlich guten Einfluss auf mich hat.«

In den vergangenen Jahren haben Eltern immer wieder die Sorge geäußert, ob ihre Kinder – bei all den vermittelten Metakompetenzen (die ja ein wichtiger Grund für die Wahl dieser Schule waren) – denn auch genug »Stoff« lernen. Im Jahr 2011 konnten wir uns nun zum ersten Mal mit anderen Berliner Schulen vergleichen: Unser erster Jahrgang hat die landesweiten zentralen Abschlussprüfungen geschrieben und dabei überdurchschnittlich abgeschnitten. Auch bei den VERA-8-Vergleichsarbeiten haben unsere Jugendlichen bisher weit überdurchschnittlich gut abgeschnitten. Im Februar 2012 erhielten wir die Ergebnisse der wissenschaftlichen Begleitforschung für das Pilotprojekt der Berliner Gemeinschaftsschulen. Untersucht wurde der Lernzuwachs in Lesekompetenz, Rechtschreibung, Englisch, Mathematik und Naturwissenschaften bei den Jahrgängen 7 bis 9 im Vergleich zu Schulen in Hamburg mit vergleichbaren Eingangsvoraussetzungen sowie vergleichbaren Berliner Schulen. In allen untersuchten Bereichen schnitt die esbz mindestens genauso gut ab, in vielen sogar signifikant besser.

Trotzdem wird uns die Frage, ob die Kinder dem späteren Leistungsdruck werden standhalten können, wenn sie bis Klasse 9 keine Noten bekommen, immer wieder gestellt. Dazu sagt Dorothea Kleihues, Gesamtelternvertreterin an unserer Schule: »Ich glaube, die größte Herausforderung für Eltern ist es, die Kinder auch mal zu lassen. Man muss auch mal zulassen können, dass die scheitern. Ich kann ja nicht mein Leben lang neben meinem Kind stehen. Je eher ich es schaffe, ihm den Raum zu geben, sich selbst zu entwickeln und zu lernen, wie teile ich mir das ein, wie arbeite ich am besten, umso besser.«

Andere Eltern beobachten an ihren Kindern, dass sie genau davon profitieren, nicht nur nach exakten Vorschriften und Regelungen arbeiten zu müssen, sondern nach ihrem Rhythmus und ihrer Verfassung lernen und entsprechend kreativ sein können. Eine Mutter, die Trapezkünstlerin ist, nimmt ihre beiden Töchter manchmal mit, wenn sie für ihre Engagements mehrere Monate am Stück im Ausland sein muss. Den Stoff können die Mädchen sich dank der Lernbüro-Bausteine auch unterwegs erarbeiten, auch Projektthemen, die Tutorengespräche finden per E-Mail oder Skype statt. »Weil ich meine Kinder immer wieder für eine Zeit aus der Schule nahm, haben mich anfangs viele Eltern gefragt, ob ich nicht Angst hätte, dass sie sitzen bleiben«, erzählte die Künstlerin. Sie sei froh, dass die Schule ganz anders mit dieser Situation umgehe und die Kinder immer bestärke, indem sie zum Beispiel ihre guten Englischkenntnisse hervorhebe, die sie durch die Auslandsaufenthalte erworben haben.

Während es für starke Schüler im klassischen Unterricht nur die Möglichkeit gibt, gleich eine ganze Klasse zu überspringen, können sie an der esbz aufgrund der Jahrgangsmischung auch in einzelnen Fächern Stoff einer höheren Klasse bearbeiten. Clara hatte vor Ende der Klasse 9 bereits alle Bausteine bearbeitet. »Meine Tutorin hat mich damals richtig gut beraten und mir vorgeschlagen, doch ins Ausland zu gehen«, erzählt sie. Clara entschied sich für Neuseeland, wo sie ein halbes Jahr bei einer Gastfamilie lebte und zur Schule ging. Für ihren auf Englisch gehaltenen Vortrag über ihre Erfahrungen in Neuseeland bekam Clara viel Beifall von der Schulversammlung.

Im Kollegium sprechen wir nicht mehr vom Unterrichten, sondern vom Lernen.
Caroline Treier,
pädagogische Leiterin

Zur Binnendifferenzierung hat die esbz jetzt ein sogenanntes Lernpfadprinzip entwickelt, das es den Schülern ermöglicht, auf unterschiedlichen Wegen durch einen Baustein zu kommen. Es gibt einen Basisweg, den alle gehen. Die Schwächeren können zusätzliche Übungen machen, um sich ein Thema anzueignen, das sie nach zwei Aufgaben vielleicht noch nicht verstanden haben. Und die Stärkeren können über den Drei-Sterne-Lernpfad weitere Themenbereiche oder Aufgaben bearbeiten. »In Geschichte zum Beispiel könnte ein starker Schüler sagen, beim Thema Kolonialzeit interessiert mich Namibia besonders«, erklärt unsere Deutsch- und Geschichtslehrerin Jenni Leonhard. »Dann prüfen wir zusammen, was kann er machen, welches Material kann er benutzen, was genau muss er mir als Lehrer nachweisen, um seine Leistung zertifiziert zu bekommen.« Die Lernpfade sind so angelegt, dass die Schüler genau sehen, welche Schritte ihre nächsten sind, beispielsweise wann sie ihr Heft beim Tutor abgeben sollten, um ein Feedback zu bekommen. Außerdem gibt es seit diesem Schuljahr freie Bausteine, die den Schülern zusätzlichen Freiraum geben und den Tutoren die Möglichkeit, dafür weitere Zertifikate zu vergeben. Das kann ein aktueller Film sein, den ein Schüler sich in der Freizeit auf Englisch anschaut und zu dem er anschließend ein Paper verfasst. Weitere Englisch-Credits kann man sich übrigens in Werkstätten wie dem English Conversation Club holen, durch Projektpräsentationen in englischer Sprache oder in den English Day Camps, die wir in den Sommerferien gemeinsam mit Studierenden aus den USA anbieten. Rund 70 Schüler der esbz nehmen in jedem Jahr daran teil, machen eine Woche lang mit Muttersprachlern Sport und Kreativworkshops – und so manches Kind erzählt uns nachher erleichtert, es habe endlich »seinen Horror vor Englisch« verloren.

Auch für Projekte wie Lehrerfortbildung oder die Teilnahme am Kirchentag können die Jugendlichen anrechenbare Credits erhalten. Für Schüler mit besonderem Förderbedarf, mit LRS, Diskalkulie oder auch mit einer Schwäche in einem bestimmten Fach haben wir das sogenannte Lernbüro Plus eingerichtet, in dem es besondere Materialien gibt und eine Sonderpädagogin die Kinder unterstützt.

Gibt es im Lernbüro nur individualisierte Einzelarbeit?

Diese Frage wird uns ebenfalls regelmäßig gestellt. Im Lernbüro dürfen Schüler zu zweit oder in Teams zusammenarbeiten, für manche Bausteine ist Gruppenarbeit sogar vorgeschrieben, zum Beispiel bei Sprachübungen in Englisch. Naturgemäß arbeiten zunächst häufig befreundete Kinder zusammen, nicht wenige davon stellen aber im Laufe der Zeit oft fest, dass sie unterschiedliche Stärken haben. »Auf diese Weise lernen sie, dass ein Freund nicht zwangsläufig ein geeigneter Lernpartner sein muss oder, andersherum, ein Lernpartner förderlich sein kann, mit dem man außerhalb des Lernbüros nicht enger befreundet ist«, beschreibt Jenni Leonhard eine zusätzliche Kompetenz, die die Kinder bei dieser Art des Lernens erwerben. Impulse finden im Lernbüro trotzdem zwar statt, aber deutlich sparsamer dosiert als im Frontalunterricht: Es werden immer wieder Kurzeinführungen in neue Bausteine angeboten, es gibt den *talk*, mit dem das Englisch-Lernbüro täglich beginnt, oder einen Schülervortrag mit Feedback am Ende vom Deutsch-Lernbüro.

Wie wird der Leistungsstand der Kinder überprüft?

Jeder Schüler führt ein Logbuch, das ihn in seinem Entwicklungsprozess des selbständigen Lernens begleitet. Dieses Logbuch

- dient der Planung, Kontrolle und dem Leistungsnachweis,
- dokumentiert Ziele und Erfolgserlebnisse, Vereinbarungen und Rückmeldungen,
- unterstützt die Kommunikation mit den Eltern,
- ist Grundlage für das wöchentliche Tutorengespräch sowie das halbjährliche Bilanz- und Zielgespräch.

Anhand einer Übersicht sehen Schüler und Tutoren auf einen Blick, welche Bausteine im Laufe einer Woche, eines Monats und bis Schuljahresende erworben werden sollen und welche Lernfortschritte und Zertifikate bereits erreicht sind. Alle Zertifikate werden gesammelt und zusammen mit Kommentaren der Lehrer in einer Mappe aufbewahrt. Im Logbuch gibt es ein Wochenfeedback zur Arbeitshaltung, Regelrespektierung, Logbuchführung und zum Material-/Logbuch.

Und schließlich findet sich darin die sogenannte Stolzecke, in die die Schüler eintragen, worauf sie in dieser Woche selbst stolz sind. Das zu tun fällt manchen Kindern nicht leicht. »Gerade Schüler, die neu an unsere Schule kommen, denken oft, es ginge dabei um Höchstleistungen. Mit Schülern, die ein geringes Selbstwertgefühl haben oder extrem selbstkritisch sind, wird daher im Bilanz- und Zielgespräch vereinbart, dass sie regelmäßig die Stolzecke ausfüllen.»Sie müssen es schaffen, jede Woche etwas zu finden. Jemand, der sich immer nur ganz wenig meldet, darf zum Beispiel stolz darauf sein, wenn er sich zweimal gemeldet hat.

Auch wenn das im Normalempfinden vielleicht wenig ist, aber für diesen Schüler ist das individuell ein ganz wichtiger Schritt«, sagt Jenni Leonhard.

Auf der ersten Seite des Logbuchs heißt es:

In unserer Schule legen wir Wert auf
deine Selbständigkeit und Eigenverantwortlichkeit.
Damit sich alle Menschen an unserer Schule wohlfühlen
und gute Leistungen erzielen können,
müssen die gemeinsam erarbeiteten
Rechte und Regeln respektiert werden.

*

Alle Menschen in unserer Schule haben ein Recht auf
konzentriertes Lernen und Arbeiten,
Respekt,
das Einhalten von Absprachen,
das Einhalten der Gesprächsregeln,
pünktlichen Beginn,
ordentliche Räume,
eine schöne Atmosphäre,
interessante Arbeitsaufgaben,
ein zeitnahes Lösen von Konflikten,
Wertschätzung der Arbeit,
positive Einträge in das Logbuch.

Januar 2008 – die Schülerinnen und Schüler
des Gründungsjahrgangs

Und was ist Ihr EduAction-Plan?

....
....
....
....
....
....
....
....
....
....
....
....
....
....
....
....
....
....

Tipp: Das Logbuch der esbz kann unter dem Link Downloads von der Website geladen werden; www.ev-zentrum.de

Motivierende Leistungsbewertung: Wertschätzung und Förderung statt Defizitblick und Noten

Gute Beziehungen und Vertrauen, Anerkennung und Auszeichnung sind entscheidende Faktoren für Motivation, für Lernen und für das Engagement von Kindern und Jugendlichen. Lob ist anspornender als Sanktionen. Wir wissen es aus der Psychologie, und zahlreiche Studien belegen es: Was unsere Aufmerksamkeit erhält, wächst.

Gewöhnliche Schüler haben außergewöhnliche Fähigkeiten!

Andreas Schleicher, internationaler PISA-Koordinator

Unser herkömmliches System macht Lehrer, häufig gegen ihre Überzeugung, zu Defizitnachweisern. Die Qualität der modernen Schule zeigt sich hingegen in einer Mentalität von Schatzsuchern, die in *allen* ihre Potenziale entdecken und entwickeln sowie Gelegenheiten schaffen will, die Qualitäten in sinnvolle Kontexte einzubringen. Wenn jedoch alle wissen, dass gute Beziehungen wichtig sind, weil nachhaltiges Lernen sehr stark davon abhängt, und trotzdem keine Zeit für sie bleibt, dann sendet das eine katastrophale heimliche Botschaft aus, nämlich: Für das Wichtige ist an dieser Schule keine Zeit. Wenn man etwas für sinnvoll erachtet, wenn man etwas erreichen will, braucht es dafür Orte, Zeiten, Räume.

Ich beobachte voller Vertrauen, wie die Lehrer hier Begleiter sind. Die Kinder sind wie kleine Pflänzchen, die aufwachsen, und hier ist immer jemand bei ihnen, aber zerrt nicht an ihnen herum.

Iris Bussler, Schülermutter

An der esbz liegt der Kern für eine gute Beziehungskultur in den regelmäßigen Gesprächen mit dem Tutor. Die Klassenlehrer bekommen für die Gespräche mit ihren Tutanden ein angerechnetes Zeitkontingent von 90 Minuten, in der 10. Klasse eine Stunde. Während dieser Einzelgespräche hat der Rest der Klasse Studierzeit, macht also Hausaufgaben, Logbucheinträge, lernt Vokabeln. Wir erleben, dass die Kinder es als große Wertschätzung empfinden, dass ihr Lehrer Zeit für sie hat. Sie sagen auch nie: »Frau Soundso ist meine Lehrerin«, sondern: »Sie ist meine Tutorin«.

Durch die Tutorengespräche nehmen die Lehrer wirklich jedes einzelne Kind wahr, merken, wenn ein Schüler beispielsweise ein bisschen stiller oder auch unruhiger ist, und können dann nachfragen. »Die Lehrer wissen, wie ich ticke, auch was ich nicht so gut kann und wo man mich noch stützen muss«, sagt Martha aus Jahrgangsstufe 9. Und Nicolas, der zum Gründungsjahrgang gehört, meint sogar: »Die Lehrer an dieser Schule sind anders als an anderen Schulen. Sie sind uns viel näher. Auf dem Gymnasium, auf dem ich vorher war, wusste man den Namen, man wusste, wie der Lehrer aussieht, aber ansonsten hat man ihn nicht kennengelernt.«

Im Tutorengespräch wird die Woche nachbesprochen und die kommende Woche gemeinsam strukturiert: Welche Lernbüros wurden besucht? Welche Bausteine bearbeitet oder abgeschlossen? Wurden die im vorigen Gespräch selbst gesetzten Wochenziele erreicht? Es ist eine wichtige Lernbegleitung – für den Tutanden wie auch für die Tutoren. Die Lehrer sind immer auf dem Laufenden, wissen, wo jemand gerade steht, und fühlen sich verantwortlich. Schließlich kann ein Kind sein Ziel auch mal aus dem Auge verlieren. Natürlich ist es Aufgabe des Tutors, den Lernfortschritt im Blick zu haben und verbindliche Vereinbarungen zu treffen. Beliebigkeit darf nicht Teil des Konzeptes werden. Wenn ein Schüler hinter seinen Möglichkeiten zurückbleibt, muss er auch mal angeschubst werden. »Für mich sind die Tutorengespräche wichtig, weil ich immer ein bisschen Druck brauche, damit ich Sachen erledige«, sagt Leonie, die in die 10. Klasse geht.

Wir beobachten immer wieder, dass Schüler sich sogar auch dann gerne mit ihrem Tutor treffen, wenn sie wissen, dass sie – wie sie es ausdrücken – »eins auf den Deckel bekommen«. »Auf einer anderen Schule würde ich vielleicht eine schlechte Note kriegen«, meint Martha. »Hier werde ich kritisiert, teilweise richtig

> Ich freue mich auf die Tutorengespräche am Freitag, sie sind auch für mich ein guter Wochenabschluss.
>
> Jenni Leonhard,
> Mittelstufenleiterin

hart, aber in so vielen Details, dass ich mich dadurch viel besser kennenlerne und ganz anders aufgebaut werde.« Ein Schüler formulierte einmal: »Tutorengespräche – das ist wie unten abgefedert und oben nicht gedeckelt!«

Wenn ein Ziel nicht erreicht wird, überprüfen die Tutoren, woran es liegt, und vereinbaren konkrete Schritte zur Verbesserung. Wenn jemand sich beispielsweise leicht ablenken lässt, überlegen wir, wie die Lernumgebung geändert werden kann. Die Schüler müssen dabei auch immer selbst Vorschläge machen. Es kann sein, dass die Schulwoche schlecht gewesen ist, der Tutand aber ein wunderbares Klaviervorspiel hatte – das wird natürlich in der Stolzecke des Logbuchs vermerkt. Auch bei persönlichen Schwierigkeiten holen sich die Kinder bei ihren Tutoren Rat, die Gespräche finden für sie sozusagen auf neutralem, sicherem Boden statt.

Wir versuchen uns hier von der Normierung, dem »Mittelfeld« zu lösen. Jedes Kind ist anders, jedes Kind hat seine nächste Entwicklungsstufe.

Aileen Rodewald, Sonderpädagogin

Zum Ende des Halbjahres sowie des Schuljahres – bei Kindern mit besonderem Förderbedarf öfter und in anderer Besetzung – kommen Tutor, Tutand und Erziehungsberechtigte zu einem sogenannten Bilanz- und Zielgespräch zusammen. Für uns sind Eltern die dritte Säule in unserem Konzept, neben dem Kind und uns Pädagogen, also der Schule. Nur im Zusammenspiel aller drei kann ein Kind optimal vorankommen. Gemeinsam werden das zurückliegende und das kommende halbe Jahr besprochen und in der Regel drei Ziele vereinbart. Diese müssen nicht unbedingt aus dem fachlichen Leistungsbereich sein, es kann sich auch jemand vornehmen, in seiner Freizeit mehr Sport zu treiben.

Und wenn man nun noch jemanden findet, der diese Leistung anerkennt, würdigt und wertschätzt, kann es sein, dass man von einem resignierenden Schwarzseher und Nichtstuer zu einem begeisterten Problemerkenner und Umgestalter wird.

Gerald Hüther, Hirnforscher

Alle Parteien sind dafür verantwortlich, zur Lösung oder Umsetzung beizutragen. Im Bilanz- und Zielgespräch helfen wir zum Beispiel auch Eltern und Kindern, einen Zeitrahmen für die Woche zu erarbeiten, oder unterstützen die Kommunikation im Elternhaus. Dorothea Kleihues beobachtet jetzt schon im fünften Jahr, wie sehr die Gespräche ihre Kinder in ihrer Entwicklung voranbringen: »Weil die Tutoren einfach formulieren: Was willst du machen? Wo gehst du hin? Diese Haltung macht den Kindern bewusst: Es ist meine Schule, meine Arbeit, ich mache das, es geht um mich. Das ist wirklich eine gleichwertige Ebene mit den Kindern.«

Eine Ziffer hat keinen echten Informationsgehalt und wirkt auch wenig wertschätzend. Es gibt an deutschen Schulen Lehrer, die 200 Schüler benoten müssen, ohne dass sie sie wirklich einschätzen können.

Bis zum Ende der 9. Klasse, wenn zum ersten Mal Noten vergeben werden, erhalten die Schüler Zertifikate über ihre erreichten Kompetenzen. Die Lehrer geben den Kindern dabei eine Rückmeldung, was ihnen gut gelungen ist und wo und wie sie sich noch verbessern können. Zum Schuljahresende erhalten die Jugendlichen zusätzlich zum Bilanz- und Zielgespräch einen ausführlichen Lernentwicklungsbericht.

Ein Highlight der Leistungsbewertung ist die Auszeichnungsversammlung am Ende jedes Halbjahres, bei der besonderes Engagement gewürdigt wird. »Ausgezeichnet wird jeder, der etwas Gutes vollbracht hat«, erklärt Lara aus Klasse 9. Vorgegeben für Auszeichnungen sind der oder die »Leistungsbeste« und der oder die »sozial Engagierteste« und – sehr wichtig – die »Aufsteiger des Jahres« im Leistungs- und Sozialbereich. Ansonsten sind die Vergabekategorien offen.

Entscheidend hierbei ist, dass die Mitschüler diskutieren und entscheiden, wer eine Auszeichnung wofür verdient hat. So bekommt die Leistungsbeste mit, weshalb Mitschüler sie so sehen, und der Aufsteiger des Jahres im Sozialbereich, der vielleicht immer noch manchmal nervt, aber sich sehr angestrengt hat, spürt, welche Achtsamkeit und Wertschätzung er dafür von seinen Mitschülern erfährt. Für so manchen war das die entscheidende Ermutigung zu »Mehr davon!«.

Auch die Lehrer werden in ihrem Engagement wahrgenommen und ausgezeichnet, von der Schulleitung und von Kindern. Zum Schuljahresende feiern wir außerdem unser Verantwortungsfest, bei dem wir besondere Leistungen der Siebt- und Achtklässler in ihrem Projekt Verantwortung öffentlich würdigen. »Für mich hat das sehr viel mehr Aussagekraft, als wenn ich ein DIN-A4-Blatt bekomme mit ein paar Zahlen drauf«, sagt die Elftklässlerin Shana. »Auch die Eltern erfahren sehr viel, was für mich erst ungewöhnlich war, meine Mutter hat mir nämlich sehr viel Freiraum gelassen. Als ich an die esbz kam, hat sie plötzlich alles erfahren. Ich dachte erst, o nein, wie peinlich, aber dann fand ich es ganz cool.«

An dieser Schule muss man und will man viel reden. Wenn man nicht miteinander redet, kommt man hier nicht weit.

Clara, 10. Klasse, in der Lehrerfortbildung

Die wertschätzende Bewertung wird vom Kollegium der esbz ständig weiterentwickelt. Neben den neu eingeführten offenen Bausteinen, die es den Tutoren ermöglichen, zusätzliche Leistungen ihrer Tutanden anzuerkennen, gibt es zusätzlich das sogenannte Ich- oder Talent-Portfolio, das alle, auch außerschulische Kompetenzen, Fähigkeiten und Interessen beinhalten soll, auf die ein Schüler stolz ist. »Unsere Schüler leisten unglaublich viel, das Portfolio soll ihre Schatzkiste werden«, erklärte dazu Caroline Treier, die das Projekt federführend entwickelt. »Ganz wichtig ist dabei, dass es von den Tutoren nicht bewertet wird, es liegt im Zuständigkeitsbereich des Jugendlichen.«

Ein Beispiel dafür, was ein Kind für sein Portfolio mitnehmen kann, sind die Klappkarten, mit denen Mandy Voggenauer in ihrer

Zehnten arbeitet: Jeder Schüler darf darauf seine individuelle Lernernte nach einem Blue-Economy-Projekt zum Thema Lebensmittelproduktion reflektieren, kreativ und ohne Vorgaben. »Die Dokumentation ist für die Kinder enorm wichtig«, sagt Mandy Voggenauer, »weil sie oft denken, dass sie nur im klassischen Unterricht etwas lernen.« Ein anderes Beispiel ist die Dokumentation über ihren Auslandsaufenthalt in der Elften. Wir wollen dafür weitere Formen der Würdigung finden, die nicht benoten. Mit Noten verbinden sich Ziffern – und Ziffern werden den Leistungen, die unsere Jugendlichen bei ihrem Aufenthalt in einer anderen Kultur vollbringen, nicht gerecht. Wenn sie mögen, können sie sich zum Beispiel eine Person ihrer Wahl von außerhalb der Schule suchen, von der sie meinen, dass sie geeignet ist, ihr Tun zu würdigen. Das wäre dann die Organisation des fremden Blicks, der ja ein besonders vertrauter sein kann, jenseits des Tellerrands der Schule, aber vielleicht mitten aus dem Geschehen.

Und was ist Ihr EduAction-Plan?

....

....

....

....

....

....

....

....

....

Innovationsfähigkeit ist lernbar – individuell und im System Schule

Eine Schule, die Innovatoren und Wandelversteher hervorbringen will, muss auch selbst offen für Neues bleiben und sich immer weiterentwickeln. Ein Grundsatz der esbz ist es, dass nicht nur die Schulleitung, sondern Lehrer, Schüler, Eltern und Partner der Schule gleichermaßen an dieser Entwicklung beteiligt werden. Denn »dadurch geschieht sehr viel, weil man mehr Kräfte hat, die mit am Rad drehen können«, ist eine Schülermutter überzeugt. Fest steht: Wer seine eigenen Ideen verwirklichen kann, ist mit mehr Herz und mehr Begeisterung dabei, als wenn er fremdbestimmt ist. Es ist außerdem eine Form von Wertschätzung für einen Ideengeber, wenn seine Anregungen aufgegriffen werden, Unterstützung finden, weitergesponnen werden.

Und wenn du einmal diese Energie spürst, dann wirst du immer mutiger, dann willst du immer weiter, und andere auch.
Ben, 11. Klasse

»Vom Verwaltetwerden zum Gestalten« heißt die Devise.

Wenn Begeisterung der Schlüssel für Lernen ist, dann ist Offenheit der Schlüssel für eine moderne, erfolgreiche Schule. Wir wollen unnötige Bürokratie vermeiden, denn sie wirkt in aller Regel blockierend. An der esbz erleben wir, wie diese Kultur der Offenheit Menschen ermutigt, einander auch mit Quergedachtem zu inspirieren und sich engagiert einzubringen, um Ideen wachsen zu lassen. Die Kinder werden in ihren Anregungen ernst genommen, und es gibt immer jemanden, der ihnen zuhört. Anna van der Linden, die gerade mit einer Kollegin und Schülern ein Konzept für einen Aktiv-Hof entwickelt, sagt: »Was ich als ganz große Stärke dieser Schule begreife, ist, dass man seitens des Leitungsteams viel Freiraum bekommt, um Projekte zu entwickeln. Wenn es Konzepte gibt, bekommt man auch ungewöhnliche Zeiträume zur Verfügung.«

Es wird viel umgesetzt von dem, was besprochen wurde, und zwar mutig, nicht ängstlich. Und wenn etwas nicht so läuft wie gedacht verändert man es noch mal. Flexibilität und Handeln sind zwei Schlüsselworte, die diese Schule kennzeichnen. Sie ist geprägt von einem Klima, das innovationsfreundlich ist.

Blue-Economy-Fabeln sind dafür ein gutes Beispiel: Der Keim entstand bei einem ersten Zusammentreffen der Schulleitung mit Markus Haastert, Vorsitzender des Vereins ZERI in Deutschland (Zero Emissions Research and Initiatives) und einer der Vordenker der Blue Economy. Mandy Voggenauer griff das Thema nach einem Vortrag von Gunter Pauli beim Berliner Innovationskreis auf. »Ich habe das oft an dieser Schule, dass Dinge einfach zusammenpassen, dass ich das Gefühl habe: Das ist die konsequente Weiterführung, das soll so sein«, beschreibt sie selbst, wie aus diesem Keim ein Pflänzchen wurde. In weiteren

Ich habe oft erlebt, dass die Schulleitung, wenn wir mit einer guten Idee kamen, diese sofort umgesetzt hat: Entweder notierte sie sich etwas dazu, rief jemanden an oder holte gleich einen Lehrer dazu.
Brita Wauer, Vorsitzende des Elternvereins

Treffen, bei denen beide Seiten Möglichkeiten einer Zusammenarbeit ausloteten, ist daraus jetzt eine feste und sehr fruchtbare Engagement-Partnerschaft erwachsen.

Innovation heißt auch, interdisziplinär zu denken und zu netzwerken. Wie das in wenigen Monaten gelingen kann, zeigt beispielhaft auch unsere Arbeit mit Design Thinking – einer Methode, die hilft, für komplexe Fragestellungen innovative Lösungsansätze zu entwickeln. Bei einem Gespräch mit Ulrich Weinberg, dem Leiter der HPI School of Design Thinking in Potsdam, stellten wir fest, dass unsere Vorstellungen von der Notwendigkeit eines Paradigmenwechsels in der Bildung eng beieinanderliegen.

Längst haben zahllose Studien belegt, dass die Zukunftsfähigkeit einer Gesellschaft in erster Linie davon abhängt, wie kreativ und innovativ möglichst viele ihrer Mitglieder sind. Design Thinking setzt genau hier an: Es ist eine Ausbildung, die zur kreativen Entwicklung von praktischen und innovativen Lösungen für die Herausforderungen in unserer Gesellschaft befähigt. Mit dem Projekt Verantwortung und mit ihrer Ausrichtung als Agenda-Schule ist die esbz auf die Lösung von gesellschaftlichen Herausforderungen ausgerichtet und braucht schon deshalb eine Methode, die ihr dabei dienlich ist.

Entwickelt wurde Design Thinking um die Jahrtausendwende in der renommierten US-amerikanischen Design- und Beratungsagentur IDEO. Im Mittelpunkt dieser Methode stehen stets Menschen, ihre Bedürfnisse und Gewohnheiten.

Design Thinking: eine bahnbrechende Methode

Die Methode umfasst standardmäßig sechs Phasen, die ein interdisziplinäres Team durchläuft, um die Umsetzbarkeit einer Idee (eines Unternehmens, einer Einrichtung, einer Gruppe usw.) zu prüfen.

In Phase eins geht es darum, die Problemstellung genau zu verstehen. Das Team bemüht sich um eine möglichst präzise Definition der Problemstellung beziehungsweise der zu lösenden Herausforderung. Die Entwicklung innovativer Lösungen wird heute zumeist als Aufgabe von Spezialisten angesehen. In Wirklichkeit aber werden oft die kreativsten Lösungen von Menschen entwickelt, die mit Neugier und gesundem Menschenverstand sowie unabhängig von allzu viel Expertenwissen an eine Sache herangehen.

In der zweiten Phase betreibt das Team Feldforschung: Es geht zu jenen Menschen, für die eine Innovation entwickelt werden soll, fragt und beobachtet, ohne sich dabei von Annahmen leiten zu lassen. Dies geschieht so lange, bis es die Situation jener Menschen und das, was sie brauchen, wirklich erkannt hat. In dieser

Phase muss durch viele unterschiedliche Blickwinkel auf die Problemstellung eine echte 360-Grad-Sicht entstehen. So erfuhr auch Muhammad Yunus erst durch die direkte Befragung der Ärmsten, was sie brauchen, um aus dem Teufelskreis der Armut herauszukommen, eine echte Innovation in der Armutsüberwindung. Denn im Unterschied zu allen Experten sagten die Betroffenen, sie bräuchten etwas Geld, um den für ihre Arbeit benötigten Rohstoff oder das Arbeitsgerät selbst anschaffen zu können, was ihnen ermögliche, am Ende von ihrer Wertschöpfung selbst – und nicht irgendwelche Ausbeuter – profitieren zu können. Erst durch diese hochkonzentrierte und völlig ergebnisoffene Befragung der Betroffenen erkannte Yunus, welche Art von Innovation er zur Armutsüberwindung entwickeln musste: ein funktionierendes Darlehenssystem für Arme.

In der dritten Phase des Design-Thinking-Prozesses entwickelt das Team aus den bis dahin gewonnenen Erkenntnissen eine »Persona«: die idealisierte visualisierte Zielperson, die die Lebenssituation sowie alle Eigenschaften der Gruppe verkörpert, für die die Innovation entwickelt werden soll. Ein entscheidendes Hilfsmittel ist hier die Visualisierung, die für Außenstehende oft lustig zu beobachten ist: Ein Teammitglied »verwandelt« sich durch Verkleidung in jene Person. Dies hilft dem Team dabei, die komplexen Zusammenhänge zu verstehen und nachhaltig im Blick zu behalten sowie ein gemeinsames Verständnis herzustellen und sich darüber im weiteren Verlauf erfolgreich austauschen zu können.

Erst jetzt folgt in der vierten Phase das, womit man sonst bei Innovationsprozessen beginnt: das Brainstorming. Dank der Vorbereitung in den drei vorangegangenen Phasen erhält das Brainstorming im Design Thinking eine gänzlich andere Qualität und lässt sich in der Regel auf 20 bis 30 Minuten beschränken. Das Team entwickelt so ein ganzes Panorama an Lösungsideen, aus dem es sich auf einen brauchbaren Lösungsansatz einigen kann.

Dieser Lösungsansatz wird in der fünften Phase erneut visualisiert, indem er in einem Prototyp (an)fassbar gemacht wird. Auch das sorgt bei Außenstehenden oft für Erstaunen: Mit Hilfe von »Bastelmaterialien«, von Pappe und Stoffen bis hin zu Knete und Legosteinen, verhilft das Team der erarbeiteten Lösung zu konkreter Gestalt. Geht es um eine Dienstleistung, so wird diese szenisch dargestellt.

Die sechste und letzte Phase ist dem Erproben und Überprüfen der Innovation mit Hilfe des »gebastelten« Prototyps gewidmet, und zwar durch jene Menschen, für die diese Innovation entwickelt wurde.

Im Gegensatz zu der in Europa weit verbreiteten Haltung, nach der Scheitern das Schlimmste ist, was einem passieren kann, wird Scheitern im Design-Thinking-Prozess als überaus wichtig, notwendig und wertvoll erachtet.

Ein wichtiges Prinzip der Methode ist, in jeder Phase des Entwicklungsprozesses alle bis dahin gewonnenen Erkenntnisse und Lösungsansätze immer wieder radikal in Frage zu stellen, ganz nach dem Motto: »Scheitere früh und oft!« Wer Scheitern vermeiden will, konserviert damit unvermeidlich seine bisherigen Denkmuster und kann

Den Satz »Das geht nicht« gibt's hier nicht so oft.
Ariane Konetzka, Koordinatorin Projekt Verantwortung

diese umso schwerer überwinden. Doch genau darum geht es bei fast allen Innovationsentwicklungen: um das Aufbrechen bisheriger Denkschablonen.

Für unsere Schule ergab sich bald nach dem ersten Kontakt eine Möglichkeit zur Zusammenarbeit mit dem Hasso Plattner Institut: Schüler wurden eingeladen, an einem mehrtägigen Design-Thinking-Seminar teilzunehmen. Sie waren begeistert. Umgekehrt machte Andrea Scheer, eine Absolventin des Instituts, ein halbjähriges Praktikum an der esbz. Gemeinsam mit Elias Barrasch und Sophia Klees entwickelt sie gerade das Konzept »Creative Confidence«, um dieser zukunftsweisenden Methode des interdisziplinären und prozessorientierten Arbeitens im Team auch in deutschen Schulen und Bildungseinrichtungen zum Einsatz zu verhelfen (in den USA ist sie schon sehr viel weiter verbreitet). Im Grundsatz geht es darum – wie die Konzeptschmiede es ausdrücken –, »vom Ego-System zum Eco-System« zu gelangen.

Creative Confidence versteht sich als Schnittstelle zwischen Bildungseinrichtungen und Organisationen aus Wirtschaft und Gesellschaft. Das Konzept sieht Schulen nicht isoliert, sondern als wichtiges Element in einem Thinktank, in dem es mittels experimenteller und innovativer Methoden in permanenter Interaktion mit unserer Welt steht. Andrea Scheer ist davon überzeugt, dass »die Einblicke, die Schüler dadurch in verschiedene Lebens- und Berufswelten erhalten, der Grundstein sind für wichtige Entscheidungen ihren späteren Lebens- und beruflichen Weg betreffend. Creative Confidence fördert die (lebens)unternehmerischen Fähigkeiten der Kinder schon während der Schulzeit.« Grundsätzlich kann es für eine Gesellschaft nur von Vorteil sein, wenn viele Kinder und nicht nur Abgänger von Eliteuniversitäten mit diesen Fähigkeiten ausgestattet werden.

Wie gestaltet sich die Arbeit im Creative Confidence für Schüler und Lehrer?

Gemischte Schülerteams erarbeiten gemeinsam mit Akteuren aus Wirtschaft und Gesellschaft neue Lösungen für anstehende Herausforderungen. Ausgangspunkt soll dabei die Lebenswelt der Schüler sein. Denn Aufgaben, die für einen selbst eine konkrete Bedeutung haben, schaffen eine viel stärkere Motivation als externe Kontrollmechanismen wie Noten. Dabei lernen alle Beteiligten von den jeweiligen Erfahrungen und Perspektiven der anderen.

Nach Ende eines Projekts, das je nach Fragestellung eine Laufzeit bis zu sechs Monaten hat, werden die Ergebnisse öffentlich präsentiert und daran anschließend implementiert, beispielsweise durch die Einrichtung einer Schülerfirma. Damit es nicht nur bei einer »kreativen Idee« bleibt, initiiert und begleitet Creative Confidence diese Implementierungsphase und unterstützt die Schüler dabei, ihre Projekte zu realisieren. Dank eines gut ausgebauten Netzwerkes kann hier bei Bedarf auf das Know-how von mittelständischen Unternehmen, Universitäten, Forschungseinrichtungen, Fachwerkstätten zurückgegriffen werden.

Auch Lehrer haben die Möglichkeit, eine neue Rolle einzunehmen: Als Teammitglieder können sie selbst an den Projekten mitarbeiten und dabei ihre Schüler aus einer ganz anderen Perspektive kennenlernen. Da Organisation und Durchführung der Projekte in den Händen des Creative-Confidence-Teams liegen, haben die Lehrer zudem die Möglichkeit, aus dem Lehr-Lern-Zyklus auszutreten und ihre Schüler mit offenem Blick wahrzunehmen. Neben ihrer fachlichen Kompetenz benötigen die Lehrkräfte hierbei Wissen darüber, wie kreative und zwischenmenschliche Prozesse ablaufen und wie sie sie unterstützen können.

Schließlich gewinnen auch die externen Projektpartner aus Wirtschaft und Gesellschaft durch ihre Teilnahme am Projekt: Sie lernen eine neue Arbeitsform kennen, profitieren von einer frischen, unkonditionierten Sichtweise der Schüler und sind darüber hinaus direkt an der Nachwuchsförderung beteiligt. Eine vom Creative-Confidence-Team begleitete Dokumentation der Projektarbeit der Schüler liefert wertvolle Erkenntnisse, welche so in den Unternehmen selbst nicht möglich sind.

Die esbz wird zur Pionierschule für Design Thinking

Zunächst werden die neuen Creative-Confidence-Lernformate an der esbz, die damit zum Labor für Design Thinking an Schulen wird, erprobt. Nach dieser Erprobungs- und Weiterentwicklungs-phase erhoffen wir uns eine rege Verbreitung des Konzepts an anderen Schulen. Sobald die Finanzierung gesichert ist, kann es losgehen, vielleicht noch in diesem Jahr.

Ein weiteres Projekt – der Design-Thinking-Workshop mit Managern der European Leadership Academy – ergab sich bei einer Veranstaltung in der marokkanischen Botschaft. Und über eine Veranstaltung im Berliner Betahaus, einem offenen Gemein-schaftsbüro für Kreative, kam es zu einem Kontakt zu einer weite-ren Expertin für Design Thinking, die Kurse an der Berliner Hoch-schule für Technik und Wirtschaft (HTW) anbietet. Sie hat einige unserer Schüler ein-geladen, im nächsten Semester an einer Werkstatt teilzunehmen. Außerdem dürfen 15 Schüler an einem Workshop mit Studie-renden der HTW und Gaststudenten aus Bar-celona zusammenarbeiten. Unser Design-Thinking-Netzwerk hat bereits begonnen zu wachsen.

Ich habe vorher in Kollegien gearbeitet, in denen man Anträge schreiben musste für die Gesamtkonferenz, um dort eine Idee vortragen zu dürfen, über die dann abgestimmt und die mit Glück ein halbes Jahr später umgesetzt wurde.

Aileen Rodewald, Sonderpädagogin

Als weitere Neuerung beschäftigt die esbz seit diesem Jahr eine Sozialpädagogin mit Zusatzqualifikation in Wildnispädagogik. Als Teil der Umweltbil-dung will Annika Mersmann Techniken und Fähigkeiten vermit-teln, die Menschen dazu befähigen, sich in der Natur heimisch zu fühlen. Im Wildnispädagogikkurs Naturverbindung und Gemein-schaft macht sie den Schülern ein Lernangebot, das durch die Gruppe selbst gestaltbar, aber natürlich auch von äußeren Fakto-ren wie etwa dem Wetter abhängig ist. »Es ist wichtig, dass wir Freiräume haben, zeitlich und räumlich«, sagt Annika Mersmann. »Als stärkend empfinde ich dabei den Vertrauensvorschuss der Schulleitung.« Auch die pädagogische Leiterin Caroline Treier fin-det, dass man »als Lehrer hier ganz viele Freiräume hat. Wenn jemand überzeugt ist, dass etwas der genau richtige Weg ist, und spricht es ab, bespricht die einzelnen Schritte, dann habe ich es sehr selten erlebt, dass etwas hier nicht möglich ist.«

Das gilt auch für Schüler und Eltern. Familie Maier beispielsweise hätte an vielen anderen Schulen ein Problem. Die Eltern sind Artisten und haben immer wieder längere Engagements im Ausland. Einfach alleine zurücklassen können sie ihre Kinder nicht, sie im Ausland zur Schule zu schicken wäre aber auch schwierig. »Wir würden uns praktisch nie sehen – wenn die Kinder aus der Schule kommen, würden wir gerade zur Arbeit aufbrechen, wir arbeiten auch an den Wochenenden und haben nur Montag und Dienstag frei«, sagt Sabine Maier. Als die älteste Tochter auf die esbz kam, stand für die Familie gleich zu Schuljahresbeginn ein dreimonatiger Auslandsaufenthalt an. Wir besprachen gemeinsam das Problem und haben eine Lösung gefunden, unter anderem nahm die Tochter Bausteine aus den Lernbüros mit, entwickelte und dokumentierte im Ausland ihr eigenes Projekt und führte ab und zu Tutorengespräche per Skype oder E-Mail. Das hat auch das zweite Mal wunderbar geklappt. »Die spontane Reaktion damals hat mich sehr beeindruckt«, sagt Sabine Maier heute. »Das ist es, was ich an dieser Schule am meisten schätze: diese Offenheit und das Vertrauen, das uns entgegengebracht wird.«

Ben, der zum Gründungsjahrgang gehört, findet, dass es an anderen Schulen »oft gar nicht erlaubt ist, Fragen zu stellen oder eigene Projekte vorzuschlagen. An unserer Schule gehen die Lehrer richtig auf uns ein, wir können viel mitbestimmen, ich bekomme Anerkennung. Dieses Gemeinschaftsgefühl nimmt der Schule auch die Gefahr.«

Es gibt so viele Ideen an dieser Schule, das ist unglaublich. Manche scheinen so unrealistisch zu sein, dass man denkt, dass man sie gleich wieder vergessen kann. Aber wenn man dranbleibt, kann was Gutes draus werden.

Clara, 10. Klasse

Alle haben viel zu tun, aber nehmen sich die Zeit, egal was man für ein Anliegen hat.

Anna van der Linden, Lehrerin für Deutsch und Geschichte

»Die individuellen Entwicklungswege, die wir bei der Schüler-schaft fördern wollen, bilden sich auch im Kollegium ab«, beob-achtet Paul B. Schmidt, Lehrer für Praktisches Lernen, der in sei-nem ersten beruflichen Leben Metaller in einem Industriebetrieb war und jetzt parallel zu seiner Lehrtätigkeit als Coach und Me-diator arbeitet. Er ist nicht der einzige Quereinsteiger im Kolle-gium der esbz – in Berlin ist wegen Lehrermangels an den Schulen inzwischen Quereinstieg endlich möglich. »Wir sind ziemlich he-terogen, das hat schon eine bestimmte Qualität«, sagt er. »Es ge-hört hier zum Konzept, dass man einen bestimmten Anteil von Leuten mit anderen beruflichen Hintergründen und Ausbildungs-wegen einlädt mitzumachen.«

Diese Offenheit spricht ganz offensichtlich auch zukünftige Kollegen an, was für uns eine sehr schöne Bestätigung ist. Die Stu-dentin der Sonderpädagogik und Arbeitslehre Alice Rathgeber hat, nachdem sie fünf unserer Schülerinnen bei ihrer Herausfor-derung begleitet hatte, anschließend der Schulleitung eine E-Mail geschrieben: »Ich möchte mich unbedingt weiter an dieser Schule engagieren. Danke fürs Mutmachen!«

Und was ist Ihr EduAction-Plan?

. . . .

. . . .

. . . .

. . . .

. . . .

. . . .

. . . .

Säule 3: Lernen, zusammen zu leben

Inklusive Schule: Heterogenität als Schatzkiste der Talente

Das deutsche Schulsystem ist eines der selektivsten der Welt. Deutschland ist Spitzenreiter in der sozialen Exklusion von Kindern mit Behinderung, aus sozial schwachen und aus Einwandererfamilien. Während in anderen Ländern das Bildungssystem soziale Benachteiligung ausgleicht, wird diese in Deutschland durch die Schule häufig noch verstärkt. Wer nicht in das Einheitsschema passt, wird nach unten durchgereicht. Wenn aber schon Drittklässler schlecht schlafen, psychosomatische Beschwerden haben, unter Angst lernen, wenn der Kampf um Noten zur Zulassung oder Nichtzulassung zum Gymnasium das Lernen und die Herzen bestimmt, wenn zehnjährige Kinder ihren Selbstwert über die ihnen zugewiesene Schulform definieren, dann ist das Beschädigung von Kinderseelen.

> *Wir sind nicht dazu da, Menschen an vorgegebene Systeme anzupassen. Unser Beruf, unsere Berufung ist es, für – und vor allem mit – den Menschen Systeme so als ihre eigenen zu gestalten, dass sie sich in ihnen wohlfühlen und dass sie dadurch Lebens-Sinn erfahren.*
>
> Otto Herz, Reformpädagoge, 2010

Das bestehende System schneidet unten ab und deckelt oben.

Selbst in unseren Gymnasien tun wir so, als wären alle Kinder gleich. Dabei ist jede Gymnasialklasse höchst heterogen. Trotzdem machen alle Kinder das Gleiche, und Stofffülle, Leistungsdruck und die Selektion erzeugen den Ungeist der Konkurrenz von Siegern und Verlierern. Das fördert das alte Ego-System. Wir brauchen aber Kreativität, die Fähigkeit zu Kooperation, wir brauchen Heranwachsende mit positiven Erfahrungen mit Unterschiedlichkeit, mit Handlungskompetenz in heterogenen Gruppen und mit Gestaltungsmut! Uns scheint gar nicht klar zu sein, was wir mit diesem elitären Kastendenken, das Kinder als »Hauptschüler« und »Gymnasiast« etikettiert, anrichten, welche Wirkung es für den Gemeinsinn in unserer Gesellschaft hat und für die Entwicklung ablehnender Haltungen unter den verschiedenen sozialen Gruppen.

Inklusion steht für Menschenwürde. Sie leitet sich ab aus der Allgemeinen Erklärung der Menschenrechte, aus der UN-Konvention über die Rechte der Kinder, aus der UN-Konvention über die Rechte Behinderter. Menschenrechte sind Grundrechte.

Wie wollen wir das Zusammenleben in der einen Welt lernen, wenn wir unseren Kindern nicht die Erfahrung ermöglichen, dass in der Vielfalt ungeheure Potenziale stecken?

Im Schuljahr 2008/2009 wurde im Bereich der Kindertageseinrichtungen ein Inklusionsanteil von über 60 Prozent erreicht, in Grundschulen waren es rund 34 Prozent, und in der Sekundarstufe I wurden gerade mal 15 Prozent der Kinder mit Förderbedarf gemeinsam mit anderen Kindern unterrichtet. Betroffen vom Ausschluss sind über eine halbe Million Kinder. Drei Viertel aller Förderschulabgänger erreichen keinen Hauptschulabschluss.[18]

Inklusion ist – insbesondere in Deutschland – die Herausforderung der Zukunft. Sie anzunehmen und gelingen zu lassen bedeutet, Heterogenität als Normalität zu akzeptieren und Vielfalt als Chance zu betrachten. Mit Blick auf die bestehenden und sich abzeichnenden großen ökologischen und gesellschaftlichen Probleme in unserer Welt bedeutet dies auch: die Fähigkeit, die Stärken eines jeden Einzelnen zu sehen, um so in heterogenen Gruppen konstruktiv arbeiten und innovative Lösungen gemeinsam finden zu können.

Entscheidend für den Stellenwert der Inklusion im Bildungssystem war die UNESCO-Weltkonferenz 1994 im spanischen Salamanca mit Regierungsvertretern aus fast 200 Staaten. Hier wurde Inklusion zum wichtigsten Ziel der internationalen Bildungspolitik erklärt und das Programm der »Einen Schule für Alle« beschlossen.

Das Leitprinzip der Erklärung besagt, dass Schulen alle Kinder, unabhängig von ihren physischen, intellektuellen, sozialen, emotionalen, sprachlichen oder anderen Fähigkeiten aufnehmen sollen. Das soll behinderte und begabte Kinder einschließen, Kinder von entlegenen oder nomadischen Völkern, von sprachlichen, kulturellen oder ethnischen Minoritäten sowie Kinder von anders benachteiligten Randgruppen oder -gebieten.

Jedes Kind hat Talente und Begabungen, die es von Natur aus mitbringt.»Diese werden an der esbz erkannt und gefördert. Nichts wird übersehen. Jeder ist ein wichtiger Teil der Schule«, sagt die Erzieherin Gülcan Peköz über unsere Arbeit. Bildung – orientiert am Maß des Menschlichen – versteht ihren Auftrag als Beitrag zur Verständigung innerhalb unserer Gesellschaft und als Beitrag zum Frieden weltweit. Unter dieser Voraussetzung bedeutet Inklusion auch und besonders Wertschätzung aller. Wertschätzung ist der Schlüssel für den Umgang mit anderen, denn nichts baut Menschen mehr auf. Gemeinsames Lernen bis zur 10. Klasse und Binnendifferenzierung gemäß den individuellen und besonderen Bedürfnissen jedes Einzelnen muss endlich an die Stelle von Selektion und Stigmatisierung Einzelner treten. Darin unterscheidet sich der Inklusionsansatz fundamental von den bisher verfolgten Integrationsbestrebungen, bei denen es stets darum ging, Kinder mit Handicap in einen definierten Anforderungsrahmen einzupassen.

Inklusion beginnt in der Haltung, in den Herzen der Menschen, im Geist, der in Schulen weht. Inklusion bedeutet: Alle lernen mit allen gemeinsam! Alle gehören von Anfang an und immer zusammen. In all der großartigen Vielfalt, die es gibt!

Margret Rasfeld, Schulleiterin

Integriert werden kann nur, was vorher ausgesondert wurde. Insofern ist Integration notwendigerweise die Exklusion vorgeschaltet. Dagegen geht die Inklusion von der Würde jedes Menschen und der Subjektstellung des Kindes aus, Besonderheiten und unterschiedliche individuelle Bedürfnisse eingeschlossen. Es verstößt gegen ein im Schöpfungsglauben begründetes Bildungsverständnis, wenn ein Bildungssystem systematisch Verlierer hervorbringt und wenn beispielsweise die soziale Herkunft über den Bildungserfolg entscheidet.[19]

Studien zeigen[20], dass sich die Raten der Abbrecher und Wiederholer durch Inklusion deutlich reduzieren und der Leistungsdurchschnitt steigt. »An der esbz hat jeder die Chance, Abitur zu machen«, ist Martha überzeugt. Die engagierte Fünfzehnjährige weiß noch gut, wie viel psychischen Druck die Selektion am Ende der Grundschule für sie bedeutete. Schon in der 4. Klasse habe sie angefangen, darüber nachzudenken, ob sie wohl ihr Abitur schaffen werde. Als es dann so weit war, wechselte sie auf die esbz: »Ich gehe auf diese Schule, weil ich finde, dass jeder einen speziellen Lernweg hat.«

An der esbz wollen wir jedes Kind als Kind Gottes in seiner Einzigartigkeit wahrnehmen und achten, es fördern und fordern, Schatzsucher sein. Wir setzen bei den Stärken der Kinder an und schaffen Gelegenheiten, dass sie ihre jeweiligen Potenziale sinnvoll einbringen können. Im Lernbüro kann jedes Kind seinen Möglichkeiten und seinem individuellen Lerntempo gemäß arbeiten. Durch die Jahrgangsmischung in den Stufen 7 bis 9 haben wir eine natürliche Inklusion der Jahrgänge. Und durch die vielen, ganz unterschiedlichen Projekte bekommt jedes Kind unzählige Gelegenheiten, seine Stärken einzusetzen oder vielleicht auch erst zu entdecken. Es weiß ja noch gar nicht jeder, dass beziehungsweise wo er exzellent ist.

Unsere Gemeinschaftsschule soll ein Haus des Lernens sein, in dem alle willkommen sind und sich angenommen fühlen: Kinder

Am 26. März 2009 trat die UN-Behindertenrechtskonvention in Deutschland in Kraft. Danach haben alle Kinder mit Behinderungen das Recht, nicht vom allgemeinen Bildungssystem ausgeschlossen zu werden und eine allgemeine Schule zu besuchen. Die Vertragsstaaten haben sich dazu – wie es im Originaltext Art. 24 heißt – verpflichtet, ein »inclusive education system« zu schaffen[21]; die deutsche Übersetzung »integratives Bildungssystem« ist laut Artikel 50 der Konvention nicht verbindlich; sie verschleiert, dass Inklusion mehr ist als Integration.

mit Begabungen aller Art, Kinder mit Handicap und Kinder aus vielen unterschiedlichsten Kulturkreisen. In dieser großen Heterogenität und in den jahrgangsgemischten Lerngruppen kann sich Gemeinschaftsgefühl sowie ein Klima von Akzeptanz und Wertschätzung für Verschiedenheit entwickeln. Wir verstehen Vielfalt auch als Potenzial für ein humanes, demokratisches Zusammenleben.

Jeder Mensch ist einzigartig. Jeder zählt. Jeder kann etwas. Jeder ist exzellent – er muss seine individuellen Stärken nur entdecken dürfen.

Eine Frage, die uns Lehrern sehr häufig gestellt wird, lautet: Woher nehmt ihr die Zeit, jeden Schüler individuell zu betrachten? Denn Inklusion hängt, leider, an vielen Schulen von der Bereitschaft des jeweiligen Landes ab, die finanziellen und personellen Ressourcen bereitzustellen. Unbenommen der Notwendigkeit angemessener Ausstattung ist und bleibt die Basis für alles der Mut zu beginnen sowie ein Arbeitsklima, das geprägt ist von guten Beziehungen und von Vertrauen. Wichtig ist auch, frühzeitig Strukturen zu schaffen, die Zeit und Freiräume geben.

Wir gehen nicht davon aus, dass die Lehrer alles, was ihre Schüler betrifft, im Blick haben müssen, sondern dass die Kinder von sich aus aufmerksam machen auf das, was sie brauchen. Damit diese Verständigung auch klappt, wird sie in den regelmäßigen Tutorengesprächen geübt. Ein Junge beispielsweise tut sich sehr schwer damit, Texte selbständig zu erlesen. Er weiß aber, wenn er nicht mehr kann, darf und soll er zu Frau Rodewald gehen und ihr Bescheid geben. »Dann kürzen wir den Text – oder ein Mitschüler liest ihm vor, damit stärken wir gleichzeitig die soziale Ebene«, sagt unsere Sonderschulpädagogin.

Ich liebe hier nicht jeden, ich bin hier auch nicht mit jedem befreundet. Aber nach einer Zeit kennen wir von jedem die Schwächen und Stärken. Jeder kann mal helfen, und jeder kriegt mal Hilfe. Das ist ganz toll.

Martha, 9. Klasse

Diese Selbstermächtigung der Kinder ist Ausdruck des Paradigmenwechsels der Erwachsenen vom »allwissenden Belehrer« hin zum Coach und Lernbegleiter, auch die Struktur des Lernbüros, in dem die Schüler ihren eigenen Stärken entsprechend und in ihrem eigenen Tempo lernen können, gehört hierzu. Die Regel, sich bei Fragen zunächst Hilfe bei Mitschülern zu suchen, soll die Selbständigkeit der Kinder fördern, trägt aber auch zur Entlastung der Lehrer bei. »Am Anfang«, sagt Aileen Rodewald, »war die Gefahr groß, alles selbst beantworten zu wollen und speziell die schwächeren Schüler dadurch abhängig zu machen.« Sie hat es sich daher antrainiert, Fragen auf der Metaebene zu stellen: Welchen Mitschüler kannst du fragen? Wo kannst du noch nachsehen? Wie gut oder wie schlecht die selbständige Arbeit, die für alle Kinder gilt, dann funktioniert, zeigt sich bei den Tutorengesprächen. Gute Beziehungen sind elementare Grundlage für das Lernen. Die in den regelmäßigen Tutorengesprächen angelegte starke Beziehungsebene erleichtert es den Schülern, angstfrei »echte« Aussagen zu machen, so dass sie auf diese Art tatsächliche individuelle Unterstützung –

Erstmals merkte ich in dieser Schule eine Wärme und Menschlichkeit, die mir und meinem Sohn vom ersten Tag entgegengebracht wurde. Er geht seitdem erstmals in seinem Leben gern zur Schule. Mein Kind ist ein Autist und beginnt sich hier zu öffnen, wie die Therapeutin es beschreibt. So etwas geht nur in einer optimalen Umwelt. Viele Autisten schaffen das nie.

Birgit Sonntag, Schülermutter

auch beziehungsweise gerade auf der Leistungsebene – von ihren Tutoren erhalten können. »Meint der Lehrer das ernst? Ich soll sagen, wo meine Schwierigkeiten liegen? Damit mache ich mich ja blank ...«, beobachtet Aileen Rodewald. Doch das nötige Vertrauen wird im Laufe der Gespräche aufgebaut.

Unser Lernbüro Plus ist entsprechend dem Rahmenlehrplan, der sich bei Kindern mit Förderschwerpunkten vom üblichen unterscheidet, mit anderen Materialien ausgestattet, bietet mehr Platz, und es sind mehr Tutoren dort präsent, die jederzeit intervenieren können. Gerade unsere Sonderpädagogin hatte anfangs große Bedenken, ein spezielles Lernbüro für Kinder mit Förderbedarf einzurichten: »Ich dachte, es entspricht nicht den Leitlinien der Inklusion, wenn wir diese Kinder wieder separieren und anders mit ihnen umgehen.« Inzwischen hat sich das Lernbüro Plus, das zunächst zur Erprobung eingeführt wurde, sehr bewährt. Nicht zuletzt auch deshalb, weil es *allen* Kindern offensteht und auch von vielen genutzt wird.

Mit dem Lernpfad-System im Lernbüro haben wir uns, zusätzlich zu den generellen Möglichkeiten im Lernbüro, ein weiteres Mittel zur Differenzierung verschafft: Es gibt drei Lernpfade: der Zwei-Sterne-Pfad ist der Normbereich, der Ein-Stern-Pfad bedeutet fördern, der Drei-Sterne-Pfad steht für fordern. Welcher Pfad gewählt wird, kann von Baustein zu Baustein neu entschieden werden. Außerdem haben wir sogenannte freie Bausteine eingeführt, die es den Lehrern ermöglichen, noch differenzierter Zertifikate zu vergeben. »Im Lernbüro Plus gibt es beispielsweise die Möglichkeit, mit Rechenbrettern zu arbeiten und darin ein Mathe-Zertifikat zu machen. Oder im letzten Jahr hatte ich zwei Tutandinnen, die ein eigenes Buch geschrieben haben und dafür einen Baustein anerkannt bekommen haben«, sagt Aileen Rodewald. »Das ist für mich inklusiv und das ist Stärken stärken.«

Ich hatte schon immer dieses Vertrauen in meinen Sohn, dass er genau so, wie er ist, richtig ist. Und das erlebt er jetzt auch an dieser Schule. Da wird nicht geschaut, was jemand nicht kann, sondern man achtet auf seine Stärken. Man bringt den Kindern Vertrauen entgegen, dieses unglaubliche Vorschussvertrauen.

Anja Niesler, Mutter eines hochbegabten Schülers

Als Tristan zum zweiten Halbjahr der 7. Klasse auf die neugegründete esbz wechselte, war er, »was seine Leistungen und das Verhalten in der Schule betraf, auf dem absteigenden Ast«, wie sein Vater sagte. Er war gerade von einer Gesamtschule geflogen, die dortige Schulleiterin empfahl ihm »eine gute Hauptschule«. Für seinen Vater war es »wie eine Offenbarung«, als Tristan an der esbz eine zweite Chance bekam. »Vieles war provisorisch, hatte aber auch was von Aufbruchstimmung, Tatendrang, Pioniergeist. Was aber das Beste war, es gab nur motivierte Lehrer.«

Tristan war bald beliebt bei Mitschülern wie auch Lehrern und wurde zwei Jahre später sogar als »Aufsteiger des Halbjahres« ausgezeichnet – obwohl längst nicht alle Leistungen zufriedenstellend waren. Aber die Verbesserung war deutlich und wurde, entsprechend der Schulphilosophie, gewürdigt. »Das tut enorm was fürs Selbstwertgefühl. Wie schnell fühlt man sich als Versager, wenn einem Dinge nicht gelingen, die andere scheinbar mühelos hinbekommen«, sagt der Vater. Besonders seine Herausforderung, allein in einem schottischen Dorf auf einer Schaffarm, hat ihm einen ungeheuren Schub ermöglicht.

Trotzdem brauchte Tristan noch sehr viel Vertrauen seitens der Schule, bis er seinen Weg wirklich gefunden hatte. Es gab eine größere Verfehlung, die seine Schullaufbahn an der esbz beinahe beendet hätte. »Und bei aller Liebe und allem Verständnis für meinen Sohn, ich hätte die Schule verstanden. Dass es nicht zum Schulverweis gekommen ist, zeigt, wie an dieser Schule gearbeitet wird«, meinte sein Vater dazu. Lehrer, Eltern und Mitschüler haben intensiv beraten, viel Zeit investiert und nicht einfach die naheliegendste Lösung umgesetzt. Aus heutiger Sicht war der Mut aller Beteiligten, sich um Tristan zu bemühen, ohne jedoch sein Fehlverhalten gutzuheißen, richtig: Er schaffte einen guten erweiterten Hauptschulabschluss und fand, auch dank seiner Erfahrung in der Holzwerkstatt der esbz, sofort eine Lehrstelle zum Tischler.

Anja Niesler ist sehr glücklich darüber, wie ihr hochbegabter Sohn sich entwickelt hat, seit er an der esbz ist. In der Grundschule war er so stark unterfordert, dass es sich in körperlichen und psychischen Leiden äußerte, die von Jahr zu Jahr schlimmer wurden. Entgegen der Empfehlung der Grundschule übersprang Leon eine Klasse und kam an die esbz. »Und alles war gut. Seit-

> *Mein Sohn ging in eine normale Grundschule und war unglücklich – dort musste das Kind zur Schule passen, sonst gab es Schwierigkeiten. An der esbz wird geguckt: Wie lernt das Kind? Wie macht es das? Und man versucht, dem Kind gerecht zu werden.*
>
> Corinna Bergmann, Schülermutter

dem ist überhaupt alles gut«, sagt seine Mutter. Auch die 7. Klasse war für ihren Sohn nicht schwierig, er hätte im Grunde schon wieder springen können, aber das brauchte er aufgrund des Lernbüro-Systems nicht.

Auch in anderen Fächern hat Leon die Möglichkeit, in die Tiefe zu arbeiten. Zum Beispiel sollten die Kinder ihr Projekt Verantwortung anhand eines Fragenkatalogs dokumentieren. Leon suchte sich eine individuelle anspruchsvolle Möglichkeit und gestaltete aus einem alten Buch und Fotos und mit viel Farbe ein ungewöhnliches eigenes Werk. »Leon wird an dieser Schule für seine Leistung anerkannt«, sagt seine Mutter. »Anderswo heißt es dann nur: ›Typisch der, der ist ja überall gut.‹ Als ob es ein Makel wäre, dass du intelligent bist oder dir besondere Mühe gibst.«

Das Engagement der Schule bietet ein wunderbares Fundament für Schüler mit Besonderheiten. Ich war erstaunt, wie viel natürliche Offenheit, Lust auf Herausforderung und Freundlichkeit die Lehrer gegenüber Konstantin zeigten. Ich habe das Gefühl, hier ist er wirklich willkommen.

Familientherapeutin, die ein Kind mit Asperger-Syndrom an der esbz begleitet

Wie Menschen sich in der Schule wahrgenommen, angenommen, wertgeschätzt fühlen, welches Entwicklungspotenzial sich dadurch entfalten darf, hat vor allem mit dem Geist der Schule zu tun. Ist er geprägt von Vertrauen, Zutrauen, mit dem Herzen Sehen und Menschlichkeit, so kann ein Gefühl der Zugehörigkeit und der eigenen Würde entstehen. »Sense of belonging« und »sense of dignity« heißt es in der UN-Konvention. Was das an Wundern für die Entwicklung eines Kindes bedeuten kann, durften wir an Konstantin erleben.

Nach massiven Anfangsschwierigkeiten, die eine Teilnahme am normalen Unterricht weitgehend unmöglich machten, auf die wir aber sehr achtsam, differenziert und wertschätzend eingegangen sind, konnte Konstantin, ein Kind mit Asperger-Syndrom, doch nach und nach Vertrauen entwickeln. Vertrauen ist häufig der Durchbruch für Kinder, die sich »wie durch einen Stempel«

als »nicht normal« empfinden. Konstantin hat seine Angst, zu scheitern und abgeschoben zu werden, überwinden können, hat sogar seine Matheblockade verloren, er hat gelernt, differenziert zu reden, und er hat wieder mit dem Zeichnen angefangen, was er seit der Grundschule nicht mehr tat. Was aber noch viel wichtiger ist: Er hat Zukunftspläne und Träume. Seine Mutter sagt, sie sei dankbar, dass sie und ihr Sohn »in Entscheidungen einbezogen wurden und mitgestalten

Looking at education through an inclusive lens implies a shift from seeing the child as a problem to seeing the education system as a problem.

UNESCO[22]

konnten«. Die auf Konstantin zugeschnittenen Lösungen ließen bei ihm Vertrauen aufkommen, ein Gefühl, sich auf Lehrer verlassen zu können. Ihm werde, meint seine Mutter, das Gefühl gegeben: »Wir akzeptieren dich, wie du bist.«

Aileen Rodewald ist zu Recht stolz auf die kooperative Förderplanung, die auf ihre Initiative hin an der esbz eingeführt und in der auch die Kollegen fortgebildet wurden. In der Integration gehen Sonderpädagogen in die Klasse, beobachten das Kind eine Zeitlang und schreiben dann häufig einen Förderplan mit Zielen, Interventionsmaßnahmen, die dem Schüler und seinen Eltern mitgeteilt werden. Bei der kooperativen Förderplanung sitzen alle Beteiligten an einem Tisch und entwickeln gemeinsam die Ziele: das Kind und seine Eltern, alle Lehrer des Kindes und bei Bedarf außerschulische Experten wie beispielsweise eine Psychologin oder ein Berufsberater. Koordiniert wird die Runde von einem Sonderpädagogen. Insbesondere die Zusammenarbeit mit den Eltern ist wichtig, sind sie doch mit ihren

Ich habe gelernt – wie viele andere Schüler dieser Schule –, kleine Aussetzer und Auffälligkeiten zu tolerieren. Denn hat nicht jeder seine Fehler? Und ist es nicht besser, diese zeigen zu können, anstatt sie zu verstecken?

Ronja, 11. Klasse

speziellen Erfahrungen in so mancher Hinsicht viel kompetenter als die Schule. Kinder mit besonderem Förderbedarf haben neben den beiden üblichen Bilanz- und Zielgesprächen pro Schuljahr zusätzlich ein Förderplanungsgespräch. Darin geht es wesentlich um neue Ziele und mögliche Problemlösungen, für die sich alle Gesprächsteilnehmer verantwortlich fühlen.

2008, also bereits im zweiten Aufbaujahr der Schule, gründeten Eltern an der esbz eine Inklusions-AG, die die Lehrer in ihrer Arbeit unterstützt. Die Arbeitsgruppe ist außerdem ein wichtiges Forum für den Austausch der Eltern untereinander.

Folgende Faktoren haben sich als wesentlich für das Gelingen von Inklusion an der esbz herauskristallisiert:

- das Ethos der Schule
- Zutrauen in alle Jugendlichen
- Jahrgangsmischung
- Teamstruktur
- Tutorensystem
- eine Lob- und Anerkennungskultur
- Gelegenheitsstrukturen für zivilgesellschaftliches Engagement und Selbstwirksamkeitserfahrungen
- die Mutkarte
- demokratische Strukturen (Lernbüro, Klassenrat, Schulversammlung)
- Gemeinschaftserfahrungen (Schulversammlung, Klassenstunden, Lied der Woche)
- Rituale zur gegenseitigen Achtung
- gemeinsam erarbeitete Regeln und Sanktionen für Regelverletzungen

Inklusive Bildung wird international längst als pädagogischer Grundauftrag verstanden, in Ländern wie Italien, Spanien oder den skandinavischen Staaten ist Inklusion der Normalfall. In Deutschland dagegen finden sich weiterhin fast eine halbe Million Kinder auf Sonderschulen, dabei überproportional viele Kinder mit Migrations- und/oder Armutshintergrund. Unser Bildungssystem reproduziert und produziert damit gesellschaftliche Ungleichheit, statt sie auszugleichen.

Ungleichheit ist Gift für Gesellschaften.

Eine Vielzahl der drängendsten sozialen Probleme entwickelter Gesellschaften hängt statistisch gesehen eindeutig davon ab, wie ungleich die Chancenverteilung in einem Land ist.[23] Ab einem gewissen Einkommensniveau ist, wie Studien eindrucksvoll belegen[24], nicht mehr die Höhe des Durchschnittseinkommens, sondern die Verteilung des Einkommens ausschlaggebend dafür, ob es den Menschen, und zwar in allen Schichten, besser oder schlechter geht.

Mit der im März 2009 in Kraft getretenen UN-Behindertenrechtskonvention hat sich Deutschland dazu verpflichtet, ein inklusives Bildungssystem zu schaffen. Die Vielfalt der Gesellschaft wird dann hoffentlich endlich auch in unseren Schulen gelebt und darüber Respekt und der konstruktive Umgang mit Andersartigkeit, eine wichtige Grundlage für die Stärkung der demokratischen Kultur, gelernt.

Verbinden und nutzen wir den gesetzlichen Auftrag zur Inklusion mit der Vision einer neu gedachten Schule!

Und was ist Ihr EduAction-Plan?

....

....

.............,,,,,,...

....

....

....

Tipp:

- Der Index für Inklusion ist ein nützlicher Kriterienkatalog und ein Selbstevaluierungsinstrument; Download unter www.inklusionspaedagogik.de
- Sehr zu empfehlen sind die »Quick Guides für Inklusion«: praxisbezogen und mit vielen weiterführenden Hinweisen zu Materialien, Adressen, Literatur; http://bildungsserver.berlin-brandenburg.de/351+M5 cce115329b.html
- Hilfreiche Handreichungen des LISUM (Landesinstitut für Schule und Medien Berlin-Brandenburg) unter www.bildungsserver.berlinbrandenburg.de/sonderpae dagogik.html
- Das Leitbild des Schulverbundes Blick über den Zaun gibt wertvolle Anregungen: www.blickueberdenzaun.de/ publikationen/leitbild.html
- Studie »Gemeinsam lernen. Inklusion leben. Staus quo und Herausforderungen inklusiver Bildung in Deutschland«, 2010; www.bertelsmannstiftung.de/bst/de/ media/xcms_bst_dms_32811_32812_2.pdf
- Studie der Friedrich-Ebert-Stiftung (Hrsg.): »Inklusive Bildung. Die UN-Konvention und ihre Folgen«, 2010; http://library.fes.de/pdf-files/studienfoerderung/07621. pdf
- Unter www.bmas.de findet sich die UN-Konvention leicht verständlich sowie als Film in DGS und Audiodatei.
- Weitere Adressen zur Auswirkung der UN-Konvention auf die Politik Deutschlands: www.behindertenbeauftragter.de; www.institut-fuer-menschenrechte.de; www.alle-inclusive.de

Peer Learning: Die Mitschüler als erste Lehrer

»Hit the road, Jack, and don't you come back no more, no more, no more, no more«, singen die Jugendlichen, und Paulina gibt Melodie und Rhythmus am Klavier vor. Es ist Donnerstag, Mittagspause, und Schüler aus der 11. Klasse bieten Singen für die Siebt- bis Zehntklässler an in »Dialog & Bewegung«. Das ist ein Projekt, das die esbz in diesem Jahr eingeführt hat, und die Elftklässler haben sich in kleinen Gruppen Angebote dazu überlegt. »Dabei geht es darum, seine Stärken ausleben zu dürfen«, erklärt Shana, »aber auch, mit einer Gruppe umgehen zu lernen.« Die Teilnahme für die Jüngeren ist freiwillig, aber schon in den ersten Wochen zeigte sich, dass sie die Angebote ihrer älteren Mitschüler als Entspannung und Abwechslung in der einstündigen Mittagspause sehr gerne annehmen und beim Kicken in der Turnhalle mitmachen, beim Kreativworkshop in der Bibliothek Armbänder aus Garn knüpfen lernen oder auf der Bühne im Forum einen Popsong einstudieren, um ihn später auf der Schulversammlung für alle zu singen.

Ich habe einen Coachee im Lernbüro, eigentlich in Mathe, aber letzte Woche haben wir Deutsch zusammen gemacht und einen Baustein beendet. Ja, das macht Spaß.

Lotte, 10. Klasse

Peer Learning – also das gemeinsame Lernen von (fast) Gleichaltrigen – ist ein wesentlicher Bestandteil des Schulkonzeptes der esbz. Es ist gemeinschaftsbildend, es ist inklusiv, und die Kinder lernen von klein auf, in stets neu zusammengesetzten Teams zu arbeiten. Beide Seiten profitieren von diesem Lernprozess: Die Jüngeren bekommen Unterstützung von den Älteren, die wiederum erwerben soziale und fachliche Kompetenzen. »Ich hätte nie gedacht, dass das so gut funktioniert, wenn ich mit Jüngeren in eine Klasse gehe«, hat Nicolas festgestellt. »Klar bin ich auch mal genervt. Aber wenn man später zum Beispiel jemanden in der Firma hat, der nicht so arbeitet, wie man das gerne hätte, muss man damit ja auch umgehen.«

Grundlage für das Funktionieren von Peer Learning ist die Beobachtung, dass für Kinder und Jugendliche Gleichaltrige eine größere Glaubwürdigkeit besitzen und dass diesen gleichaltrigen »Lehrern« aufgrund der höheren Identifikation mehr Aufmerksamkeit geschenkt wird als älteren. Schüler trauen sich bei einem Mitschüler auch eher, noch einmal nachzufragen, als bei einem Lehrer. Entscheidend für den Erfolg ist eine Qualifikation der Peers.

Herzstück des Peer Learning ist das Lernbüro, in dem die Schüler jahrgangsübergreifend von Stufe 7 bis 9 miteinander lernen. Seit diesem Schuljahr sind auch die Zehntklässler mit im Lernbüro, jeder Schüler für jeweils eine Stunde pro Woche, wir nennen es das »Projekt Verantwortung« der Zehnten. »Da sind zum einen die Coachs, die einen bestimmten Schüler begleiten, auch in mehreren Lernbüros«, sagt Julius. »Dann gibt es die Lernbüro-Lehrer-Assistenten. Die sind in einem Fach richtig gut und im Lernbüro für alle da, die kann jeder ansprechen. Und ein paar von uns sind Koordinatoren, die organisieren das Ganze, und falls es Probleme mit den Coachs und Coachees gibt, dann regeln die das.«

Ich lerne selbst auch etwas dabei, wenn ich anderen im Lernbüro helfe. Mir fällt es nicht so leicht, anderen etwas zu erklären, aber ich denke, es ist wichtig, das zu können.

Jonathan, 10. Klasse

Jonathan beispielsweise ist sehr gut in Mathe und hat sich daher als Assistent für das Mathe-Lernbüro gemeldet. »Wenn ein Schüler einen Test zurückbekommt, gehen wir den zusammen durch, weil der Lehrer dafür nicht so viel Zeit hat«, erklärte er einmal in einer Lehrerfortbildung – und sorgte damit für Gemurmel. Der Gedanke, dass ein Schüler eine ihrer ureigensten Aufgaben übernimmt und sie damit ein Stück Kontrolle abgeben müssen, scheint vielen Lehrern nicht zu behagen. Vielleicht ermutigt es sie zu hören, dass die Kollegen an der esbz sehr gute Erfahrungen damit machen. Dass die Schüler in den Lernbüros individuell, also entsprechend ihrem eigenen Lerntempo und ihren Stärken,

Bausteine bearbeiten, bietet den Coachs Strukturen, in die sie sich leicht integrieren können.

»Einer meiner Siebtklässler ist in allen Hauptfächern eher schwach«, berichtet Iris Rösner, seine Mathematik- und Klassenlehrerin. »Er hat jetzt einen Zehntklässler als persönlichen Coach bekommen. Die beiden werden das gesamte Schuljahr über zusammenarbeiten.« Eine andere Schülerin sei in Mathe eigentlich gut, aber wenn sie eine Hürde sehe, blockiere sie leicht. »Von ihrem Coach lässt sie sich da viel leichter rüberhelfen als von mir«, beobachtet Iris Rösner.

»Ich finde das Projekt gut, denn es gibt ja immer nur einen Lehrer pro Lernbüro«, sagt die Achtklässlerin Khrystyna, und ihre Freundin Sarah, die bereits in die Neunte geht, ergänzt: »Wenn mehrere Schüler ein Problem haben, geht das jetzt viel schneller voran, weil es noch jemanden gibt, den man fragen kann.« Und es gibt noch die Variante des Selbst-Coaching. »Ich habe in Mathe manches wieder vergessen, jetzt schau ich mir alles noch mal an«, erklärt Hannah, und es ist kein Frust oder Selbstmitleid zu hören, sondern eine selbstbewusste Schülerin, die das Projekt als Chance begreift, ihre fachliche Leistung zu verbessern. Die Schüler arbeiten bei uns nicht mehr nach dem Prinzip »Du sollst«, sondern nach dem erfolgversprechenderen Prinzip »Ich kann«.

Peer Learning findet auch in den Werkstätten statt, die von Schülern angeboten werden dürfen: Ein sechzehnjähriger Karate-Experte hat beispielsweise eine Karate-Werkstatt angeboten, zwei Mädchen einen Tanzworkshop und ein anderes Mädchen Hula-Hoop. Auch im Projekt Verantwortung bieten sich den Jugendlichen Gelegenheiten für Peer Learning, etwa wenn sie in Grundschulen nachmittags Arbeitsgemeinschaften anbieten.

Felix, der Erfinder von Plant for the Planet, war auch bei der Klimaakademie. Der hat einfach vor uns allen geredet, ganz frei. Nachher hat er einen Vortrag gehalten, das war auf dem Vision Summit vor 1000 Leuten. Die Erfahrung hat meinen Bruder und mich so bewegt, dass wir unbedingt etwas tun wollten.

Lara-Luna, 8. Klasse

Besonders gut lässt sich die Peer Education im Projekt Plant for the Planet und der Kinderklimabotschafter-Ausbildung beobachten. Lara-Luna war noch in der Grundschule, als sie ihren Eltern erzählte, sie wolle unbedingt etwas für die Umwelt tun. Gemeinsam recherchierten sie daraufhin im Internet und stießen auf das Versprechen der esbz, 100 000 Bäume zu pflanzen, und die Klimaakademie, bei der Schüler der esbz Kinder zu Klimabotschaftern ausbilden.

Lara-Luna nahm zusammen mit ihrem Bruder an der nächsten Akademie teil, die am Rande des Vision Summit mit rund 70 Kindern aus ganz Deutschland stattfand. »Wir haben gelernt, worum es beim Klimaschutz geht, wie Klimagerechtigkeit funktioniert und wie wir uns dafür einsetzen können«, erzählte sie anschließend. »Und wir haben gelernt, Vorträge zu halten und Plakate zu machen, und haben CDs mit Material mitbekommen.«

Lara-Luna und ihr Bruder waren von der Erfahrung so beeindruckt, dass sie anschließend der Leiterin ihrer Grundschule von Plant for the Planet erzählten. Sie erhielten die Erlaubnis, in fast allen Klassen einen Vortrag darüber zu halten. Anschließend organisierte Lara-Luna eine Klimaakademie an ihrer Schule, zu der sie Schüler der esbz als Ausbilder einlud – 40 Kinder nahmen daran teil. »Da hab ich gemerkt, dass wir richtig etwas bewegt haben, das war toll.« Seit Lara-Luna an der esbz ist, hält sie oft Vorträge an anderen Schulen, wie erst neulich an einer Grundschule in Potsdam. »Danach wollten alle Schüler dort, dass wir bei ihnen an der Schule eine Klimaakademie machen«, erzählt sie.

Peer Education ist auch die Basis für unser Sprachbotschafter-Programm. Wir arbeiten daran, das noch junge Peer-Education-

> *Das Besondere an den Klimaakademien ist, dass Schüler Schüler ausbilden. Der einzige Erwachsene, der an dem Tag beteiligt ist, ist ein Förster. Zum Schluss, wenn die Kinder ihre Ergebnisse präsentieren, ihren ersten Vortrag halten und dann von uns eine tolle Urkunde bekommen, die sie als Klimabotschafter ausweist, strahlen sie.*
>
> Mia, Stella, Karoline und Szesima, 9. und 10. Klasse

Programm so zu skalieren, dass es mit möglichst geringem Aufwand von möglichst vielen Schulen aufgegriffen werden kann. Unsere Vision: Es soll bundesweit 10 000 Lernbotschafter geben bis 2016!

Und was ist Ihr EduAction-Plan?

....

....

....

....

....

....

....

....

....

....

....

....

....

....

....

....

....

Klassenrat und Soziales Lernen: Schule gemeinsam verantworten

Heranwachsende bei der Entwicklung zu mündigen Bürgern mit Gestaltungsmut und Gestaltungskompetenz in globaler Verantwortung zu fördern ist als pädagogischer Kernauftrag in den Schulgesetzen der Länder verankert. Doch an Demokratie kann nur glauben, wer erlebt, dass sie hält, was sie verspricht. Positiv erfahrene Demokratie und demokratisches Handeln fördern Selbstwirksamkeit und wachsame Achtsamkeit gegenüber Gefährdungen dieses hohen Gutes. Die in den Schulgesetzen verankerten Bildungs- und Erziehungsziele – Eigeninitiative, Mitverantwortung, Mündigkeit, soziale Handlungskompetenz, Demokratiefähigkeit – erfordern als förderndes Umfeld das gelebte Recht auf Gestaltungsräume, Beteiligung, Fehlerfreundlichkeit, Anerkennung des individuellen Engagements und Lernfortschritts und auf die Erfahrung, dass das eigene Denken und Handeln Veränderung initiieren und bewirken kann.

An der esbz ist die Entwicklung einer demokratischen Schulkultur der Weg und das Ziel zugleich. Als Schule im Aufbau, die sich zudem kontinuierlich weiterentwickelt, haben wir partizipative Grundstrukturen, die es allen an Schule beteiligten Gruppen ermöglichen, sich aktiv und gleichberechtigt in diesen Prozess einzubringen.

Schule ist die Polis im Kleinen, wo Heranwachsende Demokratie lernen.

Margret Rasfeld, Schulleiterin

Zur demokratischen Kultur gehören die selbstbestimmten Lernformate und unsere wöchentliche Schulversammlung, das zivilgesellschaftliche Engagement im Projekt Verantwortung und die Herausforderungen, der Klassenrat und das Fach Soziales Lernen.

»Soziales Lernen« deckt an der esbz eine Bandbreite an Themen ab, die alle mit der Frage zu tun haben: Wie können wir gut gemeinsam leben? Jede Woche haben die Klassen der Stufe 7 bis 9 ein Halbjahr lang eine Doppelstunde, um zu diskutieren und eigene Strukturen für ein Miteinander zu entwickeln.

Themen wie Freundschaft, Mobbing, Außenseiter, Zivilcourage werden von den Schülern offen und in einer wertschätzenden, ermutigenden Atmosphäre angesprochen, für bestehende Konflikte werden Lösungen gesucht. Da in jedem Schuljahr etwa ein Drittel der jahrgangsgemischten Klassen 7 bis 9 die Klasse verlässt beziehungsweise neu hinzukommt, kommt Sozialem Lernen eine sehr wichtige gemeinschaftsbildende und inklusive Funktion zu. Der Wechsel an die weiterführende Schule ist für Kinder oft mit Unsicherheit und psychischem Stress verbunden. Gerade für die Siebtklässler ist Soziales Lernen daher ein wichtiges Element, um an ihrer neuen Schule anzukommen und ihre eigene Rolle dort zu finden.

Der Klassenrat fördert soziale und moralische Lernprozesse, insbesondere den Perspektivenwechsel, und stellt damit eine wirksame Prävention gegen das Abgleiten in rechtsextreme und rassistische Vorurteile im Jugendalter dar.

Der Klassenrat ist an der esbz als Klassenstunde mit den Klassenlehrern im Stundenplan aller Jahrgangsstufen verankert. Er ist Diskussionsforum sowie Planungs- und Handlungszentrum, das die Klasse als Verantwortungsgemeinschaft stärkt. Im Klassenrat werden Lösungen für Probleme gesucht und Ideen geboren. Der Klassenrat fördert soziale und moralische Lernprozesse, insbesondere den Perspektivenwechsel, und stellt damit auch eine wirksame Prävention gegen das Abgleiten in rechtsextreme und rassistische Vorurteile im Jugendalter dar. Der Klassenrat findet an der esbz im Stuhlkreis statt und wird von ein oder zwei Schülern geleitet, die die Klasse ausgewählt hat. »Wir haben bei uns vereinbart, dass das diejenigen machen, die mündlich nicht so gut sind, und zwar für ein halbes Jahr, damit man auch was dabei lernt«, erzählt Elena. Sie selbst hatte sich im Bilanz- und Zielgespräch vorgenommen, sich mündlich zu verbessern, und sich daraufhin für die Klassenratsleitung gemeldet.

Inzwischen hat die Zehntklässlerin, gemeinsam mit ihrer Freundin Antonia, auch schon häufig Fortbildungen für Lehrer und Schulleiter zum Thema Klassenrat gegeben. »Was mich anfangs echt überrascht hat, ist, dass beim Klassenrat plötzlich alle mitarbeiten«, erzählt Antonia. »Auch die, die sonst eher keinen Bock haben oder sehr still sind.« Das liege daran, ist sie überzeugt, dass es um Sachen gehe, die sie selbst betreffen, und weil jeder mitreden und mitentscheiden kann. Die Klassen bestimmen auch einen Regelwächter, der darauf achtet, dass die Sitzung geordnet abläuft. »Das hat bei uns einer gemacht, der sonst eigentlich selbst immer stört und quatscht«, erzählt Elena. Als weitere wechselnd besetzte Posten gibt es den Protokollführer und den Zeitwächter.

Jede Klasse gestaltet ihre Klassenratssitzungen etwas anders. Als einzig feste Grundregel gilt für alle: Die Lehrer halten sich raus. Wenn die Klasse ein Thema unter sich diskutieren möchte – beispielsweise wen sie als Vertrauenslehrer vorschlagen –, kann sie die Lehrer vorübergehend aus dem Raum schicken. Ob Lehrer bei Abstimmungen mitmachen dürfen, entscheidet ebenfalls jede Klasse für sich und themenbezogen. Durch diesen Rollenwechsel haben die Lehrer die Möglichkeit, die Schüler noch besser kennenzulernen.

»Nebenbei hat es den Effekt, dass die ganzen Gruppendynamiken, die sonst nur in der Pause stattfinden, auf den Tisch kommen und bearbeitet werden können«, berichtet Cornelia Knoefel von ihrer inzwischen einjährigen Erfahrung mit dem Klassenrat. Sie ist Lehrerin an einer privaten Berufsfachschule und hat nach einer Fortbildung durch Schüler der esbz den Klassenrat in ihrer eigenen Klasse eingeführt. Zwar empfindet sie es als schwierig, ein einzelnes Detail aus dem Konzept der esbz in die eigene Schulstruktur zu integrieren, dennoch beobachtet sie durchaus positive Veränderungen: »Das ist eine hervorragende Übung für meine Schüler, dass sie selbst so ein Gruppengespräch strukturieren, es moderieren, lernen, sich gegenseitig zu Wort kommen zu lassen.«

Das Themenbuch, in das alle Schüler die Woche über eintragen können, worüber sie beim nächsten Klassenrat sprechen möchten, hat sich als Hilfsmittel für die Treffen sehr bewährt. Es wird außerdem von jeder Sitzung ein Protokoll angefertigt, die dort festgehaltenen Beschlüsse werden zu Beginn der nächsten Sitzung noch einmal vorgelesen. »Da schauen wir dann, ob beispielsweise ein Streit wirklich geschlichtet wurde oder wie sich etwas entwickelt hat«, erklärt Antonia. »Wir reden also nicht nur!«

Während des Klassenrates quatschten zwei Jungs und störten. Daraufhin forderte eine Mitschülerin, Regelwächterin, einen der beiden auf, sich auf einen anderen Platz im Stuhlkreis zu setzen. Erstaunlich: Der Junge macht es ohne Widerrede.

Renate Birke, Beobachtung bei einer Hospitation

Es sind »große« und »kleinere« Angelegenheiten, die im Klassenrat besprochen werden. Eine Zehnte beispielsweise möchte über ein Wochenende gemeinsam wegfahren. Ein Schüler hat Übernachtungsmöglichkeiten recherchiert, die er vor der Klasse präsentiert, damit sie darüber abstimmen kann. Eine andere Klasse möchte ihren Klassenraum verschönern, die Vorschläge in der Diskussion reichen von »Poster aufhängen« bis zu »Boden streichen«. Es gab aber auch den Fall, dass eine elfte Klasse unzufrieden damit war, dass alle Übungsstunden an einem einzigen Tag liegen. Die Schulleitung hat die Anregung aufgenommen und arbeitet an einer Änderung.

Ein Schüler aus der Klasse 8 beschreibt die Partizipationsmöglichkeiten so: »Klassenrat und die Versammlung sind Orte, wo wir mitbestimmen und unsere Meinung sagen können. Alle treffen sich hier. Es werden Projekte vorgestellt und wichtige Themen ans Licht gebracht. Die Moderation übernehmen wir selbst. Versammlung und Klassenrat sind Stunden, wo wir Verantwortung für das, was in der Schule passiert, übernehmen, wo wir über Probleme und Verbesserungen sprechen können und für den Ablauf und die Präsentation selbst verantwortlich sind.«

Und was ist Ihr EduAction-Plan?

....

....

....

....

....

....

....

....

....

....

....

....

....

 Tipp: • Das SV-Bildungswerk, ein von Schülern gegründeter Verein, unterstützt und vernetzt bundesweit Schulen in der demokratischen Schulentwicklung. Schülervertreter oder Lehrer können ein Seminar für die SV nach ihren Vorstellungen, zum Beispiel auch für Klassenratstrainings, kostenfrei buchen. Junge SV-Berater kommen an Schulen und teamen ein Seminar mit der Schülervertretung. Schülervertreter können durch eine Ausbildung SV-Berater werden und vieles mehr; www.sv-bildungswerk.de

- Die Deutsche Gesellschaft für Demokratiepädagogik (DeGeDe) e. V. ist eine gemeinnützige Vereinigung, die sich für die Entwicklung demokratischer Handlungskompetenzen und die Förderung demokratischer Organisationskulturen in Kita, Hort, Schule und anderen Bildungseinrichtungen einsetzt und dazu im Dialog als Netzwerk und Forum dem Fachdiskurs Geltung verschafft; www.degede.de

- Wir sind Klasse! – Bei der Klassenratsinitiative der DeGeDe (zunächst für Berlin und Brandenburg) handelt es sich um einen nachhaltigen Prozess der Verankerung des Klassenrats und dessen Weiterentwicklung in der einzelnen Schule, aber auch im Netzwerk. Die Schulen werden durch Trainingsangebote nach dem Peer-Prinzip unterstützt. Die Startbox der Klassenratsinitiative ist auch käuflich zu erwerben. Mehr dazu unter: www.wir-sind-klasse.de

- »Hands Across the Campus« ist ein Bildungsprogramm mit dem Ziel, demokratische Arbeits- und Kommunikationsformen und die Anerkennung von Vielfalt in der Schule zu stärken. Neben dem Grundwertecurriculum werden das Youth Leadership Program und Lernen durch Engagement vorgestellt; Download unter www.raa-brandenburg.de/Portals/4/media/UserDocs/HANDS_RZ_PDF_ANSICHT.pdf; für Grundschulen gibt es Entsprechendes· American Jewish Comittee/LISUM (Hrsg.): *Hands for Kids – Ein Grundwertecurriculum für Demokratie,* Berlin 2010, infos unter: www.handsgermany.org

Schulversammlung: Demokratie braucht Öffentlichkeit

Jeden Freitag kommt die Schulgemeinde der esbz zum Abschluss der Schulwoche für eine Stunde im Forum zusammen. Oft stoßen auch Eltern dazu und natürlich Herr Baumann, unser Hausmeister. Es sind auch Partner der Schule und andere Gäste willkommen. Die Schulversammlung ist ein öffentlicher Ermutigungsort – hier erleben wir die Schule am stärksten als Gemeinschaft, denn die Versammlung ist der Schritt vom »Ich und meine Klasse« zum »Wir und unsere Schule«.

Ganz gleich, wie modern eine Schule ist, wie vertraut die Atmosphäre dort sein mag: Im Klassenraum bleibt immer ein Rest von Hierarchie zwischen Lehrer und Schüler zurück und von dem Bild, das man von alter Schule im Kopf hat. Erst in Formaten, die völlig anders sind, kann das aufgebrochen werden. Bei der Schulversammlung, die völlig eigenständig von den Schülern vorbereitet wird, befinden wir uns plötzlich im öffentlichen Raum, in dem die Lehrer in ihrer sonstigen Rolle praktisch nicht vorkommen – es sei denn, sie gehen auf die Bühne.

Zu Recht wurdest du von deinen Mitschülern zum sozialen Aufsteiger des Jahres gewählt. … Dein Einsatz für die Interessen deiner Mitschüler und für mehr Fairness unter Schülern und Lehrern zeugt von großem Mut und einem guten Herz. Du hast sogar die ungeliebten Aufgaben anderer übernommen, damit es keinen Streit gibt, und hast gesehen, wo noch eine Hand fehlt. Dann warst du da.

Auszeichnung an der esbz

Durch das Ritual der wöchentlichen Versammlung von rund 400 Menschen gewöhnen sich bereits Siebtklässler an eine Großversammlung: Sie lernen, welche Regeln dort gelten, wie man sich verhält und wie man selbst etwas dazu beitragen kann. Hier wird das öffentliche Sprechen und der Mut zum öffentlichen Diskurs, eine wichtige demokratische Kernkompetenz, früh geübt und gelernt.

Eine Schule, die nicht jede Woche Gutes zu loben weiß, hat eine Woche falsch gelebt!

Die Schulversammlung beginnt nach einer musikalischen Einführung mit dem Lob. Alle, die jemanden loben möchten, kommen auf die Bühne. Manchmal bildet sich eine regelrechte Schlange. Da loben Kinder ihre Mitschüler, Lehrer ihre Schüler – und umgekehrt! »Das ist ein ganz tolles Erlebnis, eine schöne Bestätigung für einen selbst und seine Arbeit«, findet die Mittelstufenleiterin Jenni Leonhard. »Es zeigt mir immer wieder, dass es die Mühen wert ist, zum Beispiel wenn es bei einem Schüler eine Krise zu Hause gibt und ich mit ihm mitleide und dann höre, dass er mir dankbar dafür ist und es ihm geholfen hat.« Es werden aber auch vermeintlich kleine Dinge anerkannt, etwa »Mathilda hat mir in der letzten Stunde so toll Algebra erklärt« oder »Die Jungs, die diese Woche mit Putzen dran sind, waren besonders gründlich«. Auch unser rühriger Hausmeister, von Schülern oft als »Der Mann, der alles kann« bezeichnet, wird regelmäßig gelobt. »Er ist fast täglich auf unserem Schulgelände aktiv und zeigt trotz anstrengender Arbeit niemals Müdigkeit oder schlechte Laune. Welch ein Glück, dass SIE bei uns sind!«, heißt es dann.

»Manche denken, es sei nicht so wichtig, solche lobenden Worte auszusprechen«, sagt Clara auf einer Lehrerfortbildung. »Aber es ist eine ganz schöne Herausforderung, sich vor die ganze Schule zu stellen und das zu sagen. Das weiß auch jeder an der Schule, glaube ich. Und wenn man dann selbst gelobt wird, freut man sich einfach, und es ermutigt einen, Dinge noch mal zu tun.« In Deutschland ist eine Anerkennungskultur nicht besonders ausgeprägt. Aber ein respektvoller und anerkennender Umgang lässt sich etablieren!

Du hast Besonderes geleistet. Du hast trotz deiner schwierigen gesundheitlichen Situation nicht aufgegeben und bist jeden Tag um 8 Uhr in der Schule gewesen. Mutig hast du in der Klasse über deinen verschobenen Schlafrhythmus und die therapeutischen Maßnahmen berichtet.

Auszeichnung an der esbz

145

Gerade an einer Schule, an der Lernen auf individuellen Wegen stattfindet, liegt es auf der Hand, dass alles, was Einzelne Besonderes können und leisten, gesehen und anerkannt wird und werden muss. Eine Schule, die eine Kultur des Lobes bewusst pflegt, weiß – ohne Standards zu unterlaufen – jede Woche hinreichend viel zu loben. »Die Schulversammlung prägt auch das Schülermiteinander«, ergänzt Jenni Leonhard, »weil das vor allem eine Versammlung ist, bei der Schüler etwas für Schüler tun.«

Die Schulversammlung wird von den Klassen im Wechsel organisiert. Das heißt, schon Siebtklässler lernen, eine solche Veranstaltung zu organisieren und zu moderieren. Feste Elemente außer dem anfänglichen Lob sind: »Speak your Mind«. Hier darf jeder auf die Bühne kommen, um Kritik zu üben und Verbesserungsvorschläge zu machen – ein wichtiges Training dafür, öffentlich Courage zu zeigen und auch Dinge anzusprechen, die nicht so gut laufen. Alle singen gemeinsam das Lied der Woche, das die Schüler zuvor in ihren Klassenstunden einstudiert haben. Und für alle Geburtstagskinder der Woche, die nach vorne auf die Bühne geholt werden, schmettert das Plenum »Happy Birthday«. Einige Schüler bereiten Fürbitten vor, die sie beispielsweise für die Opfer der Katastrophe in Fukushima sprechen. Und alle gemeinsam beten das Vaterunser – nachdem es zuerst auf der Bühne von einem Kind in einer fremden Sprache vorgetragen wurde (jede Woche in einer anderen Sprache, wir sind bei 19 Sprachen angelangt).

Und schließlich hat jeder die Möglichkeit, etwas beizutragen, was er sich selbst überlegt hat. Da steht dann Antonia, eine Elftklässlerin mit einer unglaublichen Stimme, auf der Bühne und singt mit vier Siebtklässlern »Oh happy day«, dass uns die Tränen in den Augen stehen. Oder zwei Jungs bringen mit ihrem rhythmi-

Du verdienst ein dickes Lob für deine Unterstützung der neuen Siebtklässler in unserer Klasse. Du hast ihnen den Übergang in unsere Schule erleichtert, indem du ihnen alles gezeigt, erklärt und immer wieder Mut gemacht hast.

Auszeichnung an der esbz

schen Beatboxing alle zum Jubeln. Neulich hat eine Schülerin für eine Freundin ein Lied zum Geburtstag gesungen, das sie selbst gedichtet hatte. Eigentlich ein sehr selbstbewusstes Mädchen, aber die Aufregung war ihr anzusehen. Danach haben alle dreimal geklatscht – solchen Applaus bekommt bei uns, wer besonders mutig ist. Dafür gibt es meist noch einmal ein großes Lob.

Dadurch, dass die wöchentliche Versammlung ein festes Lernarrangement ist, bietet es auch Raum für mehr: Es können Projektergebnisse vorgestellt, Ergebnisse aus der Herausforderung gezeigt oder auch eine Lesung veranstaltet werden. Da wird der 100 000. Baum gefeiert, den die Kinder im Rahmen ihres Versprechens auf dem eigenen Schulhof pflanzen. Da werden »Menschen mit Botschaften« eingeladen, um von ihren Erfahrungen zu berichten. Und das Format bietet der Schulleitung die Möglichkeit, rasch und unkompliziert Dinge anzusagen oder auch eine außerordentliche Versammlung einzuberufen.

Zum Halbjahres- und zum Schuljahresende wird die Schulversammlung zur Auszeichnungsversammlung, dann gibt es besonderes Lob in Form von Urkunden. Und beim Verantwortungsfest, dem Abschlussfest vom Projekt Verantwortung, werden besondere Leistungen von Kindern, die Verantwortung gezeigt haben, gefeiert. »Ich bin da sehr mit meinem Herzen dabei, aber für mich ist ein Lob genauso wichtig, wie eine Auszeichnung zu überreichen«, sagt Mandy Voggenauer. »Aber für die Kinder ist es schon wichtiger, eine Urkunde zu bekommen, denn die ist sichtbar, die können sie der Oma zeigen und abheften, daran kann jeder sich Monate später noch mal erfreuen.« Auch alle Lehrer werden bei der Auszeichnungsversammlung von der Schulleitung ausgezeichnet.

Loben hat sehr viel mit dem Selbstkonzept zu tun: Was kann ich? Was sind meine Stärken? Aber auch die Schwächen auszuloten und zu merken, dass man hier Fehler machen und daraus lernen darf. Wichtig ist für mich, dass das Lob echt ist und der andere merkt, dass es von Herzen kommt.

Mandy Voggenauer, Lehrerin für Naturwissenschaften

Es ist sehr schön zu beobachten, wie die Schüler von Mal zu Mal mutiger werden und sich trauen, bei der Schulversammlung nach vorne auf die Bühne zu gehen. In der Regel sind übrigens die Schüler mutiger als die Lehrer. Ein Lehrer geht zwar auf die Bühne und macht mühelos eine Ansage, aber dort etwas von sich persönlich zu sagen, das ist für viele schon ein großer Schritt. Und wenn das vorkommt, ist höchste Aufmerksamkeit im Raum.

Und was ist Ihr EduAction-Plan?

....

....

....

....

....

....

....

....

....

....

....

....

....

....

....

Naturerfahrung und Gemeinschaft: Neue und fast vergessene Wege zur Potenzialentdeckung

Natur kann man nicht aus zweiter Hand erfahren. Im Fernsehen ist der Bach nicht nass, der Waldboden duftet nicht, da fehlt die sinnliche Erfahrung. Wer schon einmal Kinder beim Spielen in der freien Natur beobachten konnte, der wird gesehen haben, was für ein Experimentierfeld voller Schätze sie für sie ist. Wenn jedoch diese Primärerfahrung fehlt, fehlen auch die entsprechenden Bahnen im Gehirn – nach dem Prinzip: »Use it or loose it«. Und in genau diese Richtung droht sich unsere Gesellschaft mit zunehmender Mediatisierung zu entwickeln. Es wächst bereits eine Generation heran, in der es Kinder gibt, die aus erster Hand nur noch Technikerfahrungen machen und deren Kontakt mit der Natur – wenn es ihn denn überhaupt noch gibt – sich auf gelegentliche Besuche im Park oder im Streichelzoo beschränkt.

Richard Louv, der US-amerikanische Umweltaktivist und Autor des wachrüttelnden und für manchen vielleicht auch provozierenden Buches *Das letzte Kind im Wald?*[25], hat dafür den neuen Begriff »Natur-Defizit-Störung« geprägt. In seinem Buch, für das er mit 3000 Kindern und Eltern gesprochen hat, beschreibt er eine Generation, die sich zwar mit Umwelt- und Klimaschutz beschäftigt und sich im Internet über die Abholzung des Regenwaldes informiert, die aber kein ungestörtes, selbstmotiviertes Spielen in der freien Natur, kein von Erwachsenen unreglementiertes Herumstromern in Wald und Wiesen kennt.

Er erklärt, wie die Natur die Kreativität und Neugierde fördert, die Wahrnehmung schärft und wie sie dazu beiträgt, dass ein Kind die in ihm angelegten Potenziale entdecken, spielerisch ausprobieren und entwickeln kann. Und er weist darauf hin, dass die Forschung zunehmend einen Zusammenhang zwischen unserer mentalen, körperlichen und spirituellen Gesundheit und primären positiven Naturerlebnissen herstellt. Schließlich beschreibt er aber auch Maßnahmen, die wir ergreifen können, und nennt Best-Practice-Beispiele. In den USA, wo es zugegebenermaßen weitaus größere Probleme mit Fettleibigkeit schon bei Kindern gibt, hat sein (bereits 2005 erschienener) Bestseller die sogenannte »No Child left inside«-Bewegung befeuert, die sich dafür starkmacht, Kindern eine solche Draußen-Erfahrung und Natur-Alphabetisierung zu ermöglichen.

Mit dem Projekt Herausforderung hat die esbz bereits Räume geschaffen, die Jugendlichen Naturerfahrung ermöglichen können. Vorausgesetzt natürlich, sie haben eine entsprechende Aufgabe gewählt – wie 2010 die elf Jungen, die 380 Kilometer auf dem Benediktusweg in Thüringen wanderten. Oder David und Merlin, die drei Wochen in den Alpen verbrachten: »Die beiden befinden sich gerade in der wahrscheinlich intensivsten Phase ihrer Herausforderung«, mailte Timothy Campling, Vater des einen Jungen. »Sie leben seit einigen Tagen in ihrem selbst gebauten Unterschlupf im Wald und ernähren sich von dem, was sie dort finden und was sie in den Wochen davor gelernt haben. Sie sind wohlauf und begeistert und melden sich täglich.«

Drei andere Jungs halfen in Südfrankreich, wo es einen Flächenbrand gegeben hatte, Hunderte Bäume zu entkohlen, damit diese wieder ausschlagen können. In Berlin können sie nicht ohne ihre Handys leben, aber dort gab es keinen Empfang. Und in der Steinhütte, in der sie drei Wochen abseits der Zivilisation wohnten, gab es weder Strom noch warmes Wasser. Anschließend erzählten sie, es wäre großartig gewesen und es hätte ihnen dort gar nichts gefehlt.

Spiele nehmen den Kindern die Berührungsängste: Wenn wir Räuber und Gendarm spielen, rennen sie durch den Wald und springen über Sträucher, wo sie sonst auf dem Weg geblieben wären. Oder sie verstecken sich hinter einem Strauch und bleiben auch dann sitzen, wenn etwas über sie drüberkrabbelt, weil sie nicht entdeckt werden wollen. So erweitern wir die Komfortzone.

Annika Mersmann,
Wildnispädagogin

Um solche Erfahrungen auch im Schulalltag zu ermöglichen, hat die esbz eine Sozialpädagogin mit Zusatzqualifikation Wildnispädagogik eingestellt, die an drei Tagen pro Woche einen Kurs Naturverbindung und Gemeinschaft anbietet. »Am Anfang, als ich Leute kennengelernt habe, die in einem Tipi überwintern wollten, habe ich mich gefragt: Wofür braucht man das überhaupt?«, gibt Annika Mersmann zu. »Man kann sich auch fragen: Wozu soll ich Vögel kennen, was bringt mir das?« Sie selbst ist als Kind zu den Pfadfindern gekommen, leitete als Jugendliche eine eigene Gruppe und lebte als Erwachsene ein Jahr lang in den USA in der Wildnis – mit sechs anderen mutig Entschlossenen und sehr eingeschränkter Ausrüstung. Heute sagt sie: »Was ich erkenne, im Herzen, nicht vom Kopf her, damit fühle ich mich verbunden. Es ist, als habe ich plötzlich ganz viele Anker um mich herum, die mich erden, die mich einen Moment innehalten lassen.« Wildnispädagogik bedeutet für sie, die Verbindung zur Natur, zu sich selbst und zu ihren Mitmenschen zu stärken. An der esbz arbeitet sie daran in verschiedenen Formaten.

Es geht um einen achtsamen Umgang mit der Natur, der eine Verbindung mit ihr ermöglicht anstelle ihrer Kriminalisierung, die an immer mehr Orten zu beobachten ist: etwa im Naturschutzgebiet, wo man nichts berühren, oder in der Grünanlage, die nicht betreten werden darf.
Annika Mersmann,
Wildnispädagogin

Jugendliche der Stufe 7 bis 9 können Naturerfahrung als wöchentlich zweistündige Werkstatt wählen. Das stellt die Pädagogin vor die Herausforderung, Natur in der Stadt erlebbar zu machen – die esbz liegt im Zentrum Berlins –, doch das geht besser, als man vermuten würde. Da wird beispielsweise die Frage gestellt: Was gibt es auf dem Schulhof Essbares? Die Pädagogin zeigt den Kindern Brennnesseln, Lindenblätter, Spitzwegerich, Weißen Gänsefuß, daraufhin machen sie sich selbst auf die Suche. »Ein Junge hat sogar eine Meerrettichwurzel gefunden, da war ich beeindruckt«, sagt Annika Mersmann. Das Gefundene wird anschließend gemeinsam gegessen. An einem anderen Tag soll die Gruppe sich vorstellen, dass ein Klassenkamerad ins Wasser gefallen ist und sie dafür sorgen müssen, dass er sich wieder aufwärmen und die Kleider trocknen kann. Dann wird auf dem Schulhof Holz gesammelt, und die Kinder probieren, mit einem Feuerstein ein Feuer zu entfachen. »Wenn das nicht gleich klappt mit dem Feuerbohrer, geben manche auf«, erzählte Annika Mersmann. »Aber wenn sie sehen, dass es bei einem anderen klappt, probieren sie es oft noch mal.«

Am Mittwoch und Donnerstag hat die Pädagogin jeweils fünf Stunden Zeit und kann mit den Schülern in ein großes Waldstück an der Spree fahren. »Neulich haben wir gelernt, wie man eine Hütte baut, in der man ohne Schlafsack warm bleibt«, erzählt der Siebtklässler Laslo, der auch bei den Pfadfindern ist. »Das braucht man vielleicht nicht unbedingt in der Großstadt, aber ist sicher sehr praktisch, wenn man sich auf einer Wanderung verläuft.« Andere in der Gruppe stoßen in der Natur schnell an die Grenzen. »Sie fallen dann leicht in eine Opferrolle: Es ist kalt, oder irgendetwas klappt nicht, wie es soll«, sagt Annika Mersmann. »Sie suchen Gründe im Außen, anstatt zu sagen: Wir schaffen das jetzt, wir finden das heraus und tun, was dafür nötig ist!« Durch den Kurs – so hofft sie – wird die Eigeninitiative stetig größer. Gemeinsam mit Eltern hat Annika Mersmann einen Arbeitskreis Naturverbindung gegründet, der den Schulhof mitgestalten wird. Eine erste Idee war, Bienen auf dem Schuldach zu halten.

Angeregt durch einen Workshop der Sinn-Stiftung, in dem es um Potenzial-Coaching, systemische Natur- und Erfahrungspädagogik und natürliches Lernen in Gemeinschaft und um Aktiv-Höfe ging, entstand die Vision, für unsere Schule solch einen Aktiv-Hof zu gestalten. »Dort nämlich bietet sich die Gelegenheit, Natur in Gemeinschaft zu erfahren und immer besser zu verstehen und daraus auch wieder sich selbst zu verstehen«, beschreibt es Annette Frauendorf.

Der Geschäftsführer der Sinn-Stiftung, Christian Rauschenfels, arbeitet gemeinsam mit Partnern an der Entwicklung eines Netzwerkes solcher Aktiv-Höfe als Orte für Potenzialentfaltung, die für alle Kinder und Jugendlichen im deutschsprachigen Raum zugänglich sein sollen. Schulen sind eingeladen, mit Unterstützung der Stiftung und weiteren Partnern eigene Lernorte als Schulerweiterung für Natur-, Gemeinschafts-, Körper- und Bewegungserfahrungen sowie Selbstwirksamkeits- und Bedeutsamkeitserfahrungen zu schaffen.

Die Sinn-Stiftung hat mit dem geschichtsträchtigen Jägerhof bei Potsdam an der ehemaligen DDR-Grenze bereits einen Ort gefunden, an dem wir mitarbeiten können. Das NaturKulturGut Jägerhof ist Weltkulturgut im Schlösserensemble mit Sanssouci bei Potsdam. Dort renovieren Jugendliche gemeinsam mit Handwerkern das denkmalgeschützte Gebäude des berühmten Architekten Schinkel, richten eine Nähwerkstatt ein, wollen Tiere halten und können Naturerfahrungen im umgebenden Wald und auf der nahe gelegenen Havel machen. Auf dem Gelände können auch Permakultur und die Prinzipien von Blue Economy praktisch erforscht werden.

Auf einem Aktiv-Hof verbringt man gemeinsame Tage, nicht Schultage. Die Schüler erleben sich dort ganz anders, und auch wir als Lehrer erleben die Schüler ganz anders, nämlich von allen Seiten, nicht nur von ihrer Schülerseite. Dadurch erspürt man Potenziale sehr viel schneller.

Anna van der Linden, Lehrerin für Deutsch und Geschichte

Grundgedanke beim Projekt Aktiv-Hof: das Lernen an vorhandenen Bedürfnissen

Die Lehrerinnen Annette Frauendorf und Anna van der Linden befassen sich intensiv mit der Aktiv-Hof-Idee, unterstützt werden sie dabei von einer Mitarbeiterin der Sinn-Stiftung und von interessierten Schülern, die sich an der Entwicklung eines Konzeptes beteiligen. In unserem Verständnis ist der Aktiv-Hof ein noch ungestalteter Raum, in dem vieles möglich ist und sich Ideen der Schüler, aber auch der Lehrer, Eltern und Kooperationspartner umsetzen lassen. Hier wird Lernen an Bedürfnissen unmittelbar möglich, dadurch, dass sich Themen aus der Umgebung heraus stellen und so Dinge gelernt werden können, die im Unterricht nie eine Rolle spielen. »Es ist eine Möglichkeit für die Kinder, ihre eigenen Interessen kennenzulernen und Stärken herauszufiltern«, sagt Annette Frauendorf. Und Anna van der Linden nennt ein Beispiel: »Wenn ich eine Schlafunterkunft bauen möchte, muss ich beim Bürgermeister einen Antrag stellen, mich beim Bauamt nach Vorschriften erkundigen, ich muss das Grundstück vermessen, Planungsrichtlinien lesen und verstehen, formale Briefe schreiben.« Das sind alles Dinge, die die Schüler sonst losgelöst vom Gegenstand lernen. Hier ist es mit einem konkreten Ziel verbunden, das Lernen wird nachhaltiger.

Das Lernen auf einem Aktiv-Hof ist gar kein Lernen mehr im herkömmlichen Sinn, sondern dort lebt man und kann einfach sein. Im Jetzt sein.

Annette Frauendorf, Klassenlehrerin

»Die grundsätzliche Überlegung ist natürlich: Wie organisiert man das Lernen außerhalb der Schule?«, sagt Anna van der Linden. Je nachdem, wie erreichbar ein solcher Hof ist, ließe sich dort an Projekttagen arbeiten, oder man müsste über einen längeren Aufenthalt nachdenken, etwa als Projekt Herausforderung. Eines steht fest: Wir wollen Potenzialentfaltungsräume eröffnen und den unterschiedlichen Schülertypen und Bedürfnissen gerecht werden. Wichtig ist: Der Aktiv-Hof soll nicht nur für Kinder mit Auffälligkeiten da sein, sondern für alle Schüler der esbz.

An der Montessori-Oberschule Potsdam kultivieren bereits seit drei Jahren alle Schüler der 7. und 8. Klassen eine Woche im Monat das verwahrloste Grundstück eines ehemaligen Stasi-Ferienheims am Schlänitzsee. Sie räumen auf, vermessen, bauen, pflanzen, ernten und kochen. Von solchen Projekten brauchen wir mehr!

Und was ist Ihr EduAction-Plan?

....
....
....
....
....
....
....
....
....
....
....
....
....
....
....

Tipp:

- Die Sinn-Stiftung initiiert und unterstützt programmatisch den Aufbau von Aktiv-Höfen und ähnlichen Mitmach-Orten. Mit der Initiative »Natur verbindet!« soll ein bundesweites Bündnis für Projekte und Programme im Bereich Naturverbindung und Potenzialentfaltung aufgebaut werden; www.sinn-stiftung.eu/initiativen/orte-fuer-Potenzialentfaltung/aktiv-hoefe/index.html

Alle ins Ausland: Wie Heranwachsende Weltentdecker und Weltbürger werden

Wir wollen Schule gestalten als Ort der interkulturellen Begegnung, der interkulturellen Erfahrungen, des interkulturellen Lernens, des interkulturellen Verstehens, der interkulturellen Achtung.

aus dem Schulprogramm der esbz

Wer die Geschichte hört, wie unsere Partnerschaft mit Dhaka, Bangladesch, zustande kam, der mag uns kaum glauben. Im Frühsommer 2011 bekam die Schulleitung Besuch von der Leiterin des Goethe-Instituts in Dhaka. Sie erzählte von der Initiative »Schulen: Partner der Zukunft« (PASCH) vom Auswärtigen Amt, die darauf abzielt, Jugendliche in aller Welt für die deutsche Sprache und Kultur zu interessieren. Dafür werden Schulen gewonnen, die Deutsch als Fremdsprache unterrichten, wozu erst einmal Lehrer ausgebildet werden müssen. Das Goethe-Institut bietet diese Ausbildung kostenlos an. Die Leiterin des Goethe-Instituts in Dakha war nun auf der Suche nach Partnern in Deutschland, um den Nachwuchslehrern und den Schülern einen Austausch mit Muttersprachlern zu ermöglichen. Sie dachte dabei an E-Mail oder Skype. Wir dachten: Eine tolle Chance für unsere Elftklässler und unser Projekt »Alle ins Ausland«! Daraus könnten wir ein richtiges Programm entwickeln!

Transport und Kommunikation funktionieren in Bangladesch gar nicht, das ist Chaos. Man sollte Gelassenheit mitbringen.

Wakilur Rahman, Künstler aus Bangladesch, der zeitweise in Berlin lebt

Vier Wochen später besuchte die Schulleiterin die Oxford International School (OIS) in Dhaka, die größte Schule der Stadt, mit einem visionären, fortschrittlichen Direktor. Nach einem Vortrag vor dem Kollegium und der Schülerschaft war die ganze Schule begeistert von unserer Idee, Schüler aus Deutschland nach Bangladesch kommen zu lassen. Im Herbst fuhr Astrid Seidel, Englischlehrerin und Koordinatorin unseres Projektes Alle ins Ausland, für drei Wochen nach Dhaka, um das Programm zu entwickeln. »Unsere Schüler werden die Lehrerausbildung dort unterstützen, indem sie Hörtexte einsprechen, im Unterricht dabei sind, mit Schülern in kleinen Gruppen arbeiten. Die Lehrer dort sind noch sehr jung, die freuen sich über junge Leute, mit denen sie sich auf Deutsch unterhalten können.«

Zwei wunderbare Vorhaben entstanden bereits in den Anfängen unseres Austauschs mit dem Schulleiter: Seine Schule wird das Projekt Plant for the Planet übernehmen und das Projekt Verantwortung einführen. Mit »Education is the Key« haben wir gemeinsam ein Bildungsprojekt für Kinder aus den Slums erdacht, das es ihnen ermöglichen soll, am Nachmittag an der Oxford International School von Schülern unterrichtet zu werden. Während dieser Zeit müssen sie von ihrer Arbeit in den Sweatshops freigestellt werden. Das Geld, das ihren Familien dadurch fehlt, wollen wir in Deutschland durch Spenden und Arbeit aufbringen.

Bangladesch ist ein Land, in dem es kaum Tourismus gibt. Man sieht kaum Fremde auf der Straße, und wenn, sind das meist Leute von NGOs oder den Botschaften. Deshalb begrüßen unsere Gastgeber es sehr, dass wir kommen, um uns Land und Leute anzuschauen.

Astrid Seidel, Lehrerin

Sich mit dem Fremden anfreunden

Die Idee ist so simpel wie gut, die Umsetzung wird aber noch so manche Herausforderung mit sich bringen. Man muss dazu wissen: Ein solches Programm an einer Schule zu initiieren, auf die nur Kinder aus sehr reichen Familien gehen, ist sehr mutig. In Bangladesch ist es üblich, dass die Oberschicht Dienstboten aus den Slums hat. »Ich war mit dem Direktor in einer Deutschklasse, und er hat den Kindern auf Bangla gesagt: ›Das ist Frau Seidel aus Deutschland, und sie findet es merkwürdig, dass Kinder hier arbeiten und nicht in die Schule gehen können. Was sagt ihr dazu?‹«, erzählte unsere Koordinatorin. »Ein elfjähriges Mädchen hat daraufhin gesagt: ›Wieso, ich habe auch eine zehnjährige Maid. Die war noch nie auf der Schule. Wenn ich nach Hause komme, nimmt sie mir meine Tasche ab, zieht mir die Schuhe aus und macht mir Essen.‹« Die Zusammenarbeit wird allen Beteiligten einiges abverlangen. Wir sind sehr gespannt auf die weitere Entwicklung. Die erste Gruppe Elftklässler will im Februar 2012, während ihres fünfwöchigen Aufenthaltes an der OIS, ihr Bestes geben, das Projekt voranzubringen.

»Ich finde es interessant, eine ganz andere Kultur und Vorstellung vom Leben kennenzulernen«, sagt Tim beim Vorbereitungstreffen. »Das ist etwas ganz anderes als die anderen Auslandsaufenthalte.« Timothy rechnet mit einem ziemlichen Kulturschock: »Bangladesch ist ja eines der ärmsten Länder der Welt.« Er hofft, eine Fabrik besuchen zu können, in der Kinder arbeiten. »Ich möchte sehen, wie unsere Klamotten dort hergestellt werden.«

Berlin ist ein Dorf im Vergleich zu Dhaka. Hier auf eurem Schulhof kann man Vögel und Hasen beobachten, und wenn ich am Sonntagvormittag in Berlin an der Ampel stehe, bin ich manchmal der Einzige. Wenn du dort 100 Meter läufst, hast du Körperkontakt mit 100 Menschen.
Wakilur Rahman, Künstler

Seine Klassenkameradin interessiert hingegen, ob es stimmt, dass Frauen in Bangladesch immer noch unterdrückt werden. »Frauen haben dort weiterhin einen schweren Stand«, sagt Astrid Seidel. »Ich weiß, dass ich so manches Mal meine Meinung nur deshalb laut sagen durfte, weil ich ein blasser Gast aus dem reichen Europa war.« Nicolas erhofft sich von seiner Reise nach Bangladesch etwas Ähnliches wie vom Projekt Herausforderung: »Dass es eine krasse Erfahrung wird und ich da viel Mut sammeln kann.« Er freut sich darauf, Englisch zu sprechen, und auf ein Land, dessen Kultur ihm überhaupt nicht vertraut ist. »Wenn es anstrengend wird, muss ich halt damit leben. Nachher ist man einfach viel glücklicher, als wenn man gesagt hätte, ich mach es nicht. Ich kann mir vorstellen, dass es eine coole Zeit wird.«

»Als ich aus Dhaka wiederkam, war ich erst mal skeptisch. Das ist schon harter Tobak«, sagte unsere Koordinatorin, die selbst schon viel gereist ist. Klima, Kleidung, Sprache, Essen, Verkehrschaos – alles wird ungewohnt sein. Bangladesch ist nicht nur weit weg, sondern in vielerlei Hinsicht eine Herausforderung. »Die Schüler müssen sich benehmen können, müssen damit umgehen können, dass die Dinge dort nicht wie bei Mutti sind«, sagt Astrid Seidel. Sie wird die Gruppe in den ersten drei Wochen betreuen, wozu auch tägliche Gespräche über das Erlebte gehören, die restliche Zeit bleiben die Schüler in der Obhut ihrer Gastfamilien. »Es ist nicht nur wichtig, dass man ohne Vorurteile in ein anderes Land fährt, sondern auch, dass man psychisch in der Lage ist, Eindrücke zu verarbeiten«, sagte Astrid Seidel und deutet damit auch die Notwendigkeit einer gründlichen Vorbereitung an.

Der Schulleiter wird die Gastfamilien briefen und ihnen zum Beispiel erklären, dass Mädchen bei uns einen anderen Status haben, dass das Verhältnis zwischen Jungs und Mädchen ein anderes ist und dass es keinesfalls beleidigend gemeint ist, wenn unsere Schüler versehentlich mit der linken Hand essen. Der Rest wird sich dann im Alltag zeigen, wenn sie aufeinander losgelassen sind.

Astrid Seidel,
Projektverantwortliche

Vertrautes gibt uns Menschen, zumal den Kindern, Sicherheit, von Vertrautem erwarten wir Schutz. Was jenseits des Vertrauten liegt, wird als das Fremde empfunden. Und das Fremde kann schnell als das Feindliche angesehen werden. Die Welt befindet sich heute in einem radikalen Veränderungsprozess. Nie zuvor waren die Lebenswelten der Menschen auf unserem Planeten derart verbunden und voneinander abhängig wie heute. In der Welt des 21. Jahrhunderts, im globalen Zeitalter, in der entgrenzten Welt, in der Welt der Wanderungsbewegungen, ist es kein erfolgreiches Lebens- und Überlebensmodell, sich nur dem Vertrauen anschließen zu wollen. Nie war es daher wichtiger als heute zu lernen, sich auch beziehungsweise gerade für nicht Vertrautes zu öffnen. Im 21. Jahrhundert gilt eine andere, eine aufschließende Erwartung: sich mit dem Fremden anzufreunden.

Das Motto der esbz lautet: protestantisch – mutig – welt-offen

Interkulturelles Verständnis, das für diese Öffnung Voraussetzung ist, lässt sich allerdings über den Kopf allein kaum befördern. Die traditionellen Formen und Inhalte des Lernens werden der neuen Komplexität und Dynamik gesellschaftlicher Verhältnisse in einer zusammenwachsenden Welt kaum gerecht. Wenn mir das Fremde zum Freund werden soll, wenn ich aus der Ent-Fremdung in die Be-Freundung hineinkommen will, dann muss ich in andere Kulturen eintauchen. Literatur, Filme, Internet können dabei hilfreich sein. Doch für das Verstehen und die Verständigung, für das Be-Greifen, die zivilisatorische Alternative zum An-Greifen, sind Realbegegnungen mit Menschen und ihren kulturellen Besonderheiten unersetzlich.

Einstimmiger Beschluss der Schulkonferenz war es daher, dass alle Schüler in der Pflichtschulzeit die Möglichkeit haben sollen, Lebens- und Lernzeit in einer fremden Kultur zu verbringen. Wer die Schule bereits nach der Sekundarstufe I verlässt, kann eine der Herausforderungen für einen Auslandsaufenthalt nutzen. In dieser Zeit sollen sich die Schüler möglichst in einem sozialen oder ökologischen Projekt engagieren und in einer Gastfamilie leben. Auf diese Erfahrung wird in vielerlei Weise eingestimmt und vorbereitet: In der 7. und 8. Klasse übernehmen die Schüler Verantwortung im Gemeinwesen, in der 8. bis 10. Klasse suchen und bewältigen sie jedes Jahr eine dreiwöchige Herausforderung außerhalb Berlins. Wir laden junge Menschen, die sich in einer anderen Kultur engagiert haben, ein, und sie erzählen von ihren Erfahrungen. Es ist Anspruch der Schulgemeinde, alles dafür zu tun, dass kein Schüler aus finanziellen Gründen an dieser Auslandszeit nicht teilnehmen kann.

Wie finden die Jugendlichen ihre Projekte? Manchmal durch schier unglaubliche Zufälle.

Einige unserer Elftklässler haben selbst Kontakte oder wollen lang ersehnte Visionen realisieren. Für andere bauen wir einen Ideenpool auf. Dazu nutzen wir alle unsere Netzwerke: das Kollegium, die Eltern, Projektpartner, Stiftungen, Institutionen, Studierende wie Dimitros, der selbst zweimal ein Workcamp in Südafrika mitgemacht und dort einen Kindergarten mit aufgebaut hat. Er hat so authentisch davon berichtet, das sich spontan eine Gruppe Zehntklässler gefunden hat, die sich im Herbst 2012 dort engagieren wollen. Dimitros wird sie in der Vorbereitung coachen.

Vielen, vielen Dank, dass ich auf der esbz die Möglichkeit habe, meine Idee zu verwirklichen. Das ist eine tolle Chance, die einem bestimmt nicht überall geboten wird!

Leoni, 11. Klasse

Antonia ist aufgeregt und glücklich, dass sie sich drei Monate auf Teeplantagen in Darjeeling engagieren kann und dabei durch die Teekampagne unterstützt wird. Agnes wird in Argentinien auf einer Permakultur-Plantage mitarbeiten. Schier unglaublich ist die Geschichte, wie Rosalie eine Familie in ihrem Wunschland fand: Am ersten Tag des neuen Schuljahres 2011/2012 stand unangemeldet eine Familie aus Tansania, die gerade eine Deutschlandreise machte, im Büro der Schulleiterin. Eines ihrer vier Kinder wollte gern einige Monate in eine deutsche Schule gehen und hatte im Internet die esbz gefunden. Die Schulleiterin bat die Familie, am Nachmittag zur Einschulungsfeier wiederzukommen, weil sich dort vielleicht gleich eine Familie finden würde, die ihren Sohn Christopher für drei Monate aufnehmen könnte.

Am selben Tag, auf dem Weg vom Gottesdienst in die Schule, sprach die Elftklässlerin Rosalie die Schulleiterin an, ob sie nicht einen Kontakt nach Tansania habe. Ihr Traum sei es, drei Monate dorthin zu gehen. Welch ein großartiger Zufall! Noch am selben Nachmittag lernten sich Rosalies Familie und die tansanischen

Besucher kennen. Im Januar 2012 fuhr Rosalie, die zuvor fleißig Suaheli lernte, nach Tansania, und Christopher lebte zeitgleich bei Familie Wewerke in Berlin.

Für Leoni bieten die drei Monate »Alle ins Ausland« eine hervorragende Chance, ihr Projekt »Wolfskinder« zu realisieren. »Wolfskinder nennt man die Kinder, die gegen Ende des Zweiten Weltkriegs alleine oder in kleinen Gruppen vor der Roten Armee quer durch Deutschland geflohen sind«, schreibt die Schülerin in ihrer Projektbegründung. »Mich haben die Schicksale dieser Kinder so sehr fasziniert, dass ich eine Zeitzeugin gesucht und gefunden habe, die bereit war, mit mir über ihre Erlebnisse zu sprechen. Sie ist als Kind mit ihren Freunden von Tschechien nach Berlin geflohen und hat dabei Unglaubliches erlebt. Ich habe mir überlegt, dieses Thema kreativ zu interpretieren, und zwar in Form eines Films.« Leoni will – auch als besondere Lernleistung für das Abitur – selbst ein Drehbuch schreiben, ein Storyboard erarbeiten, Drehorte finden, Kostüme entwerfen, Sponsoren und Mitarbeiter organisieren, Schauspieler casten, Regie führen, vielleicht selbst eine Rolle übernehmen und den Film schneiden. Allein die Vorbereitung für all das wird sehr viel Zeit, Kreativität und Konzentration brauchen. »Die Schule gibt mir mit ›Alle ins Ausland‹ die Chance, mich vollkommen auf dieses Projekt einzulassen, mir die Originalschauplätze in Tschechien und Deutschland anzusehen, geeignete Drehorte zu finden und das Drehbuch zu beenden.«

Und Shana wird in ein kleines kolumbianisches Dorf reisen, wo sie nicht nur drei Monate lang die Arbeit der gemeinnützigen Organisation Fundación Viracocha unterstützen, sondern auch ihre eigenen Wurzeln entdecken will. »Ich bin in Kolumbien geboren. Mein Vater ist Kolumbianer und wohnt immer noch in San Agustín. Weitere Familienmitglieder von mir wohnen ebenfalls dort, die ich bisher noch nicht persönlich kenne«, erzählt sie. »Das wird, glaube ich, eine viel schwierigere Aufgabe für mich, als das Projekt zu bewältigen.« Dennoch freut sie sich auf die neuen

Leute, die andere Kultur, die Sprache, Musik, Tänze, die Natur und darauf anzupacken. »Was ich dort genau machen werde, erfahre ich erst vor Ort. Vielleicht werde ich in der Küche helfen, im Garten, beim Aufbau des Bauernhofes, bei der Hausaufgabenhilfe. Ich bin offen für alles.«

Jeder Tag, den die jungen Weltbürger im Ausland verbringen, wird sie mit unterschiedlichen Bildern und Eindrücken beschenken. Sie werden Herausforderungen meistern, Sprachbarrieren überwinden, Konflikte lösen, Verhaltensmuster hinterfragen, mit Klischees konfrontiert sein und eigene überdenken. Mit dem Ausschwärmen in die Welt nehmen sie die Verantwortung mit, ihre Erfahrungen nach der Rückkehr mit der Schulgemeinde zu teilen.

Wir werden diese Erfahrungen auswerten und aufarbeiten, daraus lernen und sie in alle Lernfelder des Schullebens einfließen lassen. So rechnen wir damit, von Jahr zu Jahr weitere eigene Partnerschaften wie die mit Dhaka aufbauen zu können. Die esbz ermutigt die Schüler, sich ein Projekt im Ausland zu suchen, für das sie sich begeistern. Im Vordergrund steht dabei der Inhalt, nicht die Dauer.

Die Stiftung Welt:Klasse beispielsweise organisiert betreute Lernaufenthalte in Entwicklungs- und Schwellenländern. Vier Schüler fahren im Februar 2012 in Kooperation mit Welt:Klasse nach China. Sie arbeiten dort mit Jugendlichen der südchinesischen Provinz Yunnan in einem Wiederaufforstungsprojekt, sind in chinesischen Gastfamilien untergebracht, erkunden per Fahrrad die Region. Die esbz wird per Videokonferenz in die Projektwochen in China eingebunden. Der China-Gruppe ist es durch hohen Einsatz und die Beratung durch eine Fundraising-Expertin gelungen, in nur zwei Monaten mehr als 7500 Euro Sponsorengelder zu akquirieren.

Meine Austausch-Schule in Kanada ist schon gut, hier kann man Fächer wie Entrepreneurship, Umweltschutz oder Leadership wählen. Trotzdem frage ich mich, ob ich auf einer Schule wie dieser immer so ein Interesse an Schule hätte wie an der esbz.

Ben, 11. Klasse

Ben hat sich für den klassischen Weg entschieden und ist für ein Jahr an eine Highschool auf Vancouver Island, Kanada, gegangen. »Ich bin nicht gut im Sprachenlernen, aber ich will gerne viele können, weil es immer besser ist, mit Leuten in ihrer Muttersprache zu sprechen, da sind sie viel offener«, erklärte er. Ihm gefällt die Freundlichkeit der Kanadier und eigentlich auch seine Gastschule. Nach ein paar Wochen merkte er allerdings: »Es läuft gut, ich komme gut mit im Unterricht, es macht auch Spaß – aber es reicht mir nicht.« Und, was für die meisten Lehrer wohl unbegreiflich sein wird: »Ich vermisse meine Schule in Berlin, ich vermisse die Projekte.« Er ließ sich einen Termin bei der Schulleiterin geben und erzählte ihr vom Projekt Verantwortung. »Sie meinte danach: Da kam grade eine Welle der Begeisterung bei ihr an«, mailte er. In Kanada engagieren sich zwar sehr viele Menschen ehrenamtlich, aber in ihrer Freizeit. Ein solches Projekt in die Schule zu integrieren könnte eine ganz andere Wirkung entfalten, zumal Schüler in Kanada ihre gewählten Fächer jeweils ein Halbjahr lang fünf Tage die Woche haben. Die Schulleiterin rief direkt nach dem Gespräch einen Schüler in ihr Büro, der in der Leadership Group aktiv ist und Ben bei der Einführung von »Projekt Verantwortung« unterstützen soll. »An der Highschool gibt es auch eine Environment Group«, berichtet Ben. »Der werde ich auch noch von Plant for the Planet erzählen.«

Aus Bangladesch erhalten wir unterdessen wunderbare Nachrichten: Neun Schüler der esbz sind Ende Januar 2012 für fünf Wochen nach Dhaka geflogen, um dort die Deutschlehrer der Oxford International School zu schulen. Anfang Februar schickte uns unsere Kollegin Astrid Seidel, die die Schüler begleitete, eine Mail mit dem Betreff: »Heute ist ein Traum in Erfüllung gegangen!« Darin schreibt sie: »Heute wurden sieben Kinder aus den Slums in unserer Partnerschule hier in Dhaka unterrichtet. Es war einfach unbeschreiblich, die kleinen Jungen und Mädchen beim Lernen zu beobachten. Alle hatten sich sehr fein gemacht und riefen mit einer unvergleichlichen Begeisterung die Antworten der Lehrerin entgegen.«

Im Gespräch mit dem Schulleiter erfuhr unsere Kollegin, dass bereits seit Dezember vergangenen Jahres zehn Kinder zweimal pro Woche unterrichtet werden. Dass das Programm »Education is the Key«, das wir ja erst im Herbst 2011 bei unserem ersten Besuch in Dhaka konzipiert hatten, so schnell und so gut angelaufen ist, macht uns sehr glücklich. Und es macht Mut, das Projekt weiterzuverfolgen und fleißig Spenden dafür zu sammeln, damit die Kinder aus den Slums weiterhin lernen können.

Und was ist Ihr EduAction-Plan?

....

....

....

....

....

....

....

....

....

....

....

....

 **Tipp:**

- Lernerfahrungen in Schwellen- und Entwicklungsländern ermöglicht die Stiftung Welt:Klasse;
  www.stiftung-weltklasse.de
- IDEM (Identity through Initiative) ist ein Netzwerk,
  das Jugendliche dabei unterstützt, Initiativen zu
  verwirklichen, sich für Sozialprojekte zu engagieren
  sowie für die Mitarbeit in Workcamps in verschiedenen Entwicklungsländern; www.idem-network.org
- Seit Anfang 2012 gibt es mit ENGAGEMENT GLOBAL
  eine zentrale Anlaufstelle für die Vielfalt des ent-
  wicklungspolitischen Engagements sowie der
  Informations- und Bildungsarbeit, initiiert vom Bundesministerium für wirtschaftliche Zusammenarbeit
  und Entwicklung; Kontakt: Tel. 0800/1887188;
  www.engagement-global.de

Lernen vom Kopf auf die Füße gestellt: Wie Schüler Lehrer und Erwachsene fortbilden

Schüler schulen Lehrer? Und Eltern? Und coachen Manager? Sie fragen sich, was das denn bringen soll? An der esbz ist dieser Ansatz nicht abwegig, sondern die konsequente Fortsetzung dessen, was wir als *next learning*, als Neues Lernen verstehen: Wir vertrauen unseren Schülern und trauen und muten ihnen etwas zu. Wer kann besser Experte für Lernen sein als die Kinder und Jugendlichen selbst? Wer weiß besser, wie Schüler wirklich zum Lernen motiviert werden? Wir öffnen Räume für ein Lernen in der Lebenswirklichkeit und ein Wachsen an Herausforderungen. Und wir entwickeln gute, wertschätzende Beziehungen, denn Schule kann nur funktionieren, wenn alle zusammenarbeiten.

> *Wenn ich so einen Vortrag halte, geht's mir gar nicht darum zu sagen: Unsere Schule ist super, kopiert das alles. Ich möchte den Leuten einfach sagen: Traut euch was, das geht, das ist möglich, und fangt mal wieder an zu träumen, denn auch das verlernt man. Der Rahmen, in dem man sich bewegt, ist viel größer, als man denkt.*
>
> Shana, 11. Klasse

Schüler bilden Lehrer fort

Seit Februar 2010 haben Schüler der esbz an Schulen von Schwerin bis München (und natürlich ihrer eigenen!), in Seminaren, an Universitäten und auf Kongressen an die 3000 (teils angehende) Lehrer und etwa 500 Schulleiter fortgebildet. Die Resonanz? Nach jedem Termin dürfen wir uns über E-Mails wie die folgenden freuen: »Ich bin begeistert, mit welcher Ruhe, welchem Selbstvertrauen und Enthusiasmus Martha ihre Schule vorgestellt hat. Es war einfach nur schön, zu sehen, wie Schule gelingen kann. In mir rumort es. Dafür danke ich Ihnen.« – »Tolle, selbstbewusste Kinder, die zu ihrer Schule stehen, die aber auch Dinge anprangern, wenn sie nicht zufrieden sind – und alle schätzen es, hier leben, lernen, handeln und wachsen zu dürfen.« – »Wie selbstbewusst ihr für all unsere

Fragen da wart, humorvoll und sehr kreativ im Rollenspiel, wie geduldig und offen ihr uns eure Prozesse und euer Schulleben miteinander dargebracht habt – ich war sehr beeindruckt und berührt. Es ist mir nicht leichtgefallen, danach zu gehen.« – »Solche Schüler wollen wir auch!« – »Für mich waren die Schülerbeiträge überzeugend und absolut authentisch. Sie machen mir Mut, auch skeptischen Kollegen gegenüber Kraft zu entwickeln und Durchhaltevermögen.« – »Es tut gut, eine Schule mit einem Lächeln auf den Lippen und der Überzeugung zu verlassen, dass auch unter widrigen Umständen ganz viel machbar ist, wenn die Haltung zu Schülern und Schule eine andere ist. Auch die Schulleiter, die dabei waren, wurden von Ihren Schülern, deren Kompetenz und Überzeugungskraft ›geknackt‹.« – »Wenn ich mal wieder niedergeschlagen bin, darf ich mich noch mal für die Fortbildung anmelden?« Wann haben Sie das letzte Mal Kollegen so von Schule schwärmen hören?

Als ich an die Schule kam, hatte ich keine Ahnung von Vorträgen. Als ich das erste Mal gefragt wurde, ob ich auf eine Fortbildung mitkommen will, meinte Frau Rasfeld: Ich zeig dir, wie das geht. Ich habe dieses Vertrauen gespürt. Bei dem Vortrag hab ich dann gemerkt: Du musst gar nicht nervös sein, denn du bringst denen was bei, die können was von dir lernen.

Ben, 11. Klasse

Dass wir Lehrerfortbildungen anbieten, war zunächst nicht geplant. Alles fing damit an, dass wir Anfragen von einzelnen Lehrern bekamen, die gerne an der esbz hospitieren wollten. Nicht nur Studenten und Referendare, auch erfahrene Kollegen. Viele wollten sich das Lernbüro und jahrgangsgemischte Lernen angucken, andere interessierten unsere Projekte Verantwortung und Herausforderung, und alle fragten sich, wie wir an der esbz ein solches Klima der Wertschätzung und des Vertrauens schaffen, in dem Kinder selbstmotiviert lernen. Bei jedem Hospitanten nahmen wir uns Zeit für ein persönliches Gespräch. Bei immer mehr eingehenden Anfragen war das dann nicht mehr zu bewältigen. Gleichzeitig freuen wir uns über das Interesse an unserer Schule und einem neuen Geist des Lernens.

Die Lehrerfortbildungen einmal im Monat sind der Versuch einer Lösung für dieses Dilemma.

Den Auftakt macht meist ein Vortrag der Schulleitung, danach gibt es verschiedene Formate: Vorträge von einem oder mehreren Schülern, Workshops (die wir je nach Teilnehmerzahl auch als »Zirkeltraining« organisieren), Rollenspiele, und zum Thema Herausforderung zeigen unsere Schüler gerne ihre kurzen Projektfilme. Dabei sprechen sie frei und grundsätzlich ohne Vorgaben seitens der Schulleitung, abgesehen vom Thema, um das es gehen soll. Die Schüler bereiten ihre Einsätze eigenständig vor, oftmals kurzfristig und trotzdem mit bewundernswerter Gelassenheit.

Genau diese Authentizität macht ihren großen Erfolg aus. Schüler erklären Lehrern, wie Lernbüro und Logbuch, jahrgangsgemischtes Lernen, Projekt Herausforderung und Klassenrat funktionieren, und lassen sie an ihren persönlichen Erfahrungen teilhaben. Was könnte glaubwürdiger oder überzeugender sein? Wenn sie an andere Schulen eingeladen werden, übernehmen sie oft selbständig die Absprachen und Organisation im Vorfeld. Dass sie das alles nicht umsonst tun, versteht sich von selbst. Mehr als 10 000 Euro für den Schuletat haben die Jugendlichen bisher eingenommen, davon konnten wir die Bühne und die Anlage für unser Forum sowie die Küchenzeile für das neue Schülercafé kaufen. Die Schüler haben die Möglichkeit, Zertifikate zu erwerben, und natürlich werden sie für ihr Engagement ausgezeichnet.

Oft ist es die Schulleitung, die zu Vorträgen auf Kongresse eingeladen wird. Wenn wir stattdessen unsere Kinder schicken wollen, sind die Leute überrascht bis skeptisch – und wenn sie sich dann darauf einlassen, anschließend völlig begeistert. »Eine Frau

Die meisten Teilnehmer sind ziemlich skeptisch. Die denken, das kann nicht funktionieren. Ich hab das auch manchmal, dass ich denke, das kann gar nicht funktionieren, aber am Ende funktioniert's dann doch. Es gibt immer eine Antwort auf die Fragen.

Clara, 10. Klasse

hat gesagt, dass ihr bei unserem Vortrag fast die Tränen gekommen sind, weil sie so eine Schule schon ewig machen wollte«, erzählt der Neuntklässler Carl nach dem Kongress des »Archivs der Zukunft« in den Münchner Kammerspielen. Meist ergeben sich daraus wunderbare Begegnungen. Auf der Veranstaltung in München beispielsweise war auch die Schulaufsicht vertreten und zeigte sich sehr angetan von unseren Beiträgen.

Ich denke, es ist sehr wichtig, auch anderen Leuten von unserer Schule zu erzählen. Wenn alle die Chance hätten, so zu lernen wie wir, hätten wahrscheinlich viel mehr Schüler Spaß an der Schule und wären besser auf das Leben vorbereitet.

Carl, 9. Klasse

Und anschließend erhielten wir gleich mehrere Anfragen von Leitern städtischer Realschulen, ob es nicht eine Fortsetzung geben könne. Es blieb nicht bei der Anfrage: Sechs mutige Schulleiter und ihre Kollegien taten sich zusammen und luden unsere Schüler zu einer großen Fortbildung nach München ein, um – wie sie schrieben – mit dem Konzept der esbz ihre Schulen zu inspirieren und das pädagogische Feuer zu entfachen. »Wir brauchen Visionen! Mein Eindruck ist, unsere ganze Energie fließt ins Reparieren. Ich würde diese Energie viel lieber konstruktiv einsetzen.« Inzwischen hat sich daraus eine schulübergreifende Arbeitsgruppe gebildet. Ähnliches geschah auch in Baden-Württemberg und in Niedersachsen nach Vorträgen unserer Schüler. Solche Reaktionen und positiven Rückmeldungen machen uns immer wieder Mut, dass es gelingen kann, Veränderungen in unserem völlig überholten Bildungssystem auszulösen.

Schüler schulen Eltern

Die Idee zur Elternschule entstand in unserem Strukturausschuss. Das ist eine Arbeitsgruppe von Eltern, Lehrern und Schülern. Immer wieder sagten uns Schüler, dass ihre Eltern die Schule gar nicht richtig verstehen würden. »Eigentlich müssten wir eine Elternschule machen«, sagte Bennet im Februar 2011 in einem

Gespräch mit Vertretern der Zukunftsstiftung Bildung. Dorothea Kleihues, Mitgründerin und Gesamtelternvertreterin, hatte die Idee selbst auch. Sie beobachtete bei einigen Eltern eine gewisse Sorge, ob die Kinder auch wirklich das lernen, was sie lernen müssen oder brauchen. »Wir Eltern kommen ja alle aus dem traditionellen Bildungssystem, das hier ist eine ganz neue Welt. Dieses ›Wann schreibst du Mathe, wann schreibst du Chemie?‹ findet hier nicht statt. Da ist es wichtig, Vertrauen zu vermitteln und zu zeigen, dass alles in Ordnung ist.«

Erstmals zum Schuljahr 2011/2012 mussten also alle Eltern der neuen Siebtklässler in die Elternschule. Sogar Brita Wauer, die Vorsitzende des Elternvereins, brachte sich zum Schulwechsel ihres jüngeren Sohnes auf den neuesten Stand: »Diese Schule verändert sich ständig, im positiven Sinne – ich kann mich also nicht darauf ausruhen, dass ich schon viel weiß«, findet sie. Auch wenn es dann »doch nicht so viel Neues« für sie gab, sagt sie: »Ich fand es toll, wie ansprechend und gut strukturiert die Veranstaltung organisiert war und bin jedes Mal ganz stolz auf unsere Schule.«

Die Elternschule war als Rundlauf organisiert mit drei Stationen: Vier Schüler stellten die Projekte Verantwortung und Herausforderung vor, die Lernbüros und das Logbuch. Zwei Lehrer erklärten im Rollenspiel, was im Tutorengespräch beziehungsweise Bilanz- und Zielgespräch passiert. »Das Rollenspiel war sehr gut vorbereitet«, erinnerte sich Elisabeth von Haebler, eine Schülermutter. »Da war viel reingepackt – wahrscheinlich ist nicht jedes Gespräch jede Woche so intensiv.« Und im Worldcafé haben Eltern die neuen Eltern gefragt, was sie sich für ihr Kind an der Schule wünschen, und sie darüber informiert, wie sie sich selbst einbringen können. »Mein

Der Schülerblock war der stärkste, weil es natürlich irre ist zu merken, wie eloquent die sind, wie die das wirklich verinnerlicht haben. Das ist eine wahnsinnige Beruhigung für Eltern, weil die denken: Wenn mein Kind so wird, ist ja alles in Ordnung.

Dorothea Kleihues, Schülermutter

fünfjähriger Sohn hat damals gesagt: ›Nach dieser Schule sind wir erwachsen‹«, erzählte eine Mutter.

Schüler coachen Manager in Design Thinking

Design Thinking ist eine Methode, mit der für komplexe Fragestellungen innovative Lösungen entwickelt werden. Es ist einer der wohl vielversprechendsten Ansätze für die drängenden Probleme unserer Zeit. Die Schulleiterin der esbz hatte die Methode am Hasso Plattner Institut (HPI) in Potsdam kennengelernt, als ein studentischer Jahrgang dort seine Ergebnisse präsentierte, und sich mit dem Institutsleiter, Prof. Uli Weinberg, über eine mögliche Zusammenarbeit ausgetauscht. Etwas später eröffnete sich für einige Schüler der esbz die Möglichkeit, an einem mehrtägigen Workshop des HPI teilzunehmen. Ohne übertreiben zu wollen: Es war ein echtes Erweckungserlebnis.»Nach dem ersten Tag wusste ich: Wow, das ist echt great«, sagt der Zehntklässler Arne. Als die esbz ein paar Monate später gemeinsam mit der European Leadership Academy (ELA) in Berlin ein Experiment wagte, bei dem Schüler Manager coachen und sie gemeinsam, in gemischten Teams, mit der Design-Thinking-Methode Lösungsansätze für vier konkrete Aufgaben erarbeiten sollten, meldete sich Arne sofort als Teilnehmer. Genau wie Leon, der in Potsdam erlebt hatte, wie weit er mit dieser Methode denken kann.

Ein Teilnehmer sagte, die Arbeit mit den Schülern habe einen Kreativitätsstau aufgelöst. Viele der Ideen und Lösungselemente stammen von den Managern, aber ohne die Schüler wären sie nicht freigesetzt worden.

Guido Fiolka, Geschäftsführer der European Leadership Academy

Der Manager-Workshop war ein zweitägiges Experiment, an dem 8 Führungskräfte, 16 Schüler der 7. bis 11. Klasse und ein am HPI in Design Thinking ausgebildeter Moderator teilnahmen. »Es wird eine enorme Kreativität frei, wenn die Schüler mit ihrer präkonventionellen Sichtweise mit Managern zusammenarbeiten, die durch das Training an unserer Akademie eine postkonventionelle Sichtweise haben«, resümiert Guido Fiolka, Geschäftsführer der ELA, beeindruckt. Die Akademie bietet Bildungsformate für Führungskräfte aus Politik und Wirtschaft, die ausschließlich das Thema Führung adressieren. Um Denkweisen und Konzepte im Management zu verändern, wird dort seit 2008 mit neuen Formaten experimentiert, die die Teilnehmer aus ihrer Komfortzone holen, wie er es beschreibt.

Ich habe die Methode kennengelernt und dass dabei nichts falsch ist und man Kritik erst mal zurückstellen sollte. Ich denke, das sind auch gute Regeln für andere Situationen. Beim Design Thinking gehört es außerdem dazu, dass man scheitert. Das habe ich jetzt auch für mich erkannt: Es ist nicht schlimm zu scheitern, das muss auch mal sein.

Paula, 7. Klasse

Die transformatorischen Prozesse, die die Programme der ELA herbeiführen möchten, sind dem Anspruch der esbz so nah, dass wir bei einem – wie so oft zufälligen – Kennenlernen auf einer Veranstaltung in der marokkanischen Botschaft schon nach kurzem Austausch die Idee für unseren gemeinsamen Workshop entwickelt hatten. »Der noch viel stärkere Impuls war allerdings die Begegnung mit Schülern der esbz«, sagt Guido Fiolka. Zum Glück waren auch auf jener Veranstaltung einige unserer Schüler dabei. Unser erstes Experiment wurde von den Teilnehmern einhellig als so gelungen beschrieben, dass daraus nun möglicherweise eine langfristige Kooperation zwischen der esbz und der ELA erwächst.

Ich habe es bei diesem Projekt so gemacht wie immer bei Schulprojekten: nichts erwarten und einfach mal hingehen und gucken, was passiert. Dass wir hier mit Managern zusammenarbeiten, hat mich nicht groß beschäftigt. Das war recht easy.

Leon, 10. Klasse

»Ich war sehr gespannt auf die Sichtweise der Schüler, die noch nicht mit den Konzepten über die Welt unterwegs sind wie wir Manager«, meinte Oliver Hirsch, einer der Teilnehmer. »Wir haben eine Sichtweise, wie Dinge zu sein haben und wie Dinge sind. Damit reduzieren wir freiwillig unseren Informations- und Handlungsspielraum.« Und tatsächlich beobachtete Roland Siebert, Gründer zweier Start-ups, wie sein Team die Dinge »einfach mal galoppieren« ließ, angetrieben durch die freien Kräfte der Schüler, und wie durch diese Vielzahl unbeschränkter Impulse Neues entstand. »Das ist für mich eine Kernerkenntnis aus diesem Workshop«, sagte er. »Denn im beruflichen Alltag verorten wir uns ständig und beurteilen Dinge danach, ob sie zielführend sind, insbesondere in jungen Unternehmen, wenn man nicht so viel Zeit und so viele Ressourcen hat.« Als eine andere Teilnehmerin von einem Projekt mit dem Arbeitstitel »Schüler coachen Manager« hörte, war sie ganz begeistert. »Für mich ist die Zusammenarbeit auch eine großartige Möglichkeit zu überprüfen, inwiefern das, was ich mache, ihnen nutzt. Das sind die Menschen, die in 10, 15 Jahren Märkte bestimmen, Schicksale bestimmen, Einfluss haben auf die Gesellschaft.«

Ich möchte gerne weiterhin mit den Schülern arbeiten, um das zu konkretisieren und darauf aufzubauen. Ich möchte auf jeden Fall in Kontakt mit dieser Energie bleiben.

Oliver Hirsch, Führungskraft

Gerardo Milsztein, preisgekrönter Filmemacher, hat als Fragestellungen mitgebracht: Wie kann man das Interesse von Firmen wecken (und sie als Geldgeber gewinnen) für einen Film über Gewaltprävention an Schulen? Drei Manager und vier Schüler tüftelten an einer Lösung. »Ich fand es klasse, was da an Ideen rausgesprudelt ist«, meinte Roland Siebert. »Man kommt da vom Hundertsten ins Tausendste, und plötzlich synthetisiert sich eine Verbindung heraus, die vorher nicht da war.« Die Präsentation ihrer Ergebnisse war sehr lebendig, die Siebtklässlerin Paula spielte eine Geschäftsfrau, die als Sponsorin gewonnen werden soll, weil sie sich mit der Filmidee identifiziert und diese für ihr eigenes Marketing nutzt. »Die Idee an sich war mir nicht neu«, sagt Gerardo Milsztein, »aber das Team hat sie mir so plastisch vorgestellt, dass ich mich emotional damit identifizieren konnte. Ich trage dieses Projekt schon lange mit mir, weil es schwer ist, dafür eine Finanzierung zu bekommen, und der Workshop hat mir die Courage gegeben, es noch einmal auf diesem Weg zu versuchen.«

»Ich war beeindruckt, was da schon an Lösungen entstanden ist«, sagte Guido Fiolka. Üblicherweise arbeiten Design-Thinking Teams über mehrere Wochen oder sogar Monate an einer Fragestellung. Allein das ist ein beeindruckendes Ergebnis unseres Experiments. Noch wichtiger sind uns aber die Rückmeldungen, die unsere Schüler bekommen haben. Die Siebtklässlerin Paula etwa, ein eher introvertiertes Kind, war das einzige Mädchen in ihrem Team. Bereits am Nachmittag des ersten Tages ist sie »in die Energie gekommen«, wie es Roland Siebert beschrieb, »und ging erstaunlicherweise sehr nach außen«. Sie selbst sagte: »Ich hatte keine Schwierigkeiten, mich in der Gruppe zu Wort zu melden.«

Arne, der aufgrund seiner Vorerfahrung am Hasso Plattner Institut als Coach eingesetzt war, empfand es als größte Herausforderung, sein Team zusammenzuhalten. »Zwei Schüler waren nie da, wo ich sie gerade haben wollte, wenn ich nur zehn Sekunden nicht hingeschaut habe«, sagt er. Zwar wusste er schon vorher, dass er Ruhe und Gelassenheit mitbringt – aber von einer Führungskraft zu hören, er habe »großes Potenzial als Gruppenleiter«, ist eine großartige Anerkennung für den Sechzehnjährigen. Und er hat eine neue Stärke entdeckt: »Dass ich gut mit Erwachsenen zusammenarbeiten kann.« Auch Coach Leon hat fantastisches Feedback bekommen: »Alle meinten, ich hätte so eine Ruhe ausgestrahlt und immer genau gewusst, was zu tun ist, und es den anderen erklären können«, sagt er. »Meine Selbsteinschätzung war wesentlich schlechter.«

> *Die drei Jungs in meinem Team haben das getan, was ich in der Schule in Argentinien vor 35 Jahren niemals tun durfte: den Eindruck vermitteln, nicht »richtig zuzuhören«. Sie waren zwar immer wieder präsent, verschwanden jedoch auch wieder, das hat mich an meine Grenzen gebracht. Aber die Spritzigkeit der Ideen und die Freiheit, mit der sie das Thema angegangen sind, auch das Selbstbewusstsein, das sie gezeigt haben, waren sehr bereichernd.*
>
> Gerardo Milsztein, Filmemacher

Das größte Lob kommt von Roland Siebert: »Ich erlebe die Schüler schon sehr in Führung. Sie waren in den Sessions immer die Ersten, die aus sich rausgegangen sind, Ideen geäußert haben.« Er sieht hier einen kausalen Zusammenhang mit dem freien Unterricht an der esbz. »Ich glaube, dass dort bereits Führungskompetenzen ausgebildet werden, die ihnen später zugutekommen. Während wir, die wir den alten Frontalunterricht erlebt haben, diese Fähigkeiten erst in Führungsakademien zu erlernen suchen, um uns für einen Alltag zu befähigen, der komplex, dynamisch, schnelllebig, politisch ist.«

Und was ist Ihr EduAction-Plan?

....

....

....

....

....

....

....

....

....

....

....

....

Mit lebendigen Ritualen eine Mut- und Mitmachkultur festigen

Wenn man etwas erreichen will, braucht es dafür Orte, Zeiten, Räume. Man kann nicht sagen: Gute Beziehungen, Vertrauen, Mut und Anerkennung sind uns wichtig, aber dann diese Dinge in der Hektik des Schulalltags untergehen lassen. Denn dann lautet die heimliche Botschaft: Für das Wichtigste ist an dieser Schule keine Zeit. Wir haben daher an der esbz Rituale geschaffen, die wir regelmäßig mit Leben füllen und die den Geist dieser Schule in unsere Köpfe und Herzen pflanzen und dort wachsen lassen.

Unsere drei Mottos werden schon am ersten Tag im Einschulungsgottesdienst für alle Schulanfänger sinnlich erfahrbar gemacht. »Anlachen statt auslachen« lautet das erste Motto, und jedes Kind bekommt von den Klassenlehrern eine Sonnenblume überreicht. »Ihr seid das Salz der Erde« (Matthäus 5, Vers 13), so lautet das zweite, ein Tütchen Salz mit dieser Aufschrift bekommen die Neuen von ihren älteren Mitschülern überreicht. Für das dritte Motto – »Mit dem Herzen sehen, mutig sein« – erhalten die Kinder von ihren älteren Mitschülern unsere Mutkarte.

Die Mutkarte ist die Visitenkarte unserer Schule, sie steht für Achtsamkeit und Zivilcourage, Entscheidungsfähigkeit und dafür, mit dem Herzen zu sehen, Ängste zu überwinden, der eigenen Neugierde und seinen Visionen zu folgen und Außergewöhnliches zu wagen. Sie soll jedes Kind daran erinnern, dass es etwas Besonderes ist und Vertrauen zu und in sich selbst haben soll. Wir erleben immer wieder, wie viel unsere Mutkarten den Kindern bedeuten, etwa wenn ein Junge erzählt, dass er sie sich in der Nacht unters Kopfkissen legen will, damit ihm der Zauberstern ins Herz leuchtet, weil er am nächsten Tag zum ersten Mal die Schulversammlung moderiert. Wir verschenken die Mutkarten auch zu anderen Gelegenheiten, um Kinder – und Erwachsene – zu ermutigen, über sich selbst hinauszuwachsen. Und wir verkaufen unsere Mutkarten, um Geld für Plant for the Planet zu sammeln. Für eine Mutkarte, die einen Euro kostet, bekommen wir einen Baumsetzling.

Zu den Ritualen gehört das gemeinsame tägliche Mittagessen in der Schule. Die Kleinteams sitzen an langen Tafeln, die vom Mensadienst, den die Schüler in abwechselnden Gruppen selbst übernehmen, eingedeckt und wieder abgeräumt werden. Das Essen kommt in großen Töpfen und Schüsseln auf den Tisch, aus denen sich alle selbst auftun und dafür sorgen, dass es gerecht verteilt wird. So fühlt sich das gemeinsame Essen ein bisschen »wie zu Hause« an. Und es bietet den Klassenkameraden und Lehrern die Möglichkeit zu einem Austausch abseits der Schulbank.

Der Wochenabschluss jeden Freitag in unserem Forum ist mit dem gegenseitigen Lob, das dort ausgesprochen wird, als Ritual sehr wichtig, und ebenso natürlich die Schulversammlung, durch die wir die Klassen- oder Kleinteamgemeinschaft zu einem Wir, das alle umfasst, öffnen wollen.

Rituale bleiben lebendig, wenn man sie ständig entwickelt, voranbringt und reflektiert.

Im Laufe jeder Woche studiert unser Musiklehrer Oliver Meyer-Krahmer mit allen Schülern der Sekundarstufe I das »Lied der Woche« ein, das dann gemeinsam bei der Schulversammlung gesungen wird, begleitet auf der Gitarre. »Das ist ein starkes beziehungsförderndes Moment«, erklärt er. Dafür braucht es freilich Geduld, denn der Gesang ist gerade für Kinder in diesem Alter nicht immer einfach. Zum Mitsingen zwingen wir daher niemanden (aber mitlesen und rhythmisch sprechen kann jeder). »Wenn es klappt, dass auf der Versammlung alle dieses Lied wirklich schmettern, dann geht einem das Herz auf«, sagt Oliver Meyer-Krahmer. Auch wenn es den Kindern nicht bewusst sein mag, wie sehr sich dieses Ritual einprägt, zeigt es sich doch immer wieder in wunderbaren kleinen Geschichten, etwa wenn eine Mutter erzählt, ihr Sohn singe diese Lieder oft im Bad, oder wenn eine Schülerin von einer Party schwärmt, auf der plötzlich alle bei einem Lied, dessen Text sie aus der Schule kannten, mitgesungen haben. Und natürlich ist das Lied der Woche eine Form, Musik regelmäßig zu leben. Letztes Jahr war »Talking about a revolution« der Hit unter den Liedern.

Ebenso wie die Schulversammlung wird auch der Gottesdienst, den wir einmal im Monat im Forum oder in der Sophienkirche feiern, von unseren Schülern vorbereitet. Alle nehmen teil, wer einem anderen Glauben angehört, braucht jedoch beispielsweise nicht mitzubeten. »Unser Gottesdienst ist nicht sehr kirchlich«, erklärt eine Schülerin auf einer Lehrerfortbildung. »Der ist einfach richtig interessant, weil er von uns selbst immer zu einem bestimmten Thema vorbereitet wird und man zum Beispiel etwas über Kinderrechte lernt.« Das beobachtet auch eine Mutter, deren Sohn sich gerne bei der Vorbereitung einbringt, obwohl er sonst kein großer Kirchgänger ist: »In den Fürbitten beispielsweise steckt ganz viel drin, was den Kindern etwas sagt, gerade weil sie von anderen Kindern erdacht sind«, sagt sie. »Im Gottesdienst geht es um Klimaschutz oder die Agenda 21, weil es für die Kinder gesellschaftlich und politisch wichtige Ziele sind, und natürlich ist die Bewahrung der Schöpfung auch ein christliches Thema.« »Bevor wir auf Herausforderung fahren, sind wir noch zwei Tage an der Schule, um die neuen Siebtklässler zu begrüßen«, erzählt Shana. »Und wenn es dann losgeht, singen alle, auch die Lehrer, für uns ›Vertraut den neuen Wegen‹ als Reisesegen. Das hat für mich eine ganz große Bedeutung, da hab ich richtig Tränen in den Augen.«

Rituale geben Struktur und Verlässlichkeit in ihrer ganz eigenen Sprache.

Es gibt zudem Rituale wie das »Top-Tipp-Feedback« nach Buch-vorstellungen oder Präsentationen, bei dem man erst sagt, was »top«, also gut, war, und dann Tipps gibt, was noch besser werden könnte. Die Stunde im Englisch-Lernbüro beginnt ritualisiert mit einem Talk, bei dem sich alle Schüler zu einem bestimmten The-ma auf Englisch unterhalten. Und wenn ein Kind für einen Eng-lisch-Lernbaustein einen Gesprächspartner braucht, setzt es sich auf einen bestimmten Stuhl vor der Klasse, und ein Mitschüler kann auf dieses Zeichen hin reagieren.

Zweimal im Schuljahr haben wir das Stärkungsritual der Aus-zeichnungsversammlung, bei der besondere Leistungen unserer Schüler mit einer Urkunde anerkannt werden. Es gibt festgelegte Kategorien wie etwa »Leistungsbester« oder »Aufsteiger des Jah-res«, aber auch individuelle Auszeichnungen. Die Klassen beraten im Vorfeld darüber, wer eine solche Belobigung verdient hat und wofür. Aufsteiger des Jahres kann bei uns auch ein Schüler wer-den, der sich etwa in seinem Notenschnitt von 4,0 auf 3,5 verbes-sert hat. Natürlich hat er mit diesem Schnitt immer noch kein gutes Zeugnis und würde an den meisten Schulen nicht gesehen, obwohl er sich unglaublich angestrengt hat. Wir glauben, dass er ebenso eine Auszeichnung verdient hat wie ein Schüler, der sich von 1,3 auf 1,2 verbessert hat und damit vielleicht Schulbester ist.

An einer Schule, wo so viel Wert darauf gelegt wird, dass alle zum Gelingen beitragen und Schüler, Eltern und Lehrer das Jahr über sehr viel Engagement zeigen, darf auch einfach mal gefeiert werden. Wir haben zwei große Bälle im Jahr: Der Schülerball wird zum Schuljahresende im Forum gefeiert. Der »Tanz in die Ge-meinschaftsschule« mit Eltern und Mitarbeitern war der feierliche Auftakt zum Start unseres Gemeinschaftsschulprojekts. Inzwi-schen ist er zum festen Eröffnungsritual des Schuljahrs geworden. Eltern und Mitarbeiter der Gemeinschaftsschule esbz und esbm haben in festlichem Rahmen die Gelegenheit, sich kennenzu-lernen, auszutauschen und – natürlich – zu tanzen.

Und was ist Ihr EduAction-Plan?

. . . .

. . . .

. . . .

. . . .

. . . .

. . . .

. . . .

. . . .

. . . .

. . . .

. . . .

. . . .

. . . .

. . . .

. . . .

. . . .

. . . .

. . . .

. . . .

. . . .

. . . .

Die Zukunft der Bildung hat schon begonnen: Blick nach Deutschland und in die Welt

Transformation ist möglich: Diese Pioniere machen Mut

Der Wechsel von unserem alten zu einem neuen Bildungssystem kann überall beginnen: an Schulen, in Lehrerausbildungsseminaren, an pädagogischen Hochschulen. Der Funke kann auch auf Konferenzen, bei Workshops und natürlich bei persönlichen Begegnungen überspringen. Und tatsächlich beobachten wir, dass die dringend nötige Transformation schon an vielen Orten begonnen hat!

Die esbz hat eine Bildungsrevolution ohne Tote gestartet. Die gehen dort radikal an die Strukturen, indem sie Kinder tatsächlich als Bildungspartner wahrnehmen und sie an Lernsituationen heranführen, die im Wesentlichen real sind. Sie nehmen einfach die Scheibe zwischen der Wirklichkeit und der Schule raus.

Josef Köhler, Geschäftsführer des Instituts für Bildungskunst

Ein Vorreiter in Sachen neuer Lehrerausbildung könnte die Pädagogische Hochschule Salzburg werden. 2011 war in Österreich das Jahr der Bildungsreform. Angesichts eines Systems, das ähnlich selektiv ist wie das deutsche und dessen Schüler bei PISA noch schlechter abschneiden als die deutschen, war dies ein wichtiges Signal. Ein Vortrag von Gerald Hüther im Mai 2011 an der Hochschule wurde zur Initialzündung. Auf Gerald Hüthers Empfehlung hin besuchte ihr Rektor, Dr. Josef Sampl, wenige Wochen später die esbz, und im Dezember 2011 schließlich waren die Schulleiterin, die Sonderpädagogin Aileen Rodewald und elf Schüler aus den Jahrgangsstufen 7 bis 11 nach Salzburg eingeladen, um dort zwei Tage lang mit 52 Professoren und Lehrbeauftragten zu arbeiten.

Das Fazit des Rektors lautete: »Solche Schüler und Schülerinnen wünschen wir uns in Österreich auch. Dazu ist es wohl notwendig, auch die Lehrerausbildung ›vom Kopf auf die Füße‹ zu stellen – und das wollen wir nun angehen.« Unseren Schülern ist es durch ihre Begeisterungsfähigkeit und authentische Überzeugungskraft tatsächlich gelungen, die verschütteten Visionen in den Herzen der Menschen anzurühren und zum Leben zu erwecken.

Auch von anderen Teilnehmern des Workshops bekamen wir geradezu euphorische Rückmeldungen: »Die Ideen finde ich so toll, dass es mir bei den Erzählungen der Kinder über ihre Arbeit und ihre Erlebnisse oft gegangen ist wie bei einem guten Konzert: Es lief mir den Rücken hinunter, kalt und warm, heiß und eiskalt, in sehr positivem Sinne gemeint, weil ich merkte, es bewegt sich was«, schrieb uns einer der Professoren, und seine Kollegin sagte: »Es ist einfach wunderbar, wenn Gedanken formuliert werden, die man selber schon lange in seinem Herzen trägt, und zu sehen, dass Veränderung Platz greifen kann, nachhaltige Veränderung – auf allen Ebenen. Die ganze Veranstaltung ist für mich ein Stück Hoffnung für die Hochschule, für mich, für meine Enkelkinder.« Und eine andere Kollegin zeigte sich zuversichtlich, dass das, was an der esbz möglich ist, auch an Hochschulen umsetzbar ist: »Auch wenn es schwieriger erscheint. Ich bin nun zuversichtlich. Danke für Ihr Sendungsbewusstsein, das war spürbar, und ich freue mich, dass es nun weitergehen kann hier.«

Wir haben verstanden: Es kommt auf die Haltung der Menschen an, die mit Kindern und Jugendlichen zu tun haben. Die Erwachsenen dürfen nicht meinen, sie wüssten permanent Bescheid.

Stefan Wolf, Geschäftsführer der Peter Gläsel Stiftung

Die Pädagogische Hochschule Salzburg wird jetzt einen Modellversuch starten: Unmittelbar nach unserer zweitägigen Fortbildung hat sich eine Gruppe Lehrender zusammengetan, um die Lehrerausbildung neu zu überdenken und ein Curriculum zu entwickeln.

Aber auch und gerade in Deutschland sind wir vielen mutigen Kollegen begegnet und durften Gespräche führen, die hoffen lassen. An vielen Orten ist Aufbruchstimmung zu spüren oder hat der so dringend nötige Transformationsprozess bereits begonnen.

Carmen Bohnsack etwa ist Referentin für Evangelische Schulen am Pädagogisch-Theologischen Institut (PTI) Nordelbien, Schleswig-Holstein. »Meine Aufgabe ist es, diese Idee, dass Schule anders sein kann, nach Schleswig-Holstein zu tragen«, sagt sie. Die Angebote des PTI richten sich nicht nur an Schulgründungsinitiativen und Lehrer von evangelischen Schulen. »Das ist etwas, was wirklich Impulse für die Schulentwicklung im ganzen Land geben kann. Da gibt es in Schleswig-Holstein noch ganz viel Bedarf.«

An der esbz habe sie genau das wiedergefunden, was sie sich unter einem überzeugenden Profil einer evangelischen Schule vorstelle: dass Schulen wirklich Werkstätten der Menschlichkeit sein können, dass die Kultur der Wertschätzung konsequent gelebt wird und dass die Kinder erfahren, dass sie selbst etwas bewirken können in der Welt.

Alles begann damit, dass Carmen Bohnsack bei uns im Unterricht hospitierte und an einer Lehrerfortbildung teilnahm. Davon angeregt lud sie die Schulleitung und einige unserer Schüler zu einer Fortbildung zum Thema »Kinder stärken – Zukunft gestalten« nach Kiel ein. »Das hat unheimlich was bewirkt bei uns in Schleswig-Holstein«, sagte sie uns anschließend. »Dadurch entsteht ein ganz anderes Bewusstsein, was eine moderne, zukunftsweisende evangelische Schule sein kann. Eine Schule, die nicht eng und missionierend arbeitet, sondern die ganz viel Weite zulässt und für alle offen ist, von der alle profitieren können.«

Als Fortsetzung organisierte sie in Kiel eine Exkursion zu einer Lehrerfortbildung an der esbz – die Nachfrage war so groß, dass nicht alle Interessierten mitfahren konnten. Es kamen Vertreter von Gründungsinitiativen, aber auch Lehrkräfte von staatlichen und

Vertreter bereits existierender Schulen in freier Trägerschaft. »Es war so wichtig«, sagte Carmen Bohnsack, »dass unsere Gruppe die Schüler der esbz an diesem Tag erleben konnte und durch sie erfahren hat, dass sie so arbeiten können, wie sie es hier tun, dass sie so leben können und sich verbinden können mit der Welt und mit dem, was anliegt in der Welt. Das zu erleben hat ganz vielen Leuten Mut gemacht.« In einem gemeinsamen Gespräch will die Gruppe ihre Exkursion nachbereiten und schauen, welches die nächsten Schritte sein können.

Regionale Bildungslandschaft und externe Schulentwicklungsbegleitung

Bemerkenswert ist auch das Projekt »Externe Schulentwicklungsbegleitung« in der StädteRegion Aachen. Das dortige Bildungsbüro im »Regionalen Bildungsnetzwerk« – einer Kooperation zwischen dem Land Nordrhein-Westfalen und der StädteRegion Aachen – bietet interessierten Schulen eine kontinuierliche und längerfristige externe Begleitung bei Schulentwicklungsprozessen an. In Zusammenarbeit mit dem Bildungswerk Aachen sind 2011 zwölf externe Schulentwicklungsbegleiter ausgebildet worden, mittlerweile nutzen knapp 30 (von insgesamt 190) Schulen der Region dieses Angebot. Im Herbst 2012 startet das Bildungswerk eine zweite Ausbildung, um der großen Nachfrage nach diesen intensiven Prozessen auch in Zukunft gerecht werden zu können.

Dabei kann es um die Entwicklung eines zukunftsfähigen Schulprofils gehen, um Fragen der Kommunikation und Kooperation im Kollegium (»Schule ist ein Mannschaftsspiel, das nur als Team zu gewinnen ist«), die Entwicklung und Umsetzung von Inklusionskonzepten, Projekte wie »Verantwortung« und »Herausforderung«, neue Modelle des kooperativen Lernens, Fusionsprozesse oder auch die Konzeptionsentwicklung bei Neugründungen von Gesamt- oder Sekundarschulen. Die Schulen investieren dabei einen Großteil der ihnen zustehenden Fortbildungsgelder, können darüber hinaus aber auch externe finanzielle Unterstützung durch den Verein »Partner für Bildung e. V.«, erhalten der Sponsorengelder für solche Projekte akquiriert und an die Schulen weitergibt.

Inspiration holen sich die Aachener Bildungsakteure jedes Jahr auf dem 2012 schon zum vierten Mal geplanten »Aachener Bildungstag«. 2010 waren hierzu unter dem Motto »Zündstoff für eine neue Lern- und Beziehungskultur in Kita und Schule« unter anderem Professor Gerald Hüther sowie die Schulleitung und Schülerinnen der esbz eingeladen und begeisterten fast 1000 Beteiligte mit innovativen Ideen zur Transformation von Schulen. Daraufhin haben sich einige Schulen in der Region auf den Weg gemacht: Sieben weiterführende Schulen sind dabei, das Projekt Verantwortung nach dem Berliner Vorbild zu installieren. Mehrere Schulen arbeiten an der Umsetzung von Lernbüros, nachdem sich eine Gruppe von Lehrern und Schulleitern bei einem Besuch bei der esbz über die Praxis vor Ort informiert hat.

Transformation geht nicht von alleine! Sie braucht Leuchttürme wie die esbz, die mit ihren innovativen Ideen und Projekten zeigen, wohin es gehen kann. Sie braucht aber auch, um in der Breite wirksam zu werden, Menschen, die die Schulen unterstützen, die anstehenden Veränderungen in einem konstruktiven, wertschätzenden Miteinander gegen einen oft als übermächtig erlebten Alltag umsetzen. Aus meiner Erfahrung geht das nur mit Hilfe externer, prozessorientierter und kontinuierlicher Begleitung.

Alfons Döhler, Geschäftsführer im Bildungswerk Aachen

Beides zusammen – innovative Ideen und das Handwerkszeug zur ihrer nachhaltigen Umsetzung –, da sind sich die Akteure in Aachen einig, wird die Schullandschaft in der Region nachhaltig verändern. Sehr viel Mut macht auch die Entwicklung im Landkreis Ostwestfalen-Lippe, eine Region im Nordosten von Nordrhein-Westfalen, in der einerseits einige der gesündesten Familienunternehmen Deutschlands ihren Sitz haben, die aber zersiedelt und strukturschwach ist und aus der viele junge Leute wegziehen. Dort wächst

186

ein Bildungsbündnis des Neuen Lernens, treibende Kräfte sind die Peter Gläsel Stiftung und das Institut für Bildungskunst, die Sinn-Stiftung ist mit einem Aktiv-Hof involviert. »Bildung ist in jeder Zelle der Gesellschaft vorhanden«, sagt Josef Köhler, und Stefan Wolf, der Geschäftsführer der Peter Gläsel Stiftung, ist überzeugt: »Was an der esbz passiert, ist auf jeden Bildungsbereich übertragbar.« Sie entwickeln daher ein enges Netzwerk aller Akteure dieser ländlichen Region, die in allen Bereichen von Bildung – vom Kleinkind bis zum Erwachsenen – tätig sind, und tragen den Geist der esbz dort hinein. Einbezogen werden auch außerschulische Lernorte und Unternehmen, die bereit sind, sich langfristig zu engagieren.

> Was ich an der esbz gelernt habe, ist: diese große Vision zu haben, denn dann kann man auch mit kleinen Schritten anfangen.
>
> Carmen Bohnsack, Referentin für Evangelische Schulen am Pädagogisch-Theologischen Institut Nordelbien

»Wir machen nicht einfach nur Programme, sondern gehen mit unserem Bildungsversprechen eine Verpflichtung ein«, unterstreicht Stefan Wolf, der 2007 sein Amt als Pfarrer eintauschte gegen die Aufgabe, die Peter Gläsel Stiftung neu auszurichten. Die Stiftung ist seit über 20 Jahren in der Region verwurzelt und dort finanziell völlig unabhängig und operativ tätig. Sie hat in der Vergangenheit eigene Bildungsbausteine entwickelt, wie beispielsweise das auf Royston Maldoom zurückgehende Programm »ResiDance«, ein Angebot für Laien, unter Anleitung erfahrener Choreografen zu tanzen, in dem die Stiftung über drei Jahre lang mit dem britischen Choreografen kooperierte. »Es war erstaunlich für uns zu sehen, wie sich vermeintliche Schulversager oder Menschen mit Behinderung in einem nur zweiwöchigen Workshop veränderten und ihre tatsächlichen Kompetenzen zeigten: Sie waren motiviert und haben Würde wiedergewonnen«, sagt Stefan Wolf. Über diesen etwas unkonventionellen Ansatz wurde die Stiftung in ihrer Überzeugung bestärkt, dass Menschen in Gestaltungsprozesse einbezogen werden müssen. »Das ist beim Tanzen genauso wie in der esbz. Das ist ein Strukturprinzip guter Bildung.«

Im Jahr 2009 übernahm die Peter Gläsel Stiftung eine Kindertagesstätte und führte dort das Prinzip der konsequenten Partizipation der Ein- bis Sechsjährigen ein. »Das ist in Nordrhein-Westfalen etwas völlig Neues gewesen: Man hört nicht nur ab und zu, was die Kinder denken, sondern beteiligt sie permanent in den für sie wichtigen Fragen«, sagt Stefan Wolf und zieht nach drei Jahren ein absolut positives Zwischenfazit: »Unsere Kinder haben nur vernünftige Entscheidungen getroffen. Ein Beispiel: Eine Gruppe wollte gerne ein Haustier haben. Der Entscheidungsprozess, durch den die Erzieherinnen die Kinder begleitet haben, ging über ein ganzes Jahr. Gemeinsam wurden alle wichtigen Fragen wie: Für welches Tier können wir sorgen? Was passiert in den Ferien? Wo bekommen wir das Geld her? besprochen und geklärt. Die Kinder organisierten selbst eine Spendenorganisation und bauten, als sie sich schließlich für Meerschweinchen entschieden hatten, den Stall gemeinsam mit einigen Eltern selbst.«

Die ersten Kinder sind aus der Stiftungs-Kita bereits in die Grundschule gekommen, wo sie zum Teil erleben müssen, dass die Lehrer nicht mit ihrer Selbständigkeit und ihrem Wunsch nach Teilhabe umgehen können. »Uns treibt die Frage um: Was passiert mit unseren Kindergartenkindern?«, sagt Stefan Wolf. Die Stiftung und das Bildungsbündnis arbeiten bereits an verschiedenen Ideen. Teilhabe wird dabei nicht nur als Basis in der Bildung verstanden, sondern ist auch zentral für den Aufbau des Bildungsbündnisses: »Lösungen von Problemen können immer nur in den Gruppen gefunden werden, die sie betreffen«, so Stefan Wolf, »daraus resultiert die Frage: Wen müssen wir in den Lösungsweg einbeziehen, wem Verantwortung übertragen?«

Auch Josef Köhler, einer der Partizipationsexperten Deutschlands, entwickelt Möglichkeiten direkter Teilhabe. Er ist Gründer und Geschäftsführer des Instituts für Bildungskunst mit Sitz in Nordrhein-Westfalen, Berlin und Hamburg. Als bildender Künstler hat er die klassischen Pfade der Kunst verlassen und beschäftigt sich seit über 15 Jahren mit der Frage, wie Innovation und Veränderung von Bildung mit Hilfe künstlerischer Strategien und Methoden begleitet und erreicht werden kann. Er hat bereits viele spannende Projekte dazu ins Leben gerufen, die sich national und international etablieren konnten. »Das konstruktive Umgehen mit Unsicherheiten und Scheitern ist essenziell für einen Künstler, wir haben einen unglaublichen Innovationszwang«, sagt er und liefert damit die Erklärung, weshalb Kunst beim notwendigen Veränderungsprozess der Bildung eine so wichtige, unterstützende Rolle spielen kann.

In enger Zusammenarbeit mit der esbz entwickelt sein Institut ein Baukastensystem aus Best-Practice-Bildungsbausteinen, aus dem sich veränderungswillige Schulen und Bildungseinrichtungen »bedienen« können. Darüber hinaus bietet es Beratung und Coaching an, da Schulen die Transformation oftmals nicht aus sich heraus leisten können. In seiner Arbeit wird das Institut für Bildungskunst unter anderem von der Peter Gläsel Stiftung unterstützt, sein Angebot richtet sich jedoch an Bildungseinrichtungen, Unternehmen und Stiftungen in ganz Deutschland. »Wir müssen jetzt radikal in die Breite gehen und brauchen vor allen Dingen vernetzte Lösungsstrategien«, fordert er, »nicht hier ein Reförmchen, da ein Leuchtturm. Das muss die ganze Gesellschaft erfassen!«

Auch die Sinn-Stiftung will Transformationsprozesse in Deutschland, Österreich und der Schweiz anregen und unterstützen. Auf der Suche nach dem Geheimnis des Gelingens veröffentlicht und vernetzt sie dazu Projekte, Programme und Menschen, die für eine Potenzialentfaltungskultur stehen. Sie will zeigen, wie und

> *Alles, was ein Kind ausmacht, bevor es in die erste Bildungseinrichtung kommt, wird in unserem Bildungssystem systematisch zerstückelt. Ursprünglich wollten wir uns bestimmte Strukturen nutzbar machen, damit sie uns Menschen etwas erleichtern, aber inzwischen stecken wir in einem Verhältnis fest, in dem wir Diener dieser Strukturen geworden sind. Die Mechanismen der Struktur geben dem Menschen vor, wie er zu funktionieren hat. Da kommt ein einzelner Lehrer nicht raus.*
> Josef Köhler, Geschäftsführer des Instituts für Bildungskunst

dass es möglich ist, dass inspirierte Menschen mit Begeisterung in Gemeinschaften über sich hinauswachsen. In der Initiative »Natur verbindet« beispielsweise entsteht ein Netzwerk von Aktiv-Höfen, an dem auch die esbz beteiligt ist.

Und immer mehr einzelne Schulen machen sich auf den Weg und übernehmen beispielsweise Formate wie Lernbüro oder das Projekt Verantwortung. Ein Düsseldorfer Gymnasium will den Schülern ein Projekt Herausforderung ermöglichen, und die Willy-Brandt-Oberschule, die in einem sozialen Brennpunkt im Berliner Stadtteil Wedding liegt, hat das Lernen bereits komplett umgestellt. Nach einer Schulleiterfortbildung, auf der wir die Lernkultur der esbz vorgestellt hatten, kamen der Schulleiter und ein Teil des Kollegiums auf uns zu und baten um Unterstützung für ihren Neuerungsprozess. Es folgten Beratungen, Hospitationen und Vorträge in der Lehrerkonferenz, wir überließen der Schule Lernmaterial und das Logbuch.

Einem Großteil der Kids fehlt heute ihr Ding, ihre Vision, für die sie brennen. Jugendliche wollen Spuren hinterlassen. Sie wollen sich als selbstwirksam erleben. Sie wollen gebraucht werden als bedeutsame Menschen. Dann empfinden sie ihr Leben, Lernen und Arbeiten als sinnvoll und lassen sich mit Begeisterung darauf ein. So werden sie zu aktiven Gestaltern unserer Gesellschaft, die Verantwortung tragen.

Christian Rauschenfels, Gründer und Vorstand der Sinn-Stiftung

Heute, drei Jahre später, hat die Schule, deren Schüler zu über 90 Prozent Migranten aus über 30 Nationen sind, die Schulstruktur der esbz in den Jahrgängen 7 bis 10 übernommen – was noch fehlt, ist einzig das Projekt Herausforderung und die Schulversammlung. Die Schüler haben wesentlich bessere Lernerfolge, und die Schule hat enorm viele Anfragen wegen Hospitationen.

Die Reinhold-Burger-Schule in Berlin-Pankow stellt ebenfalls unter Beweis, dass Transformation auch an einer öffentlichen Schule möglich ist.

Im Februar 2010 hat Guido Landreh die Leitung der ehemaligen Hauptschule übernommen und seitdem einen bemerkenswerten Reformprozess begonnen, den er trotz schwieriger Start-bedingungen vorantreibt. Zuvor war er rund 20 Jahre in der »Stadt als Schule« tätig, ein Mitte der 1980er Jahre durch engagierte Pädagogen initiiertes Jugendbildungsprojekt, das in den 90ern in einen Schulversuch, 2001 in eine Schule besonderer pädagogischer Prägung überführt wurde. Lernen im Leben (nämlich in Berliner Betrieben) prägt hier die individuellen Curricula, die Erfahrungen der Schüler werden zu konkreten Lernanlässen. Die Absolventenquote der vorher im Regelsystem vom Scheitern bedrohten Schüler wurde deutlich gesteigert. 2009 hatte Landreh das Konzept einer »Schule für Begabungsförderung« entwickelt mit Fokus auf individueller Talentförderung, größtmöglicher Selbstbestimmung, Partizipation und wertschätzender Beziehungsarbeit als Basis für erfolgreiches Lernen. Die Nähe zum Geist der esbz ist unverkennbar.

Wir sind überzeugt, dass das folgende Gespräch mit Guido Landreh über den Reformprozess an der Reinhold-Burger-Schule auch anderen Kollegen Mut macht.

Erzählen Sie uns etwas über Ihre Schule und die Ausgangssituation.

Die Reinhold-Burger-Schule liegt im ehemaligen Ostteil der Stadt, nach der Wende wurde aus dem Standort eine Hauptschule. Mit dem zunehmend problematischen Image der Hauptschulen gingen die Schülerzahlen zurück. Als ich herkam, gab es noch 180 Schüler in vier Jahrgängen. Von der Struktur her war es eine autoritär geführte Schule mit klarem Reglement. Im Zusammenhang mit der Berliner Schulstrukturreform äußerten die Kollegen den Wunsch, sich für eine leistungsorientiertere Klientel zu öffnen. Parallel dazu entwickelten sie einen Schwerpunkt als »Gesunde Schule«. Als ich hier anfing, war es Wunsch des Kollegiums, daran weiterzuarbeiten.

Sie stießen mit Ihrem Konzept also nicht unbedingt auf offene Ohren?

Mein Einstieg war der denkbar schlechteste: Ursprünglich war abgesprochen, dass ich dem Kollegium meine Konzeptskizze vorstelle und sie dann entscheiden können, ob sie mit mir arbeiten möchten – und ich mit ihnen. Kurz vor dem Termin teilte mir die Schulaufsichtsbehörde mit, man werde mich dem Kollegium direkt als neuen Schulleiter präsentieren. Man ließ mir nur die Wahl, mich unter diesen Bedingungen dagegen zu entscheiden.

Wie wurden Sie und Ihr Konzept vom Kollegium aufgenommen?

Ich stellte meine Idee vor – und die Kollegen sagten: »Nein danke.«

Wurde Ihnen eine Begründung genannt?

Es gab in den ersten Monaten keinerlei inhaltliche Diskussion, das war reine Eskalation.

Trotzdem haben Sie die Stelle angenommen.

Ja, aber die Situation war so konflikthaft, dass ich bald wieder wegwollte und mich nach Alternativen umschaute. Nach ein paar Wochen wurde mir allerdings klar: Ich muss da durch. Und: Wenn ich hier arbeiten will, muss ich meine Konzeptideen erst mal weit zurückstellen. Denn ein Konzept, das für eine Neugründung geschrieben ist, lässt sich einer bestehenden Schule mit gewachsenen Strukturen nicht einfach verordnen. Schule wird immer gestaltet durch ganz viele Menschen, die daran teilhaben. Das habe ich dem Kollegium dann auch mitgeteilt. Nachdem ich diese Entscheidung getroffen hatte, konnte ich mit der Arbeit beginnen.

Wie haben Sie es trotzdem geschafft, Ihre Reformideen ins Kollegium zu tragen?

Zuerst einmal habe ich geschaut, wer überhaupt bereit ist, mit mir zusammenzuarbeiten und mein Konzept mitzutragen. Das waren zwei von 16 Kolleginnen. Viel Unterstützung bekam ich darüber hinaus von den Sozialpädagoginnen.

Kurz nach Ihrem Antritt haben Sie mit einem Großteil des Kollegiums eine Lehrerfortbildung an der esbz besucht.

Die Fortbildung war schon vor meiner Zeit vereinbart worden.

Wie wurde die Fortbildung angenommen?

Es gab ein paar Kolleginnen, die sagten, dass sie die Einführung in das Schulkonzept und die von den Schülern moderierten Workshops durchaus interessant fanden. Zwei von ihnen haben später auch eine Woche lang an der esbz hospitiert und viele Anregungen für die Lernbüro-Arbeit mitgebracht. Bei den anderen war die Motivation, sich das anzuhören, sehr gering, und das haben sie zum Teil auch deutlich gezeigt.

Hat die Fortbildung Ihnen selbst Mut gemacht?

Ich habe mir ein Mutplakat mitgebracht, und ich konnte dankenswerterweise jederzeit bei der Schulleitung anrufen und um Unterstützung bitten, zum Beispiel bei der Einrichtung der Lernbüros. Der Schulalltag macht es einem allerdings unheimlich schwer, an Neuerungen zu arbeiten. Obwohl ich selbst lange an einer Art Leuchtturmschule gearbeitet habe, ging es mir im Regelschulbetrieb plötzlich so, dass ich manchmal selbst nicht mehr geglaubt habe, dass bestimmte Dinge gehen. Die Strukturen sind hier derart eng, dass Menschen, die seit Jahrzehnten darin arbeiten müssen, sich nicht vorstellen können, dass es anders, geschweige denn vielleicht sogar viel besser geht. Hier einen Neuanfang zu wagen, dazu bedarf es aus Sicht der Lehrer einer hohen

Risikobereitschaft und auch Experimentierfreude. Als Schulleiter trägt man die Verantwortung – und läuft Gefahr, eine Bauchlandung zu machen.

Wie viel Risiko nehmen Sie mit Ihrem Reformvorhaben auf sich?
Viel. Ich bin verantwortlich dafür, dass es erst mal einen Haufen Chaos gibt. Denn jeder Entwicklungsprozess beginnt damit, dass sich alte Strukturen auflösen und die neuen erst entstehen müssen. Das ist eine Phase einer großen Krise. Da die Zuversicht zu behalten ist wahnsinnig schwer. Letztendlich steht und fällt eine Schulentwicklung damit, wie klar ein Schulleiter ist in dem, was er als Entwicklungsvorhaben transportiert. Klarheit ist eine wesentliche Ressource in Veränderungsprozessen.

Wie startete die Veränderung an der Reinhold-Burger-Schule?
Zum Schuljahr 2010/2011 sollte sie von Jahrgang 7 her in eine integrierte Sekundarschule überführt werden. Zeitgleich wollte ich mit den Kollegen, die Ideen aus dem Konzept der esbz unterstützen, in eine Pilotphase gehen. Während meines ersten halben Jahres an der Schule lag für mich die Hauptarbeit darin, im Kollegium zu vermitteln: Es gibt da Kollegen, die möchten gerne etwas anderes machen, lasst sie es doch bitte ausprobieren.

Das ist Ihnen offensichtlich gelungen.
Tatsächlich konnten die beiden Kolleginnen, gemeinsam mit den Sozialpädagoginnen, das neue Schuljahr vorbereiten. Zusammen mit vier neuen Kolleginnen bildeten sie dann das Innovationsteam. Man muss bedenken, dass bei meinem Einstand der Altersdurchschnitt im Kollegium bei etwas unter fünfzig lag, die meisten Kollegen waren also schon seit zehn, fünfzehn Jahren hier. Für das neue Konzept entschieden sich zwei der jüngeren Kollegen. Das Innovationsteam war schwerpunktmäßig in Stufe 7 eingesetzt,

vier Klassen mit 104 Schülern, die im rhythmisierten gebundenen Ganztagesbetrieb fahren.

Sie haben vorhin gesagt, ein Konzept, das für eine Neugründung entwickelt wurde, lässt sich nicht einfach auf eine bestehende Schule übertragen. Inwiefern haben Sie die von der esbz übernommenen Elemente verändert?

Wir haben mit Lernbüros in Mathe, Deutsch und Englisch angefangen, im zweiten Jahr ist Spanisch dazugekommen. Die Hälfte der Stunden haben die Schüler im Lernbüro, die andere im Klassenverband. Die Lernbüro-Materialien werden auf mindestens zwei Niveaustufen angeboten, die entsprechend gekennzeichnet sind, teilweise gibt es noch zusätzliche Aufgaben, die eine weitere Differenzierung ermöglichen. Als Sekundarschule sind wir sogar aufgefordert, unsere Schüler – zumindest in den Fächern Deutsch, Mathe, Englisch und später auch in den Naturwissenschaften – einem bestimmen Leistungsniveau zuzuordnen.

Ein entscheidender Schritt im Paradigmenwechsel vom Lehrer zum Lernbegleiter ist Ihnen damit bereits gelungen. Wie haben Sie diese Elemente an Ihrer Schule gestaltet?

Unsere Logbücher sind im Moment eher noch Lerntagebücher: Die Schüler notieren darin, wann sie gearbeitet und was sie erreicht haben. Der Lehrer sieht möglichst einmal pro Woche das Logbuch durch, und im Bedarfsfall gibt es ein Gespräch. Außerdem haben wir vierteljährlich Bilanz- und Zielgespräche, die mit jedem Schüler geführt werden. Die Eltern sind dazu mit eingeladen – und deren Partizipation steigt!

Wie viele Tutanden hat jeder Lehrer?

In den jetzigen Siebten und Achten hat jede Klasse 26 Schüler, das entspricht ungefähr 17 bis 18 Schülern je Lehrer. Die Quote ist zu hoch, finde ich, an dieser Stelle hätte ich gerne mehr Arbeitszeit.

Aber wir bekommen von der Ausstattung her keine doppelte Klassenlehrerbesetzung hin, das ist ein Mangel, den die staatlichen Schulen haben. Ein klein bisschen kann man über die Personalkostenbudgetierung entlasten, aber auch das ist in Zeiten wie diesen, wo wir eine Haushaltssperre haben, sehr begrenzt.

Inwieweit gelingt an der Schule Partizipation und Selbstbestimmung?

Wir haben im Schulprofil einen stundenmäßigen Schwerpunkt im Fach Ethik gesetzt, der es uns ermöglicht hat, einen wöchentlichen Klassenrat und eine Stunde »Dank und Anerkennung« zum Wochenausklang einzuführen. In den 7. und 8. Klassen haben wir jahrgangsweise Versammlungen, etwa für die Wahl des Schulsprechers oder zum Halbjahres- und Schuljahresende, wenn wir Auszeichnungen verleihen.

Ist das Projekt Verantwortung auch im Fach Ethik angesiedelt?

Ja, es wird in Ethik vorbereitet und reflektiert, und dort werden auch immer wieder Themen aufgegriffen, die die Schüler von ihren Projektorten mitbringen. Wie an der esbz gehen auch bei uns die Schüler der 7. und 8. Klassen einmal in der Woche für zwei Stunden in eine gemeinnützige Einrichtung ihrer Wahl. Das Projekt wird von den Schülern gut angenommen.

Gibt es an Ihrer Schule auch ein Projekt Herausforderung?

Noch nicht. In der stark herausfordernden Form der esbz werden wir es wohl auch nicht durchführen können. Das zu begleiten würde uns überfordern. Aber wir werden auf anderer Ebene Herausforderungen schaffen, etwa indem wir die Schüler die Stadt noch stärker als Lernort nutzen lassen. Wir wollen zudem ein Angebot »Produktives Lernen« an der Schule entwickeln, mit dem wir auch leistungsstarke Schüler erreichen möchten.

Woher nehmen Sie die Zuversicht, angesichts erschwerter Bedingungen heute, Ihren Weg erfolgreich zu gehen?

Aus meiner beruflichen Biografie: Ich habe in den letzten zwanzig Jahren erfahren, dass individualisierte und praxisorientierte Lernformen sehr gut funktionieren. Für mich ist ein entscheidender Punkt in der Schulentwicklung, dass sie in der Region passiert und man dort gemeinsam etwas entwickelt. Aus solchen Kooperationen zieht jeder für sich selbst ganz viel Unterstützung und Bestätigung.

Wie ging es weiter, nachdem Sie die Zustimmung zur Pilotphase gewonnen hatten?

Der erste Jahrgang war erst mal ein Fremdkörper in der Schule. Alleine dadurch, dass mittags um eins plötzlich für eine Stunde Leben auf dem Hof ist, während die anderen Klassen Unterricht haben. Es irrten auch Schüler orientierungslos durchs Schulgebäude und machten zum Teil Unsinn. Da gab es neue Konflikte.

Wie hat sich das »alte« Kollegium verhalten?

Die vorherrschende Haltung war: Na, macht mal, ihr werdet schon sehen, so kann das gar nicht gehen. Euch fehlt eben noch die Erfahrung, aber ihr könnt gerne mit uns reden. Wobei das Hilfsangebot ernst gemeint war, es gab Kooperationsbereitschaft, aber zu den Bedingungen dieser Kollegen. Aber die Grundhaltung im Innovationsteam war: Es ist zu früh für ein Urteil, wir machen weiter. Und sie haben sich sehr stark als Team verstanden.

Wurden die Eltern in die Umstrukturierung einbezogen?

Nein. Zwar mussten sie im Rahmen der Schulkonferenz über die Pilotphase mitentscheiden, aber die Kinder dieser Eltern sind ja in den nicht betroffenen höheren Jahrgängen. Dazu kommt: An der Hauptschule haben wir überhaupt nur ein knappes Viertel der Eltern erreicht. In unserem zweiten Jahrgang 7 nach der Umstellung dagegen sind nur Kinder, deren Eltern sich diese Schule gewünscht haben. Diese Eltern fordern mehr, sind kritisch, unterstützen aber auch sehr konstruktiv. Und auch die Schüler nehmen anders Verantwortung wahr. Wir haben jetzt eine Gesamtschulmischung, und im ersten Jahrgang, in der jetzigen Achten, arbeiten die Klassenräte schon sehr selbständig und erfolgreich.

Welche Bilanz zogen Sie nach dem ersten Jahr?
Eine Mehrheit des Kollegiums sagte zumindest: Dieses Konzept wird weiterentwickelt und fortgeführt. Es ist jetzt also offizielle Schulentwicklungsgrundlage. Das hieß jedoch nicht, dass nun alle dahinterstanden. Nach wie vor fehlte im Gesamtkollegium die Bereitschaft zu einer inhaltlichen Auseinandersetzung. Allerdings waren bis zum Schuljahresende auch einige der ablehnenden Kollegen gegangen.

Wie haben sich die Dinge weiterentwickelt?
Zu Beginn des neuen Schuljahres wurde es erst mal schwierig: Wir nahmen 130 neue Schüler auf und mussten insgesamt zehn neue Kollegen einstellen, die schwer zu finden waren, weil der Arbeitsmarkt relativ leer gefegt ist. Aus den ursprünglich 16 sind jetzt 32 Lehrer geworden. Wir mussten im laufenden Betrieb einer Schule im Reformprozess auch noch eine funktionierende neue Arbeitsstruktur aufbauen.

Stecken Sie noch im Chaos, oder hat sich der Staub schon gesetzt?
Für mich sind bestimmte Dinge schon erkennbar, aber für einen Teil der Kollegen in dieser Schule ist es ein großes Chaos. Beispielsweise soll die historisch gewachsene autoritäre Struktur jetzt partizipativ und demokratisch werden. Da geht es wirklich an Glaubenssätze, und die sind erfahrungsgemäß ganz schwer zu verändern.

Wie verändert man solche überholten Glaubenssätze dann doch?

Durch Erfahrung, Reflexion und Reden. Ich glaube, Kommunikation ist die wichtigste Aufgabe eines Schulleiters. Aber es gibt auch Meilensteine. Anfangs haben wir noch versucht, den gravierenden Regelüberschreitungen, zu denen es unter den neuen Siebtklässlern immer wieder kam, mit den klassischen autoritären Methoden entgegenzutreten. Aber das führte nur zu einer weiteren Eskalation. Daraufhin haben wir im Kollegium Alternativen diskutiert – nach anderthalb Jahren die erste inhaltliche Diskussion mit allen Kollegen! Daraus entstehen jetzt Dinge wie Schüler in die Verantwortung nehmen. Der Klassenrat funktioniert – jetzt probieren wir es mit einem Schülerrat. Und wir planen auch Projekttage zum Thema soziales Lernen. Wir entdecken in diesem Prozess auch schöne Analogien. Die Regelüberschreitungen gingen von einer Handvoll Schüler aus, die aber einen ganzen Schwarm mitzogen. Und im Kollegium ist es nur noch ein harter Kern, der eine destruktive Atmosphäre verbreitet – die Mehrheit hat sich auf den Weg gemacht. Das ist nach wie vor sehr krisenhaft, birgt aber ein unglaubliches Potenzial in sich, wenn die Kollegen bereit sind, alte Zöpfe abzuschneiden. Dazu gehört ein Stück weit Unerschrockenheit oder Mut.

Können Sie uns ein Beispiel nennen, wo an einer öffentlichen Schule der Spielraum in den Rahmenbedingungen ist, der Innovationen möglich macht?

Nummer eins: die Stundentafel. Das ist ja ein großes Heiligtum. Sie wird auf höchster politischer Ebene festgelegt, und wir sind gesetzlich verpflichtet, sie einzuhalten. Jeder Schüler muss eine bestimmte Anzahl Stunden Deutsch, Mathe und so weiter durchlebt haben. Dieses »Wir haben das Thema angesprochen« ist leider weit verbreitete Schulkultur. Dann macht man ein Häkchen dahinter, und der Lehrer ist aus der Verantwortung. Ob davon etwas bei den Schülern hängen bleibt, wird ja kaum kontrolliert. Wir sagen aber: Da bleibt zu wenig hängen! Und deshalb legen wir diese Stundentafel ganz weit aus und fassen Einzelfächer zu Fachbereichen zusammen. In denen sind die Stunden noch erkennbar und lassen sich notfalls auch einzeln ausweisen, aber wir sind freier in der Gestaltung.

Welche Fachbereiche haben Sie gebildet?
Statt Künste haben wir einen Fachbereich Kultur, da gehört auch noch Sport und zum Beispiel Tanz mit rein. In die Naturwissenschaften haben wir unseren Schwerpunkt »Gesunde Schule« aufgenommen, das geht über die klassischen Biologiethemen hinaus, denn Gesundheit ist mehr als ein körperliches Wohlbefinden. Dann haben wir einen Fachbereich Gesellschaftswissenschaften, zu dem auch Soziales Lernen, Partizipation und Konfliktmanagement gehören, da sind wir aber noch im Aufbau. Und als vierten Bereich haben wir die Sprachen zusammengefasst, in dem der Sprachförderung als wesentlichem Element der Kommunikation nicht nur eine schulische, sondern auch eine bedeutende gesellschaftliche Aufgabe zukommt.

Haben Sie eine Empfehlung für reformwillige Kollegen anderer öffentlicher Schulen?
Natürlich muss das Handeln jeder Behörde auf der gesetzlichen Grundlage stattfinden. Aber Gesetze kann man auslegen – sehr restriktiv oder sehr extensiv. Wichtig ist hier vor allem, vernünftige und nachvollziehbare Begründungen liefern zu können, warum man etwas tut. Es liegt in der Natur der Sache, dass Reformprozesse von Minderheiten begonnen werden. Fangen Sie mit den reformwilligen Kollegen an zu arbeiten, auch wenn es nur wenige sind. Haben Sie eine klare Vision und kommunizieren Sie diese. Seien Sie bei alldem authentisch, empathisch und zuversichtlich.

Und was ist Ihr EduAction-Plan?

....

....

....

....

....

....

....

....

....

Tipp:
- Weitere Informationen zur externen Schulentwicklungsbegleitung in der Region Aachen: Ansprechpartner im Bildungswerk Aachen ist Alfons Döhler, A.Doehler@BildungswerkAachen.de, Tel. 0241/512722, weitere Informationen unter: www.bildungswerkaachen.de; Ansprechpartnerin im Bildungsbüro der StädteRegion Aachen: Gabriele.Roentgen@staedteregion-aachen.de, Tel. 0241/5198 4307, weitere Informationen unter: www.staedteregion-aachen.de
- Weitere Informationen zum Bildungsbündnis im Landkreis Ostwestfalen-Lippe auf der Internetseite der Peter Gläsel Stiftung: www.pg-stiftung.net
- Weitere Informationen zum Institut für Bildungskunst: www.institut-bildungskunst.de
- Weitere Informationen zur Sinn-Stiftung: www.sinn-stiftung.eu

Warum wir das Rad doch noch einmal neu erfinden sollten

Die bisherigen Ausführungen dienten dazu, eine Schule erfahrbar zu machen, die vieles anders macht als die meisten der uns vertrauten Schulen, eine Schule, die sich auf den Weg begeben hat, Schule so zu verstehen und zu gestalten, wie sie den Zukunftsherausforderungen einer hochdynamischen, sich selbst immer wieder neu erfindenden Gesellschaft besser gerecht werden kann. Die nächsten beiden Kapitel verlassen die bisher im Zentrum stehende Schule und wenden sich den Fragen zu: Gibt es in der Welt vergleichbare Bildungsinnovationen, aus deren Erfahrungen wir in Ergänzung zu den Erfahrungen der Evangelischen Schule Berlin Zentrum allgemeine grundlegende Erkenntnisse ableiten können, was das Wesen von echten, tiefgreifenden Bildungsinnovationen ausmacht? Und zum Zweiten: Was können wir daraus dann in Bezug auf eine systematische und grundlegende Bildungsinnovations*bewegung* lernen – oder anders formuliert: Wie schaffen wir die zügige Umgestaltung möglichst vieler Schulen in eine Richtung, wie sie in diesem Buch als sehr real möglich aufgezeigt wurde?

Ein immer wieder von uns allen genutztes geflügeltes Wort lautet: »Wir sollten das Rad nicht zweimal erfinden.« Richtig – und falsch zugleich. Natürlich macht es keinen Sinn, etwas, das bereits existiert, ständig noch einmal erfinden zu wollen. Aber: Selbst bei noch so grundlegend erscheinenden Errungenschaften macht es sehr viel Sinn, sich von Zeit zu Zeit zu fragen, ob diese den Herausforderungen und Möglichkeiten der neuen Zeit weiterhin angemessen Rechnung tragen.

Ein Beispiel: Die Erfindung der Dezimalzahlen zur Ablösung beispielsweise des römischen Zahlensystems eröffnete allen Anwendungen der Mathematik, von den einfachsten Rechenoperationen im Alltag jedes Menschen bis zur kompliziertesten Zahlenakrobatik, entscheidende neue Spielräume. Über viele Jahrhunderte hinweg kam kein Mensch mehr auf den Gedanken, über ein intelligenteres und funktionaleres Zahlensystem zu grübeln. Das sogenannte arabische Zahlensystem, mit dem die gesamte Menschheit seit Generationen rechnet und das sich scheinbar in ihre Genetik eingewebt hat, erschien uns als eine nicht mehr hinterfragenswerte Errungenschaft. Bis vor relativ kurzer Zeit hätte es wohl auch wirklich keinen Sinn ergeben, über eine andere Option nachzudenken für mathematische Operationen. Doch plötzlich geschah etwas Unerwartetes: Es öffnete sich durch den technologischen Fortschritt ein neuartiges »Fenster der Möglichkeiten«, in dem sich sogenannte »intelligente Rechner« als Option an den Baustellen der Technologietüftler zeigten. Plötzlich erwies sich das gute alte Dezimalsystem als ein sehr hinderliches Instrument. Also machten sich die Menschen an eine Lösung dieses Problems. Und sie kamen erstaunlich schnell auf eine andere Lösung, die sich schlicht ein Muster aus der Elektronik abschaute. Eine Grundlogik der Elektronik ist »plus«/»minus«, »an«/»aus«. In die Sprache der Mathematik übertragen bedeutet dies: Wir reduzieren die Dezimalzahlen einfach auf »null« und »eins«, und schon sind die Elektronik und die Mathematik in nahezu unendlich weit erscheinender Weise »anschlussfähig«. Dieser genial einfache Geniestreich öffnete die »windows« zu den völlig neuen Welten der Computer- und Softwareentwicklung. Ohne diese partielle Neuerfindung des Rads der Mathematik wäre der Quantensprung zur digitalen Revolution schlicht nicht möglich gewesen.

Wir leben in einer Zeit, in der sich der Mensch den Zugriff auf sehr viele weitere analoge »Stellschrauben« in allen uns umgebenden und auch den in uns selbst liegenden Systemen erarbeitet hat. Diese neue menschliche Gestaltungskraft eröffnet – dank Transportmitteln, dank Computer, dank Haushaltsgeräten und sonstiger Maschinen, dank eines, im übertragenen Sinne, 24 Stunden geöffneten globalen Kaufhauses täglich neuer potenzieller Hilfsmittel zur potenzialreicheren Lebensgestaltung – jedem Menschen immer mehr Handlungsoptionen. Diese permanente Optionsexplosion bereitet der Menschheit endlos viele neue Chancen, aber auch ebenso viele neue Risiken und Gefahren. Wenn der Mensch die Lust auf die Entdeckung neuer Gestaltungsoptionen nicht verliert, und nichts spricht dafür, dass er diese Lust verliert, dann steckt der Mensch längst mitten in einer Verantwortung auf einer völlig neuen Ebene: Er muss für jedes Individuum sowie für das Miteinander von der Teamebene bis zur Menschheit als Ganzes die Kompetenz erwerben, das bisher veranstaltete Konzert von Grund auf zu verändern: Der Mensch kann es schaffen, mit anderen Noten, anderen Instrumenten, anderen Klängen einer veränderten Zuhörerschaft in einem völlig veränderten Klangraum, eine neue Welt aufzuführen, nämlich eine neue, gemeinsame verantwortungsbewusste Welt. Oder anders formuliert: Der Mensch hat sich selbst zu gesamtmenschheitlicher und gesamtsystemischer Verantwortung verurteilt, und zwar nicht einmal nur lebenslänglich, sondern systemlebenslänglich.

Die entscheidende Stellschraube zu der notwendigen Anpassung an die neue menschliche Gestaltungsverantwortung in dieser neuen Situation ist die Bildung. Weil wir eine völlig neue Bildung brauchen, müssen wir den Begriff der Bildung praktisch neu erfinden. Wenn wir dies nicht oder nicht schnell genug leisten, drohen uns serienweise Gefahren von systemischer Tragweite. Wenn Bildung weiterhin auf Wissensvermittlung setzt statt auf das Erlernen jener Kompetenzen, mit denen sich jeder Mensch permanent neues Wissen in jeder Lebensphase und in jeder Lebenswelt effektiv und kreativ aneignen kann, werden selbst unsere »wissensstärksten« Eliten immer lebensuntauglicher in einer Welt, die sich immer schneller wandelt und damit permanent neue Fähigkeiten verlangt. Wenn unsere Bildung weiterhin so praxisfern bleibt, fallen wir in kürzester Zeit noch mehr hinter jene Länder zurück, die in dieser Hinsicht schon sehr viel bessere Bildungsangebote haben. Unser Wohlstand ist dann im globalen Wettbewerb akut gefährdet, unsere Sozialsysteme werden immer weniger finanzierbar sein und zusammenbrechen, Depression und Hoffnungslosigkeit, die schon jetzt insbesondere auch unter den jungen Menschen sich ausbreiten, werden sich zur neuen Volksseuche unserer Gesellschaft entwickeln. Wenn unsere Bildung weiterhin so viele Verlierer produziert, die bestenfalls noch Arbeit in einem »Niedriglohnsektor« finden ohne Aussicht, ihr Leben aus eigener Kraft finanzieren zu können, dann schlittern wir munter weiter in eine neue Klassen-, wenn nicht Sklavenhaltergesellschaft, in der für einen kleinen Teil der Menschen unendlich viele Lebensgestaltungschancen vorhanden sind und für den großen Rest die Chancenlosigkeit immer aufwendiger »organisiert« werden muss.

Wir können sehr wohl lernen, auf diese Gefahren intelligent und verantwortungsvoll zu antworten. Nur: Wir müssen es wollen, und wir müssen das Notwendige tun. Auf alle Fälle dürfen wir uns nicht länger der Illusion hingeben, unser Bildungssystem sei im Großen und Ganzen zukunftstauglich und ein paar kleine Korrekturen würden ihm wieder zur erforderlichen Effizienz verhelfen. Die Anforderungen an Bildung haben sich radikal verändert und verändern sich weiter in dem Maße, wie sich Tempo und Tiefe des Wandels in unserer gesamten Gesellschaft verändern.

Wir haben in fast allen Bereichen der Gesellschaft eine regelrechte »Rulebreaker«-Kultur etabliert: In der Forschung, in den Thinktanks, in der Wirtschaft hat man verstanden, dass die Hinterfragung der etablierten Regeln und die Suche nach möglichen neuen Spielregeln den stärksten Motor für bahnbrechende Innovationen bedeuten. Wir brauchen eine Balance in der Rulebreaking- und Innovationskultur: Die weit entwickelte Innovationskultur in Forschung und Technik sowie in der Wirtschaft bedarf einer entsprechend schnell aufholenden Entwicklung einer Innovationskultur in gesellschaftlichen Fragen und Konzepten. Der Begriff, der sich hierfür etabliert hat, ist *social innovation*.

Soziale Innovationen betreffen jedoch keineswegs nur den klassischen sozialen Sektor. Nach Winfried Kretschmer sind darunter alle »Hebel, die Einzelne an der – abstrakten – Gesellschaft ansetzen können« im Sinne von »bewussten Akten der Veränderung« zu verstehen, also die Gesamtheit aller partizipativen Handlungen von Menschen, ihre aktive, kreative und verantwortungsvolle Mitgestaltung unserer Gesellschaft und Lebenswelten. Bedeutende soziale Innovationen in diesem Sinne waren zum Beispiel die Bürger- und Menschenrechte, die Demokratie, die Emanzipation der Frauen, aber auch Genossenschaften, Sozialversicherungen, Kindergärten, das Prinzip der Nachhaltigkeit, die Entstehung von Bürgerinitiativen, das Internet, *social media, social business*, Minikreditbanken usw.

Doch soziale Innovationen sind zeit- und strukturabhängig, das heißt, sie müssen den allgemeinen Entwicklungen immer wieder angepasst werden. Heute liegt der Schlüssel für die Entfaltung von sozialen Innovationen, für die Etablierung einer Kultur der *social innovation* und damit der Chance auf eine nachhaltige und verantwortungsvolle Weiterentwicklung von Wirtschaft, Technik und Gesellschaft insgesamt, bei der Bildung. Oder genauer: Es sind heute Bildungsinnovationen, die den neuen Rahmenbedingungen und Anforderungen gerecht werden.

Welch weitreichende gesellschaftliche Folgen eine Bildungsinnovation haben kann, zeigt ein Blick nach Kolumbien, wo in ländlichen Regionen Schulentwicklungsprozesse initiiert wurden, die ungeahnte Nachahmung fanden.

Eine Bildungsrevolution ausgerechnet aus Kolumbien

Am Anfang stand ein Forschungsauftrag in den 1970er Jahren. Eine Gruppe von Wissenschaftlern aus mehreren lateinamerikanischen Ländern sollte die Ursache für die seit etwa 1950 extrem beschleunigte Urbanisierung in allen Ländern Lateinamerikas herausfinden. Innerhalb von 30 Jahren hatte sich in manchen Regionen das Verhältnis von Land- zu Stadtbevölkerung von 90 zu 10 auf 10 zu 90 umgekehrt. Bei ungebremster Fortsetzung dieses Trends, so fürchtete man, würden diese Länder kollabieren.

Das Ergebnis der Untersuchung brachte eine große Überraschung: Das Problem lag in der Bildung. Je mehr Bildung die Menschen erwarben, desto mehr von ihnen zogen in die Städte. Irgendwann waren die ländlichen Regionen so ausgeblutet, dass auch die Schwächeren keine Perspektive mehr auf dem Land sahen und ebenfalls in die Städte – dort aber in die Slums – nachzogen.

Das Problem war, wie die Wissenschaftler herausfanden, weniger das absolute Maß an Bildung, sondern die Art von Bildung, die in den Schulen vermittelt wurde. Wie vermutlich in allen Ländern der Welt waren auch die kolumbianischen Schulbücher von Städtern geschrieben. Die Bücher reflektierten also in ihren Inhalten im Wesentlichen städtisch geprägte Denkweisen und Lebenssituationen. Traditionelles ländliches Wissen fand keinen Platz mehr im »modernen« Bildungssystem. Niemand hatte sich die Mühe gemacht nachzusehen, ob dieses traditionelle ländliche Wissen nicht wenigstens in Teilen auch weiterhin sinnvoll ist für die Schulung zur Lebenstauglichkeit auf dem Lande.

Die Forscher zogen aus ihren überraschenden Ergebnissen eine höchst ungewöhnliche Konsequenz: Nachdem niemand sich dazu berufen gefühlt hatte und wohl auch niemand mehr dazu in der Lage war, modernes Wissen auf ländliche Lebensbedarfe anzuwenden und dabei gleichzeitig traditionelles Wissen zu sichten und sinnvoll in ein zukunftsweisendes Gesamtkonzept von Bildung für die Landbevölkerung einzubeziehen, entschlossen sich diese Wissenschaftler, genau dies zu leisten. Entstanden ist ein Konzept, das ungewöhnlicher und innovativer kaum sein könnte. Bildung wurde hier derart radikal noch einmal von den Grundlagen her und in jede Facette hinein neu durchdacht, dass dies einer zweiten Erfindung von Bildung nahekommt.

Bei der gesamten Konzepterarbeitung war kein einziger Lehrer und auch kein Bildungsexperte beteiligt, die Gruppe bestand fast ausschließlich aus Naturwissenschaftlern. Ihnen war von vornherein klar, dass sie ihre Aufgabe nur dann gut bewältigen konnten, wenn sie mit den Menschen, für die sie neue Unterrichtsmethoden und -inhalte kreieren wollten, zusammenarbeiteten. Also luden sie Interessierte aus der Bevölkerung ein, mit ihnen zusammen ein neues Konzept zu entwickeln. Es begann ein Prozess des gegenseitigen Kennen- und Verstehenlernens. Insgesamt zwölf Jahre dauerte es, bis die Konzeptionsarbeit abgeschlossen werden konnte.

Um die Arbeitsergebnisse praktisch umsetzen zu können, wurde eine Stiftung namens FUNDAEC – »Stiftung für die Anwendung modernen Wissens auf ländliche Entwicklung« – gegründet. Deren Kernbereich ist die Ausbildung von Schülern vom 7. bis zum 12. Jahrgang mit dem Abschluss der staatlich anerkannten Hochschulreife. Gut 30 000 Abiturienten konnten dank FUNDAEC bis heute ausgebildet werden. Längst haben sehr viele private Gymnasien die FUNDAEC-Prinzipien, Curricula und Materialien übernommen, und FUNDAEC hat das Konzept auch auf den Vor- und Grundschulbereich sowie auf den Hochschulbereich bis zur Postgraduierten-Fortbildung ausgeweitet. Außerdem wird es von immer mehr Ländern Lateinamerikas, Afrikas und Asiens nachgefragt. Trotz bester Studienaussichten verbleiben mehr als 85 Prozent der FUNDAEC-Schüler in ihren ländlichen Regionen, werden oft bereits mit Erreichen der Volljährigkeit zu Bürgermeistern in ihren Dörfern gewählt und sehen ihre Mission in der Anwendung ihrer Kompetenzen dort, wofür sie ausgebildet wurden.

Im Unterricht selbst begegnet man weder Lehrern im klassischen Sinne, noch werden klassische Lehrmaterialien verwendet. Auch gibt es keine fixen Unterrichtszeiten, der Unterrichtsplan wird letztlich von den Schülern bestimmt, die Lehrer haben sich danach zu richten. Es gibt nicht einmal Schulgebäude. Jede

»Schulklasse« ist für Schüler jeglichen Alters offen, so dass Klassen, in denen drei Generationen aus einer Familie unterrichtet werden, keine Seltenheit sind. Der Fächerkanon ist auf fünf Fächer reduziert, und ein beträchtlicher Teil des Lernens findet in Form von Mitarbeit im Dorf statt. Dennoch gab es unter den 30 000 Absolventen bis heute keinen, der sein Mathe-Abitur nicht mit Bravour bestanden hätte. Jeder FUNDAEC-Absolvent wird von jeder Hochschule in Lateinamerika mit Vorzug aufgenommen wegen seiner außergewöhnlichen Leistungen und Fähigkeiten. Lernunmotivierte, geschweige denn »Versager« gibt es hier nicht. Wie passt dies alles zusammen?

Zusammenhänge erkennen, interaktiv lernen

An den Potenzialentfaltungsschulen von FUNDAEC steht systemisches, ganzheitliches Denken im Zentrum jeglicher Überlegungen und jeglicher Konzepte. Dies ist auch der Grund, nur fünf statt zwölf oder mehr Unterrichtsfächer anzubieten. Der Fächerkanon umfasst Kommunikation, Naturwissenschaft, Mathematik, Technologie sowie Gemeinschaft.

Zur Kommunikation gehören nicht nur der Umgang mit der eigenen Sprache und der Zugang zur nationalen Literatur und Kultur. An den Entwicklungsschulen lernen die Schüler sehr viel über zwischenmenschliche Beziehungen, über Teambildung und Teamarbeit, über innere Kommunikation und deren Psychologie, über Sozialpsychologie und soziologische Zusammenhänge, also über Kommunikation auf allen Ebenen.

Naturwissenschaft wird nicht in Einzelfächer separiert, sondern es werden an konkreten Themen die physikalischen, chemischen, biologischen und ökologischen Aspekte im Zusammenhang behandelt. Naturwissenschaft wird dadurch ungleich lebendiger und das Verständnis von Natur in ihren Zusammenhängen ganzheitlicher, wodurch das Verständnis einzelner Fragen und Phänomene erheblich erleichtert wird, einschließlich der damit verbundenen Faktenaufnahme.

Auch Mathematik wird nicht in abstrahierten Lerneinheiten vermittelt, sondern in enger Verknüpfung mit den anderen Fächern als die Sprache der Abstraktion in der Beobachtung der Natur und des Lebens und ihrer Phänomene. So verstanden ist Mathematik nicht mehr lebensferne Zahlenakrobatik, sondern der Schlüssel zum systemischen Verständnis von Zusammenhängen.

Technologie ist die Ebene der lebenspraktischen Anwendung der erworbenen Erkenntnisse. Die Vermittlung von technologischem Wissen erfolgt wiederum nicht losgelöst vom Lebensumfeld, sondern ist konkret darin angesiedelt. Dies erleichtert das Verständnis der gelernten Zusammenhänge und der damit verknüpften Fakten erheblich. Zur Dimension der lebenspraktischen Anwendung grundlegender Erkenntnisse zählt auch die Vermittlung ökonomischen Denkens, was merkwürdigerweise in unseren Schulsystemen immer noch sträflich vernachlässigt wird. Die natürliche und gesamtheitlich integrierte Art der Vermittlung befeuert nicht die ökonomische Gier in noch jüngeren Jahren, wie manche befürchten könnten, sondern genau das Gegenteil ist der Fall: Ökonomisches Denken erhält seinen ausgewogenen und angemessenen Platz im Konzert neben und mit allen anderen Dimensionen des Lebens.

Bleibt schließlich noch das Fach Gemeinschaft. Dieses bietet vor allem die Brücke vom reinen Schülerdasein zur Rolle eines nützlichen und kreativen Mitglieds der Gemeinschaft. Hier erhalten die Schüler das Wissen und die Fertigkeiten, die erforderlich sind, um zu Gemeindeentwicklern und aktiven Akteuren in der Gemeinschaft zu werden. Sie lernen psychologische und soziologische Zusammenhänge, Kooperationsqualitäten und Teamgeist und nicht zuletzt die Werte, die dem individuellen und kollektiven Leben die größte Zufriedenheit, Balance und Entwicklungsdynamik schenken. Diese Wertevermittlung geschieht auf der Ebene der unmittelbaren Bedeutung für die Qualität des eigenen und des gemeinschaftlichen Lebens.

In jedem der fünf Fächer findet man mehrere »unserer« Schulfächer intelligent integriert, und sie enthalten sogar noch einige Fächer darüber hinaus. Leitmotiv ist immer und überall das Verständnis von Konzepten, die aus der Natur oder Kultur abgeschaut sind und in die Bewältigung des Lebens eingebaut werden können. So werden zum Beispiel biologische Phänomene nie als Kapitel oder Bruchstücke in einem abzuarbeitenden Steinbruch von Fakten- oder Teilbereichswissen geboten, sondern immer als Zugang zu weiteren Konzepten, die dabei helfen, kreative, aktive und verantwortungsvolle Mitschöpfer unseres eigenen Lebens, des Gemeinschaftslebens und letztlich des kulturellen Fortschritts der Menschheit zu werden.

Um Bildung derart neu zu konstruieren, war es unvermeidlich, alle Lehrbücher neu zu schreiben, selbst das Mathematikbuch, und in interaktive Lernbücher zu verwandeln: Jeder Schüler schreibt »sein« Lehrbuch aktiv mit. Auch seine wichtigen Lernschritte im Unterricht und seine Reflexionen finden darin Platz, werden dadurch Teil des Buches und geben dem Geschriebenen wie dem Schreiber mehr Bedeutung.

Der Lernprozess in den Lerngemeinschaften ist weniger ein permanenter Wettbewerb um die bessere und schnellere Auffassungsgabe, sondern ein kontinuierliches gemeinsames Arbeiten. An den Potenzialentfaltungsschulen findet *competition* in seinem ursprünglichen Wortsinne statt: als »gemeinsame Suche nach Lösungen« (unser Missverständnis von *competition* als Wettbewerb hat mit dessen ursprünglicher Bedeutung tatsächlich nichts zu tun). Die Hilfe für den Mitschüler (»Vorsagen«) ist nicht unter Strafe gestellt, sondern ein Element des Lernens: Ständig werden Klassen beziehungsweise Lerngemeinschaften in kleinere Teams aufgeteilt, die bestimmte Aufgaben gemeinsam erarbeiten und dann ihre Ergebnisse in der größeren Gruppe präsentieren.

Dies fördert gleichzeitig eine hohe Sozialkompetenz *und* eine hohe individuelle Kompetenz und Leistungsbereitschaft. Auch in den Klassen der Potenzialentfaltungsschulen gibt es herausragende Schüler – sogar mehr als an unseren Schulen –, aber es gibt fast überhaupt keine »schlechten« Schüler, und vor allem liegt das durchschnittliche Leistungsniveau der Klassen weit über dem »normalen« Durchschnitt bei uns. Die Schüler lernen schnell, dass sie als gute Teams viel effektiver lernen und zu Ergebnissen kommen, die sie als »Individuallerner« nicht erreichen würden. Solidarität wird nicht als noble moralische Pflicht erlebt und gelebt, sondern als das fraglos intelligentere Verhalten. Auch in diesem Sinne ist das neue Bildungssystem von FUNDAEC ganzheitlicher und integrativer als der Schulalltag in unseren Schulen. Ermüdende und meist doch zwecklose Appelle an ein besseres Sozialverhalten in der Klasse sind den Potenzialentfaltungsklassen völlig fremd.

Tutoriales System: Schüler werden zu Lehrern, Lehrer zu Lernbegleitern

Die Arbeit mit interaktiven Trainingsbüchern und Schülerteams mit begleitenden Tutoren statt mit Lehrern ist bei FUNDAEC aus einer Not heraus geboren. Es gab einfach nicht genügend Lehrer, die bereit waren, in die entlegenen Dörfer Kolumbiens zu gehen und dort zu leben, zumal weite Landstriche dieses Landes jahrzehntelang unter dem Terrorismus der FARC litten. Da Not erfinderisch macht, entwickelte FUNDAEC deshalb ein grundlegend neues Lehrerausbildungssystem mit einer grundlegend neu justierten Beziehung zwischen Lehrern und Schülern.

Die Arbeit mit interaktiven Trainingsbüchern erlaubte, dass geeignete Menschen aus den Dörfern zunächst nur darin ausgebildet wurden, kleine Schülerteams in der Arbeit mit einem interaktiven Trainingsbuch für einen Jahrgang zu begleiten. Ihre Fragen und Probleme in dieser Tutoren- statt Lehrerfunktion konnten sie in regelmäßigen begleitenden Kursen an dezentralen Standorten der Tutorenausbildungseinrichtung von FUNDAEC (deren »Pädagogischer Hochschule«) jeweils zeitnah und besonders praxisnah einbringen und gemeinsam mit dem dortigen Ausbildungsteam und mit anderen Tutoren bearbeiten. Die Tutoren konnten daher, durch den sehr frühzeitigen Praxiseinsatz in den Dörfern, sehr schnell die notwendigen Lernprozesse zur erfolgreichen Lernbegleitung durchlaufen.

Die Ausbildung der Lehrer beziehungsweise Tutoren ist ganz auf die unmittelbare Unterrichtspraxis ausgerichtet. Dadurch können sie sofort praktische Erfahrungen sammeln, und zwar sowohl in Bezug auf die eigene Beherrschung der vermittelten Inhalte als auch in Bezug auf Didaktik, Gruppendynamik, Menschenkenntnis und alle anderen Aspekte der zwischenmenschlichen Kommunikation als Transportmittel von Lernprozessen.

Hat die Lernpsychologie nicht längst erwiesen, dass niemand besser lernt als der, der das zu Lernende unmittelbar wieder an andere weitergibt? Die Tutoren der Potenzialentfaltungsschulen nutzen diese simple Erkenntnis und eignen sich dadurch den Lehrstoff viel schneller und sicherer an als ihre Kollegen an den pädagogischen Hochschulen der meisten »entwickelten« Länder. Und sie treten gleichzeitig noch drei Jahre früher ins Berufsleben ein. Sie alle haben zudem die Möglichkeit, ihre in der Praxis erfahrenen Defizite und Probleme bei der Umsetzung der didaktischen und kommunikativen Konzepte im Kreise der Hochschuldozenten und der anderen Tutoren-Studenten aufzuarbeiten. Auf diese Weise erhalten sie qualifiziertes Feedback, das sie weiterbringt und vor Dauerfrustrationen im Berufsalltag schützt. Nicht umsonst zeichnen sich diese Lehrer durch eine hohe Zufriedenheit und Selbstsicherheit aus. Auf diese Weise baute FUNDAEC das vielleicht effektivste und flexibelste Lehrerausbildungssystem der Welt auf.

Warum sollen Lehrer dadurch besser werden, dass sie ihre Eignung in der Praxis erst dann unter Beweis stellen müssen, wenn sie die lebenslängliche Erlaubnis zur Ausübung dieses Berufes erlangt haben? Wir sollten unser System der Lehrerausbildung angesichts der Erfahrungen aus Kolumbien überdenken.

Viele Schüler wechseln nach Abschluss ihrer Ausbildung selbst in die Rolle von Tutoren. So multipliziert sich das System besonders schnell und effektiv. Wer selbst auch lehrt, lernt noch besser und schneller. Das Bildungssystem von FUNDAEC baut so konsequent wie kein anderes auf dem tutorialen Lernen auf – und das mit sensationellem Ergebnis: Die Absolventen der ländlichen Potenzialentfaltungsschulen sind ihren gleichaltrigen Kollegen in den Gymnasien der Städte in nahezu jeder Hinsicht überlegen, vermeldet das kolumbianische Bildungsministerium.

Die Schüler stehen im Mittelpunkt

Die Schüler aus den Dörfern müssen nicht in entfernte Städte reisen, um eine Schule besuchen zu können, die Schule kommt zu den Schülern ins Dorf. Sobald sich eine Gruppe von zehn bis fünfzehn Lernwilligen findet, organisiert FUNDAEC die notwendigen Tutoren, und der Unterricht kann beginnen. Da die Lerngruppen meist nicht größer sind, ist auch kein eigenes Schulgebäude erforderlich. Räumlichkeiten für Gruppen dieser Größe finden sich in jedem Dorf, und oft kann der Unterricht auch im Freien stattfinden. Die Schüler einer Studiengruppe beraten, in welchem Rhythmus und zu welchen Zeiten sie sich zum Unterricht treffen möchten – vorgegeben ist lediglich das Gesamtpensum –, und die Tutoren müssen sich nach dem verabredeten Zeitplan richten. Auf diese Weise erlangt dieses Schulsystem eine hohe Flexibilität, stellt eine unmittelbare Integration mitten im Dorfleben sicher und spart nebenbei noch sehr viel Geld. Selbst die Labors sind mobil und werden in Koffern transportiert.

Der Metalehrplan für das Lernen des Lernens

In der sechsjährigen Ausbildung steht in jeder Jahrgangsstufe eine andere Metalerndisziplin für das Lernen des Lernens im Vordergrund.

Im ersten Jahrgang, der der 7. Klasse entspricht, ist es die Metalerndisziplin des Fragenstellens. In allen Fächern werden die inhaltlichen Lernschritte intensiv mit dem Formulieren von Fragen verbunden. Wer ein Jahr lang Fragenstellen gelernt hat, von den grundlegenden Sinnfragen des Lebens bis zum Wie und Warum von technischen Zusammenhängen, dem ist Neugier zur alles treibenden Kerneigenschaft geworden. Wer genügend Fragen in seinem Kopf bewegt, den führt eine Frage zur nächsten, und für ihn wird Motivation selbstverständlich. Fragen sind der Grundschlüssel zum Lernen. Diese Weisheit lehren alle Philosophien aller Zeiten und Kulturen. Warum also gibt es in unseren Schulen kein fächerübergreifendes Konzept, in dem alles Lernen von inhaltlichem Stoff mit dem Einstieg über Fragen beginnt?

Ab einer bestimmten Intensität führt die Kunst des Fragenstellens automatisch auch zur Herausbildung eines systemisch-ganzheitlichen Denkens, denn fortwährendes fragendes Kreisen um ein bestimmtes Thema führt geradewegs zu der Erkenntnis, dass es mehrere »richtige« und weiterführende Blickwinkel und Antworten geben kann und gibt. Das Metalernen des Fragens ist gleichzeitig ein Weg zur Kompetenz im Teamlernen, denn die Fragen richten sich immer in die Gemeinschaft.

Im zweiten Jahrgang folgt die Metalerndisziplin der Beschäftigung mit der Bedeutung der Begriffe. Was meint Natur, was bedeutet Gemeinschaft, was ist Solidarität, Atom oder Licht, und zwar jeweils nicht einfach aus einer Sichtweise, sondern immer aus unterschiedlichen Perspektiven und Lehrmeinungen.

Ein Jahr lang intensive Auseinandersetzung mit einer beträchtlichen Anzahl von grundlegenden Begriffen pflanzt in die Herzen und Köpfe aller Lernenden ein lebenslanges Interesse an der Bedeutung von Begriffen und einen sorgsamen und sehr bewussten Umgang mit Sprache und Begriffen. Die Ausdrucksfähigkeit wird erhöht, aber auch die Genauigkeit und Virtuosität des Denkens. Besucher der FUNDAEC-Schulen wundern sich immer wieder, wie sicher, selbstbewusst, präzise, strukturiert und sprachgewandt die Schüler bei ihren Präsentationen auftreten.

In den Industrieländern ist das Eindringen in die Tiefen unserer zentralen Begriffe in der Regel erst den Hochschulen vorbehalten, und dann auch nur in der jeweiligen Fachdisziplin, für die man sich entschieden hat. Warum begreifen wir nicht die Metalernfunktion unserer Begriffe und verwenden nicht viel früher viel mehr Zeit darauf, den Umgang mit ihnen zur Meisterschaft zu treiben? Das vermeintlich langsamere Lerntempo, das mit einer intensiven Beschäftigung mit Schlüsselbegriffen verbunden ist, zahlt sich in kürzester Zeit in einer deutlichen Verbesserung der Auffassungsgabe aus, und dies weit über die Schulzeit hinaus. Das intensive Eindringen in die Bedeutung von Begriffen trainiert schließlich auch die Fähigkeit, mentale Modelle zu erkennen und damit umzugehen.

Ab dem dritten Jahrgang lernen die FUNDAEC-Schüler, ihr Wissen in zunächst sehr kleinen und mit der Zeit behutsam komplexer werdenden Projekten umzusetzen, in Projekten, die dem Wohlergehen der Dorfgemeinde dienen. So werden die Kinder frühzeitig schrittweise und systematisch in die Erfahrung geführt, dass Wissen und damit Lernen einen praktischen Nutzen hat. Sie werden kleine Projektmanager und Entwicklungshelfer, und sie übernehmen sogar unternehmerische Verantwortung.

Was ist befriedigender und sinnstiftender, als die Früchte der eigenen Bemühungen zu sehen? Warum enthalten wir ausgerechnet unseren Kindern diese für jeden Menschen so existenziell wichtige Lebenserfahrung in der praktischen Anwendung ihres Wissens so lange vor und muten ihnen jahrelange Vertröstungen für die konkrete Übernahme von Verantwortung zu? Warum wechseln wir nicht endlich wieder von dem programmatischen »Lernen für das Leben« zum selbstverständlichen »Lernen im Leben und mit dem Leben und unmittelbar für das Leben«? Ein Lernprozess, der die Anwendung des Gelernten auf ein Irgendwann im Erwachsenenleben vertröstet, mutet Kindern und Jugendlichen eine sehr demotivierende Abstraktionsleistung zu und enthält ihnen die so natürliche und motivierende Freude der erfolgreichen praktischen Umsetzung und Nutzung des Gelernten vor.

Mit der Möglichkeit, Beiträge zu geben zum Wohlergehen der Familie und zum Fortschritt der Gemeinschaft, erhält Gelerntes erst die Dimension von Sinn. Dadurch, dass das Gelernte permanent im Sinne einer Verbesserung des Gemeinschaftslebens in praktische Anwendung überführt wird, erlangen die FUNDAEC-Schüler hohe Achtung in der Gemeinde, ein hohes Selbstwertgefühl, ein starkes Sinn- und Gemeinschaftsgefühl, erleben viel Lebensbezug und ein starkes Gefühl von Verantwortung. Und all dies sind die besten Treiber für ganzheitliche Lernprozesse und ganzheitliche Lernerfolge. Die FUNDAEC-Schulen ebenso wie die Evangelische Schule Berlin Zentrum geben keine der Qualitäten unserer heutigen Schulen auf, ergänzen sie jedoch um viele zusätzliche Qualitäten.

Und was ist Ihr EduAction-Plan?

....

....

....

....

....

Bildung neu erfinden: Das Education Innovation Lab

Beispiele wie Kolumbien, die esbz und andere sich entwickelnde Schulen führen uns nun zu der Frage, wie und ob uns die Verwandlung unseres heutigen Bildungssystems in ein Potenzialentfaltungssystem gelingen kann. Wie können wir Education zu Edu-Action umgestalten?

Viele Wege zu Reformen im Bildungssektor sind bereits beschritten, von der aktiven Teilnahme am bildungspolitischen Diskurs zu zukunftstauglichen Schulformen über die Gründung von Reformschulen bis zu Initiativen, die sich der Behebung konkreter Defizite im Bildungswesen verschrieben haben. Im Sommer 2011 fanden sich einige Akteure zusammen, die über die Bündelung bisheriger Ansätze und über neue, flankierende wirksame Ansätze nachdenken wollten. Auf Initiative des Genisis Instituts gründete sich an der Humboldt-Viadrina School of Governance das Education Innovation Lab.

Den Hebel ansetzen mit herausragenden Bildungsinnovatoren

In nahezu allen Sektoren der Gesellschaft gelten Innovatoren als die entscheidenden Zukunftsgestalter. In den Auseinandersetzungen über dringend notwendige Reformen in unseren Bildungssystemen wird der Beitrag und Wert der visionären und umsetzungsstarken Innovatoren dagegen noch viel zu wenig beachtet. Beflügelt durch den Geist des *social entrepreneurship* betreten in jüngster Zeit immer mehr hochmotivierte, kreative und professionelle Innovatoren das Feld der Bildung.

Neben einer besseren Motivation und umfassenden Lernfähigkeit vermitteln ihre Konzepte insbesondere lebensunternehmerische Schlüsselkompetenzen wie soziale und empathische Kompetenz, Teamkompetenz, Lernkompetenz, Konfliktlösungskompetenz, visionäre Kompetenz, Umsetzungskompetenz und vieles mehr. Die Bildungsinnovatoren zeigen verblüffende neue Wege und erzielen erstaunliche, nicht für möglich gehaltene Ergebnisse, die die Suche nach einem künftigen Bildungsparadigma erheblich erleichtern können. Deshalb entschied sich das Education Innovation Lab, »die Kreativität und Dynamik herausragender Bildungsinnovatoren dafür zu nutzen, die Anpassung von Bildung an die Erfordernisse einer aktiven und verantwortungsvollen Zukunftsgestaltung entscheidend zu beleben und erheblich zu beschleunigen« und sich in seiner Arbeit schwerpunktmäßig mit dem Verständnis von Innovationsleistungen der Bildungsinnovatoren zu beschäftigen sowie mit den Chancen einer breiten Implementierung und Skalierung der Neuerungen. Dazu baut es ein Netzwerk herausragender Bildungsinnovatoren auf, um weitere Innovationen zu entwickeln und zu begleiten und zu überprüfen, was diese zur Ausgestaltung einer adäquaten Zukunftsbildung beitragen können. Die erzielten Ergebnisse werden offensiv in die Bildungsdiskussion getragen. Und schließlich befasst es sich mit der Frage, wie Bildungsinnovationen in einer neuen Qualität systematisch entwickelt, gefördert und umgesetzt werden können.

Zu den Gründern des Education Innovation Lab zählt neben den beiden Autoren dieses Buches Stephan Breidenbach, Dean der Humboldt-Viadrina School of Governance und Koordinator im Rahmen der von Bundeskanzlerin Angela Merkel initiierten Zukunftsdialoge im Themenfeld »Wie werden wir lernen?«. Weiterhin Heather Cameron, Professorin für Integrationspädagogik an der Freien Universität Berlin, Ashoka Fellow für Social Entrepreneurship und Hochschullehrerin des Jahres 2011, sowie Claudia Dikmans, Sebastian Hirsch und Susanne Stövhase, die drei Gründer von Nextlearning, eine im Masterstudiengang Public Policy der Humboldt-Viadrina School of Governance entwickelte Plattform zur Vernetzung von Bildungsinnovatoren und Initiierung von Projekten, die die Zukunft des Lernens erkunden. Zum Kernteam gehören ferner der Hirnforscher Gerald Hüther, der Gründer der Sinn-Stiftung, Christian Rauschenfels, sowie die auf soziale Innovationen fokussierenden Jungunternehmer David Diallo und Ruha Reyhani.

Ein erster Schritt, die Arbeit dieser Bildungsinnovatoren auch einer breiten Öffentlichkeit bekannt zu machen, war das Schreiben dieses Buches. Und bereits vor der Gründung des Education Innovation Lab entschieden deren Initiatoren, den Schwerpunkt des Vision Summit 2012 auf »Education«, oder genauer: auf »Eduaction« zu legen. Bei dieser internationalen Leitkonferenz für *social innovation*, *social entrepreneurship* und *social impact business* werden im Mai 2012 in Berlin und Potsdam herausragende Bildungsinnovatoren ihre Arbeit präsentieren und mit mehr als 1000 engagierten Multiplikatoren aus Zivilgesellschaft, Stiftungen, Wirtschaft und Politik diskutieren. Im Zuge des Vision Summit 2012 wird auch eine neuartige Internetplattform ans Netz gehen, auf der soziale Innovationen im Mittelpunkt stehen und erstmals Innovatoren in Videopräsentationen vorgestellt werden nach dem Vorbild der legendären Plattform www.ted.com. Diese Videopräsentationen werden ergänzt durch professionelle Infotexte aus dem Team des Magazins *enorm*, durch ausführliche Hinweise, wie jeder diese Projekte gezielt unterstützen kann, sowie durch alle modernen interaktiven Kommunikationsformen, die das Internet ermöglicht.

Diese neuartige Internetplattform wird ferner flankiert durch eine Medienkampagne, die durch den Marktführer für Kampagnenentwicklung – Jung von Matt – pro bono für das Genisis Institut entwickelt wurde. Unter demselben Motto wie das Buch *Denk die Welt weiter!* werden in Pro-bono-Zeitungsanzeigen und vielleicht auch TV-Spots soziale Innovatoren aus dem deutschsprachigen Raum mit ihren umgesetzten Innovationen vorgestellt. Auch hier setzen die Bildungsinnovatoren die Schwerpunkte.

Das Nextlearning-Team entwickelte eine Ausstellung und ein Festivalkonzept, das mit diesem medialen Format Bildungsinnovationen aus aller Welt unmittelbar erfahrbar und »erfassbar« macht. Diese Ausstellung mit Festivalprogramm wird voraussichtlich ab Herbst 2012 für Touren durch die deutschsprachigen Länder zur Verfügung stehen.

Bildungsinnovatoren offensiv unterstützen

Die Bekanntheit von Bildungsinnovatoren in der Öffentlichkeit ist eine notwendige, aber keine hinlängliche Voraussetzung für einen nachhaltigen Durchbruch ihrer Innovationen in unserer Bildungsrepublik. Zur Informationskampagne muss eine ebenso wirksame Mobilisierungskampagne hinzukommen.

Die Idee für eine solche Mobilisierungskampagne entstand im Gespräch mit Peter M. Endres, dem CEO von Ergo Direkt. Entsprechend dem in Kooperation mit der Versicherungsgruppe Ergo weiterentwickelten Konzept wählt das Education Innovation Lab eine Reihe von Bildungsprojekten aus, die sich durch eine hohe Innovationsqualität auszeichnen sowie durch einen hohen Wirkungsgrad zur Lösung von Defiziten in unserer Bildungslandschaft beziehungsweise durch die Bereitstellung von Bildungsdienstleistungen, die für eine zukunftsfähige Bildung unserer Kinder bisher ganz oder in weiten Bereichen unserer Bildungseinrichtungen fehlen. Diese bildungsinnovativen Projekte werden auf einer Internetplattform veröffentlicht zusammen mit jewells sehr konkreten Vorschlägen, wie jeder Bürger diese Projekte bei ihrer möglichst raschen flächendeckenden Ausbreitung unterstützen kann – von der einfachsten Form von Spenden über die Verbreitung der Idee als Botschafter bis zur Unterstützung durch persönliches Engagement im Projekt selbst. Ergo mobilisiert in einer ersten Stufe seine eigenen Mitarbeiter zu aktivem Mitwirken an diesem Vorhaben, also zum Spenden, zum Wirken als Botschafter oder als ehrenamtliche Mitarbeiter in einem der ausgewählten Bildungsprojekte. In einer zweiten Stufe – und dies gab es bisher noch nie in der Geschichte der Übernahme gesellschaftlicher Verantwortung (CSR) durch Unternehmen – wird das betreffende Unternehmen offensiv seine Kunden zur Mitwirkung in diesem Mobilisierungsprojekt gewinnen wollen, und in einer dritten Phase letztlich alle Bürger.

Zum Konzept dieser permanenten Mobilisierungskampagne gehört ferner das Angebot an die ausgewählten Bildungsprojekte, sie bei der nachhaltigen Skalierung ihrer Innovationen zu begleiten, sowie der Aufbau eines breiten Netzwerks von Organisationen, die die einzelnen Projekte aktiv mittragen. Wenn dieses Vorhaben sich in der geplanten Dimension umsetzen lässt, wäre es eine der größten, wenn nicht die größte CSR-Maßnahme, die es je in Deutschland gab.

Zu den zur Wahl stehenden Bildungsprojekten könnten – um ein erstes Beispiel zu nennen – die beschriebenen Sprachbotschafter gehören. Dieses Projekt erfüllt alle der oben genannten Kriterien. Mit Spenden könnten beispielsweise Ausbildungen für Sprachbotschafter finanziert werden, die der entscheidende Hebel für die Ausweitung dieser Dienstleistung sind. Über die Plattform können immer mehr Menschen gewonnen werden, als Botschafter für die Idee der Sprachbotschafter zu wirken, und weitere Spender, weitere Botschafter und weitere aktive Mitwirkende. Es können sich auf diese Weise Projektgruppen auf lokaler Ebene oder auf der Ebene von Schulen bilden, um dort die Idee von Sprachbotschaftern aufzugreifen und umzusetzen.

Ein weiteres Projekt, das in die Plattform aufgenommen werden könnte, ist das Projekt »Rock Your Life«. Hier werden Studenten professionell darauf vorbereitet, sich um Schüler zu kümmern, die beispielsweise Probleme haben, den Hauptschulabschluss aus eigener Kraft zu erreichen. Diese Individualbetreuung erweist sich als überaus wirkungsvoll. Die Schüler mit Lernhemmungen und -defiziten schaffen durch die motivierende Unterstützung in aller Regel ihren Schulabschluss und finden den für sie passenden Ausbildungsplatz. Und die studentischen Betreuer profitieren nicht nur von der professionellen Ausbildung, sondern vor allem von den Erfahrungen, die sie bei der Arbeit mit den Kindern machen: »Heute weiß ich«, sagt ein Teilnehmer des Projekts, »dass dieses Engagement mein wichtigstes Studienfach war, denn hier lernte ich eine entscheidende Fähigkeit für meinen künftigen Berufsweg. Ich lernte hier hautnah und sehr erfolgreich soziale Kompetenz. Eigentlich sollte dieses Studienfach der sozialen Kompetenz mittels Engagement bei ›Rock Your Life‹ oder ähnlichen Bildungsprojekten zum Pflichtfach für alle Studenten werden.«

Durch Spenden, durch Botschafter und durch aktive ehrenamtliche Mitarbeiter könnte und sollte sich »Rock Your Life« ausbreiten, um die Zahl der auf diesem Wege aus der Resignation geholten Hauptschüler und Schulabbrecher von derzeit gut 300 möglichst schnell zu vervielfachen.

Auch dem schon länger existierenden Projekt »Lesefüchse« könnte auf diese Weise zu noch größerer Wirksamkeit verholfen werden. Hier bieten sich Erwachsene an, Schülern mit Migrationshintergrund an Grundschulen Geschichten zu erzählen und vorzulesen, um so ihr Sprachverständnis zu fördern. Selbstverständlich wirkt sich auch hier allein der soziale Kontakt schon positiv auf die Schüler aus. Die Einstiegsschwelle für engagementbereite Jugendliche und Erwachsene ist bei diesem Projekt besonders niedrig, denn Vorlesen und Geschichtenerzählen kann fast jeder leicht anbieten. Entscheidend ist deswegen, dass möglichst viele Menschen von diesem Projekt erfahren und möglichst viele Botschafter dafür werben. Und schon mit relativ geringen Spenden kann das Projekt gefördert werden.

Und schließlich gehört auch das von Tim Breker ins Leben gerufene »em-Schülerfirmennetzwerk« zu den unterstützenswerten Projekten. Es fördert und begleitet die Gründung und den Betrieb von Schülerfirmen, konkret von selbstorganisierten Schülerkiosken, an weiterführenden Schulen. Die Firmen arbeiten als *social businesses*, das heißt, sie arbeiten wirtschaftlich selbsttragend, schütten aber keine Gewinne an Geldgeber aus. Wenn Gewinne erwirtschaftet werden, entscheiden die beteiligten Schüler, die für ihre Kiosk-Arbeit natürlich bezahlt werden, in welches Projekt an der Schule sie fließen sollen. Über ihre »Firma« lernen die Schüler unternehmerisches Denken und Handeln in der Praxis und bereichern ihre Schule nicht nur durch ihr konkretes Angebot, sondern auch durch die Förderung anderer Projekte.

Selbst zur Lösung des Fachkräftemangels existieren sehr nachahmenswerte Bildungsinnovationen in unserem Land. Unternehmen, die händeringend nach geeignetem Nachwuchs für Fachkräftepositionen suchen, haben die geeigneten »Suchmaschinen« noch nicht gefunden. Spezielle Messen, die sie aufwendig organisieren, stoßen auf zu wenig Resonanz, ebenso wie Anzeigen und Onlineportale. Als das entscheidende Problem hierbei identifizierte Ashoka-Fellow Karin Ressel die Tatsache, dass die Ausbildungsplatzsuchenden viel zu unbestimmte Vorstellungen davon haben, welche Anforderungen welche Ausbildungsberufe haben. Umgekehrt haben Unternehmen oft große Probleme, die Anforderungen der von ihnen angebotenen Ausbildungsplätze überhaupt an die richtigen Zielgruppen zu kommunizieren. Zur Lösung dieses Problems entwickelte Karin Ressel sogenannte Berufsparcours, die in einer Schule durchgeführt werden können oder auch in einem großen Unternehmen, das unterschiedliche Ausbildungsberufe anbietet. Es werden dazu Informationsstände errichtet, an denen die Schüler an Geräten oder durch spielerische Konstellationen das, worauf es bei einem jeweiligen Berufsbild ankommt, direkt erfahren können. Sie durchlaufen einen ganzen

Parcours mit solchen Ständen zu unterschiedlichen Ausbildungsberufen. Dadurch erhalten die Schüler nachgewiesenermaßen ein unvergleichlich klareres Bild von einer Vielzahl von Ausbildungsberufen, und Unternehmen können durch die Berufsparcours viel schneller und besser als durch alle Zeugnisse oder Bewerbungsgespräche beurteilen, wer für ihre Ausbildungsplätze wirklich geeignet ist, weil sie die Schüler in einer Situation erleben, die der realen Arbeit in ihrem Betrieb viel näher kommt als jedes Zeugnis oder abstraktes Gespräch. Es hat sich gezeigt, dass dieses Konzept im Vergleich zu entsprechenden anderen Angeboten insgesamt sehr viel mehr Schüler zu der Entscheidung motiviert, einen Ausbildungsberuf Richtung Facharbeiter zu beschreiten.

Freiwillige mit unterschiedlichen Kompetenzen können dabei mithelfen, die notwendigen Materialien und Gerätschaften für Berufsparcours zu organisieren und aufzubauen. Und je mehr Geld für das Projekt Bildungsparcours zur Verfügung steht, für umso mehr Ausbildungsberufe können ähnlich gute Materialien wie die bereits vorhandenen entwickelt werden.

Und noch ein letztes Beispiel: Die in Magdeburg von Meinrad Armbruster, Professor für pädagogische Psychologie, gegründete Bildungsinitiative »Eltern-AG« fand einen innovativen Weg, um Eltern aus besonders schwierigen sozialen Verhältnissen bei der Erziehung ihrer Klein- und Vorschulkinder zu unterstützen. In diesem Projekt werden Eltern aus sozialen Brennpunkten darin ausgebildet, andere Eltern in vergleichbaren Lebenssituationen bei der Bewältigung ihrer Erziehungsaufgaben und der Vorbereitung ihrer Kinder auf einen erfolgreichen Schuleinstieg zu begleiten. Betroffene zu Betreuern in ihrem sozialen Umfeld auszubilden erwies sich als besonders wirkungsvoll, weil diese von den Familien im selben Milieu ganz anders akzeptiert werden. Allein aufgrund der Tatsache, dass es »jemand von ihnen« geschafft hat, die Erziehung der eigenen Kinder besser in den Griff zu bekommen und auch noch gute Tipps an andere weitergeben zu können, wirkt sich ermutigend aus. Die »Eltern-AG« bildet inzwischen nicht nur Betroffene zu Betreuern aus, sondern auch Sozialarbeiter nach dem Train-the-Trainer-Prinzip, damit diese lernen, ihrerseits Betroffene zu Betreuern auszubilden.

Die Eltern-AG wird, wie erstaunlich viele junge »Social-Entrepreneurship-Projekte« im Bildungssektor, so professionell geführt, dass es für sie kein Problem sein dürfte, konkrete Wege zu beschreiben, wie sie durch Spenden, Botschafter und aktive Mitwirkende zu schnellerer bundesweiter Skalierung finden kann.

Schon diese wenigen Beispiele illustrieren, wie viele wunderbare Bildungsinnovatoren unser Land in den letzten Jahren hervorgebracht hat und wie sinnvoll es ist, zur raschen Ausweitung ihrer Innovationen eine Mobilisierungsplattform zu schaffen.

Die Ergo-Versicherungsgruppe entschied sich zur Kooperation mit dem Education Innovation Lab aus dem Willen heraus, der ursprünglichen Idee von Versicherungen wieder mehr Geltung zu verschaffen. Versicherungen wurden als Solidargemeinschaften gegründet, in denen mit Hilfe vieler kleiner Beiträge im Fall einer Erkrankung oder eines Unfalls Einzelnen finanzielle Unterstützung gegeben wird.

Lange Zeit waren solche Solidargemeinschaften lediglich für individuelle Schadensfälle notwendig, denn der Schutz vor grundlegenden Risiken bei Kollektivaufgaben der Gesellschaft als Ganzes war und ist Aufgabe des Staates. Insbesondere die Bereitstellung einer guten Bildung für alle gehört zu diesen staatlichen Aufgaben. Doch inzwischen schafft es der Staat nicht mehr alleine, alle Defizite in den bestehenden Bildungseinrichtungen und -angeboten zu bewältigen. Damit unsere Kinder eine zukunftsbefähigende Bildung erlangen und Defizite schnell ausgeglichen und neue innovative Bildungsansätze schnell über bürgerschaftliches Engagement angeboten werden können, ist es höchste Zeit für eine »Solidarversicherung« einer völlig neuen Art. Dies soll die von Ergo in Zusammenarbeit mit dem Education Innovation Lab, dem Genisis Institut und weiteren Partnern umgesetzte Plattform leisten. Dabei handelt es sich um ein Projekt, das keine Gewinne erwirtschaftet, also um eine rein gemeinnützige Einrichtung, eine gemeinnützige Solidargemeinschaft, ein »Social Impact Joint Venture«.

Eine »Box for change«

Schulen, die sich für einen Transformationsprozess hin zu Potenzialentfaltung entscheiden, brauchen Unterstützung. Zu diesem Zweck hat das Education Innovation Lab eine »Box for Change« entwickelt. Darin enthalten sind wichtige offizielle Dokumente zum Thema, darunter insbesondere Texte von der UNESCO, der UNO, von Bildungsministerien und sonstigen anerkannten Bildungs- sowie Forschungseinrichtungen zu Bildungsfragen, wie auch Materialien zur Potenzialentfaltung, die ständig ergänzt und erneuert werden. Ferner wird die Box Best Practices aufzeigen und Hinweise auf Schulen versammeln, die bereits über Materialien zur Potenzialentfaltung verfügen.

Auch zu Fragen, wie Schulen sich auf den Weg begeben, wen sie als Bündnispartner brauchen, wie und wo sie je nach Entwicklungsstand einsteigen sollen, wer sie dabei begleiten kann, wird es in der »Box for Change« Informationsmaterial geben. Für eine breite Innovationsbewegung brauchen wir noch deutlich mehr kompetente Begleiter, als wir bislang haben. Gerald Hüther wird deshalb gemeinsam mit weiteren Mitgliedern des Education Innovation Lab ein Curriculum entwickeln für die Ausbildung von Potenzialentfaltungscoachs, die Schulen unterstützen können. Zunächst soll die Ausbildung über die Humboldt-Viadrina School of Governance und einer weiteren Hochschule angeboten werden. Partner aus der Wirtschaft sollen die Prozessbegleitung finanzieren.

Ausblick zum Education Innovation Lab

Das Education Innovation Lab konnte in Zusammenarbeit mit weiteren ähnlich denkenden Einrichtungen innerhalb weniger Monate die hier beschriebenen Vorhaben erfolgreich auf den Weg bringen. Mehrere seiner Initiatoren waren nahezu zeitgleich mit dessen Gründung in führende politische Beratungsgremien für Bildungsinnovationen berufen worden. Der Ansatz und die Projekte des Education Innovation Lab stoßen auf starke Resonanz, nicht nur bei den Bildungsinnovatoren, sondern bei reformwilligen Schulen, in der Gesellschaft und auch in der Wirtschaft. Das Education Innovation Lab kann zu einem wichtigen Partner für die Verbreitung der Erfahrungen aller Bildungsinnovatoren im deutschsprachigen Raum werden.

Und was ist Ihr EduAction-Plan?

....

....

....

....

....

....

....

....

....

....

Landkarte der esbz

Rahmenbedingungen

Die Schulgründung wurde vom Elternverein Weiterführende Evangelische Schule Berlin e. V. initiiert und durch ihn in der Aufbauphase mit großem Engagement getragen. Er entstand im Dezember 2006, als sich herausstellte, dass die Grundschule, die ebenfalls von Eltern gegründet worden war, nicht bis zum Ende der Sekundarstufe I weiterlaufen konnte, da sie nur einzügig war. Aus der Not machten Eltern aus den evangelischen Grundschulen Berlin Mitte, Pankow und Lichtenberg eine Tugend und schlossen sich zu einer neuen Gründungsinitiative zusammen, die über sich hinauswuchs, denn bereits im August 2007 konnte die esbz ihr Eröffnungsfest feiern. Seit 1. Oktober 2007 ist die Schulstiftung der Evangelischen Kirche Berlin-Brandenburg-Schlesische Oberlausitz Trägerin der esbz. Grundlage der Lern- und Schulkultur sind die staatlichen Rahmenvorgaben, das kirchliche Schulgesetz, das dem staatlichen weitgehend entspricht, die demokratische Mitbestimmung aller Beteiligten durch gewählte Schüler-, Eltern- und Teamvertreter. Oberstes Entscheidungsgremium der Schule ist die Schulkonferenz. Der Schlüssel für die Berechnung der Lehrerwochenstunden entspricht dem Berechnungsschlüssel an staatlichen Schulen. Gleiches gilt für den Anspruch auf Erzieher und Sozialpädagogen. Berliner Gemeinschaftsschulen mit Ganztag bekommen bei bis zu 300 Schülern zwei Erzieherstellen und bei einer Schülerzahl über 300 eine weitere Sozialpädagogenstelle.

Der Start war ungewöhnlich. Die Stadträtin für Bildung stellte zunächst kein Gebäude zur Verfügung, da sie in ihrem Bezirk keine Schule in freier Trägerschaft wünschte. Erst im Juni 2007 wurde auf erheblichen Druck der Eltern ein heruntergekommener Plattenbau zur Verfügung gestellt. Das bedeutete: Drei Wochen vor den Sommerferien gab es nun zwar ein Gebäude, jedoch kein Kollegium, und die potenziellen Schüler waren inzwischen alle an anderen Schulen angemeldet. Das Schuljahr 2007/2008 startete daher mit 16 Kindern im Jahrgang 7, der Schulleiterin, einer Kollegin mit halber Stelle sowie einer Englischlehrerin, die vier Stunden in der Woche kam. Auch was die Einrichtung betrifft, war der Start ein Abenteuer der besonderen Art. Tische, Stühle, Schränke, die naturwissenschaftliche Grundausstattung bekamen wir von einer Schule, die geschlossen wurde. Es war der erste große Elterneinsatz.

Schon in den ersten Monaten gab es viele Anfragen für Quereinsteiger, und so richteten wir zum zweiten Halbjahr zwei Klassen mit jeweils 23 Jugendlichen ein. Da etliche mit Leistungsdefiziten im Probehalbjahr, Lernhandicaps oder Verhaltensauffälligkeiten zu uns kamen, zwei Schüler waren durch Schulangst seit Monaten Schulverweigerer gewesen, stellte das erste Jahr eine große Herausforderung dar. Trotz der schwierigen Startbedingungen hat der gesamte Pionierjahrgang 2011 erfolgreich den Schulabschluss mit den zentralen Prüfungen absolviert, viele haben die Qualifikation für die Sekundarstufe II erreicht.

Die Schule befindet sich noch immer im Aufbau. Inzwischen sind wir bis zur Jahrgangsstufe 11 hochgewachsen und haben 387 Schüler. In den nächsten beiden Jahren werden noch je etwa 60 Schüler hinzukommen. Die Schule hat sich rasch einen sehr guten Ruf erworben. Weil als Gemeinschaftsschule alle Kinder der Evangelischen Grundschule Berlin-Mitte, unserer Partnerschule im Gemeinschaftsschulprojekt, einen Anspruch auf einen weiterführenden Schulplatz an der esbz haben, der von den meisten angenommen wird, bleiben nur wenige Plätze, die wir frei vergeben können. Für das Schuljahr 2011/2012 hatten wir für die 7. Jahrgangsstufe 350 Anmeldungen auf 15 Plätze.

Die Schule ist offen für alle Kinder, unabhängig von ihrer konfessionellen, sozialen oder ethnischen Herkunft. Derzeit haben etwa 20 Prozent unserer Schüler einen sogenannten Migrationshintergrund, oft nur ein Elternteil. Etwa ein Viertel der Familien ist schulgeldbefreit oder zahlt den geringsten Schulgeldsatz; 16 Kinder haben festgestellten sonderpädagogischen Förderbedarf (Autismus, Asperger, Förderschwerpunkt Lernen, körperliche Handicaps, Förderschwerpunkt sozial emotional). Ab dem nächsten Schuljahr werden drei Kinder mit Downsyndrom mit uns lernen, zwei davon kommen von unserer Partnergrundschule.

Als Schule in freier Trägerschaft werden uns nur 93 Prozent der vergleichbaren Personalkosten refinanziert, Sachkosten und Miete werden nicht erstattet. Die Differenz zu den tatsächlichen Kosten, die pro Schüler entstehen, muss durch Schulgeld aufgebracht werden. Dieses richtet sich nach dem Einkommen der Eltern und liegt zwischen 45 und 315 Euro monatlich für das erste Kind, Geschwisterkinder zahlen beim Minimalsatz 22,50 Euro (erstes Geschwister) beziehungsweise 11,25 Euro (ab dem zweiten Geschwister). Hartz-IV-Empfänger sind generell von Schul- und Buchgeld befreit, Familien mit geringem Einkommen können einen Antrag auf Befreiung stellen. Hinzu kommen 40 Euro pro Monat für das gemeinsame warme Mittagessen, an dem alle Schüler der Sekundarstufe I verpflichtend teilnehmen. Für Kinder mit Förderbedarf bekommen Berliner Schulen in freier Trägerschaft die den Kindern zustehenden Förderstunden nicht direkt nach Stunden pro Kind zugewiesen, sondern berlinweit ist ein Durchschnittsbetrag berechnet, der pauschal in den 93 Prozent Refinanzierung enthalten ist. So haben wir, um die Inklusion zu ermöglichen, in den ersten Jahren durch Putzen unserer Schule und die damit eingesparten Mittel eine zusätzliche halbe Sonderschulstelle selbst erwirtschaftet.

Unser Schulgebäude war und ist eine Herausforderung. »Von außen betrachtet ist die erst vor knapp drei Jahren gegründete Schule ein Horrorkabinett«, so war in *Spiegel WISSEN* zu lesen. »Zwei heruntergekommene Plattenbauten mit zugigen Fenstern und löchriger Fassade, in denen die Gewerbeaufsicht vermutlich keinen Betrieb zulassen würde.«[26] Da wir einen wunderbaren Hausmeister und engagierte, tatkräftige Eltern haben, konnten wir unser Schulgebäude inzwischen in vielen Bauwochenenden deutlich verschönern. Fast unsere gesamte Einrichtung haben wir in den ersten Jahren secondhand aus geschlossenen Schulen und anderen öffentlichen Gebäuden organisiert. Damit wir unser Forum, eine große Aula, bauen konnten, haben weit über 100 Eltern einen Bürgschaftskredit in Höhe von 100 000 Euro aufgenommen, der nun in den nächsten Jahren nach und nach zurückgezahlt wird.

Seit 2008 nehmen wir in Kooperation mit der Evangelischen Grundschule Berlin-Mitte am Berliner Pilotprojekt Gemeinschaftsschule teil. Gemeinschaftsschulen haben in Berlin einen anspruchsvollen Auftrag, nämlich Modelle für individuelle Förderung zu entwickeln und zu erproben, ohne die Kinder in Leistungsgruppen aufzuteilen, wie es an Gesamtschulen bis vor kurzem gesetzlich vorgeschrieben war und dementsprechend noch häufig Praxis ist. Deshalb darf in der Sekundarstufe I in keinem Fach äußerlich differenziert werden. Das längere gemeinsame Lernen, das in den meisten OECD-Staaten seit langem selbstverständliche Praxis ist, soll mit der Gemeinschaftsschule auch in Berlin zu einem Verständnis von *diversity* als Bereicherung und mehr Chancengerechtigkeit unabhängig von den Voraussetzungen der Kinder und Jugendlichen führen. Durch die von der gesamten Schulgemeinde getragene Schulentwicklung und die Zusammenarbeit mit außerschulischen Partnern soll sich nicht nur die Gemeinschaftsschule als demokratischer Lern- und Lebensraum entwickeln, sondern auch eine neue Lernkultur in Kommunen aufgebaut werden. Verantwortung, gegenseitiger Respekt und Anerkennung sind dabei wichtige Leitziele.

In der Gemeinschaftsschule gibt es keine Probezeit und keine herkömmliche Versetzung. Alle Schülerinnen und Schüler rücken bis Jahrgangsstufe 10 in die nächsthöhere Jahrgangsstufe auf und sollen ihrer Lernentwicklung entsprechend individuell gefördert werden. Auf Antrag eines Schülers oder dessen Erziehungsberechtigten kann die Klassenkonferenz in begründeten Einzelfällen die freiwillige Wiederholung einer Jahrgangsstufe oder spätestens am Ende des ersten Schulhalbjahres den Rücktritt in die vorherige Jahrgangsstufe gestatten. Auch das Überspringen einzelner Jahrgangsstufen ist grundsätzlich möglich.

Berliner Gemeinschaftsschulen und inzwischen auch Berliner Sekundarschulen können Zensuren bis Klasse 9 aussetzen. An der esbz dokumentieren die Klassenlehrer, die zugleich Tutoren für jeweils 13 Jugendliche sind, mit Zertifikaten regelmäßig den individuellen Leistungsstand. Einmal im Halbjahr führt der Lehrer ein Bilanz- und Zielgespräch mit den Schülern und Eltern. Am Ende des Schuljahres bekommen alle zusätzlich einen ausführlichen Lernentwicklungsbericht. Der erbrachte Leistungsstand kann jederzeit auch in einem Notenzeugnis unter Hinweis auf das abschlussbezogene Anforderungsniveau dokumentiert werden, sollte dies beispielsweise aufgrund eines Schulwechsels oder Umzugs in ein anderes Bundesland erforderlich werden. Gemeinschaftsschulen, so auch die esbz, nehmen an bundesweiten Vergleichsarbeiten und den zentralen Abschlussprüfungen teil, in der Pilotphase werden die Berliner Gemeinschaftsschulen wissenschaftlich begleitet und evaluiert. Am Ende der Jahrgangsstufe 10 werden alle Abschlüsse der Sekundarstufe I vergeben. Mit Qualifikation für die Sekundarstufe II können die Schüler die gymnasiale Oberstufe besuchen. Gemeinschaftsschulen in Berlin nehmen sich 13 Schuljahre Zeit bis zum Abitur. Immer gilt: Kinder einer Gemeinschaftsschule haben einen gesicherten Schulplatz von Klasse 1 bis 10 beziehungsweise bis zum Abitur.

Als verpflichtende Ganztagsschule nutzen wir die uns zur Verfügung stehenden 34 Stunden für einem rhythmisierten Ganztag: Der Unterricht beginnt täglich um 8.30 Uhr und endet montags bis donnerstags um 15.45 Uhr und freitags um 14.15 Uhr, dann mit der Schulversammlung. Innerhalb dieser Zeit brechen wir die klassische Aufteilung in Unterricht am Vormittag und Arbeitsgruppen am Nachmittag auf, um größtmögliche Freiräume zu schaffen für ganz unterschiedliche Projekte und um wichtige Elemente wie Klassenrat, Projekt Verantwortung und Schulversammlung zu ermöglichen. Englisch als Fremdsprache ist für alle verpflichtend, Französisch und Spanisch werden als weitere Fremdsprachen ab Jahrgang 7 oder 9 angeboten. Darüber hinaus haben unsere Schüler viele Wahlmöglichkeiten, die ihnen das Verfolgen individueller Interessen und das Lernen nach eigenem Rhythmus und Lernstand ermöglichen. Wir verstehen uns als Innovationslabor für einen Paradigmenwechsel in der Lern- und Schulkultur. Unser Konzept, das auf dem Ethos der Agenda 21 basiert, wird regelmäßig überdacht und weiterentwickelt, dabei beziehen wir die Jugendlichen, von denen wir viel lernen können, maßgeblich als Experten mit ein.

Strukturmodell der esbz

Als Gemeinschaftsschule haben wir den Auftrag und Anspruch, die Kinder und Jugendlichen möglichst individuell zu fördern. Heterogenität ist ausdrücklich gewünscht, die Kinder sollen gemeinsam mit- und voneinander lernen. Da in Berlin die Möglichkeit besteht, auch in der Sekundarstufe in jahrgangsgemischten Gruppen zu lernen, war für uns schnell klar, dass wir diese Chance nutzen würden. Wir handeln nach dem Grundverständnis: »Jeder zählt, jeder ist einzigartig.«

Die Kinder arbeiten in Jahrgangsmischung 7 bis 9, und alle sind willkommen. Jedes Kind hat und entwickelt andere Stärken. Beziehungskultur, Coaching, Ermutigung und Wertschätzung sowie die Erfahrung, dass jeder gebraucht wird und jeder für das große Ganze seinen Beitrag leisten kann, ermöglichen Erfahrungen des Gelingens und des Über-sich-Hinauswachsens. Die Sekundarstufe I untergliedert sich an der esbz in die jahrgangsgemischte Stufe 7 bis 9 und die Stufe 10. Diese Aufteilung hängt damit zusammen, dass der Wechsel auf die weiterführende Schule in Berlin erst nach der 6. Klasse erfolgt. Vier Jahrgangsstufen zusammen zu unterrichten war uns von der Altersmischung her zu viel. Nur zwei Stufen zu mischen wiederum zu wenig, denn dann würde in jedem Schuljahr die Hälfte einer Klasse ausgewechselt.

In einigen Lernformaten mischen sich auch Zehntklässler mit jüngeren Schülern: im Projekt Verantwortung der Klassen 10, bei dem diese eine Stunde pro Woche als Coachs im Lernbüro der 7. bis 9. Jahrgänge mithelfen, im Wahlpflichtunterricht II, der in Jahrgangsmischung 9/10 läuft, und in einigen Projekten mit außerschulischen Partnern wie Lehrerfortbildung oder Design Thinking, die über alle Jahrgangsstufen laufen. Auch bei den Herausforderungen mischen sich die Jahrgangsstufen.

Bei der Entwicklung unseres Strukturmodells haben wir uns von folgenden Überlegungen leiten lassen:

- Kern aller menschlichen Motivation ist es, Anerkennung, Wertschätzung und Zuwendung zu finden und zu geben (Joachim Bauer, Neurobiologe und Psychotherapeut)[27]. Eine wertschätzende Beziehungskultur ist deshalb zentrales Element der esbz.

- Wahlmöglichkeiten, nach dem eigenen Rhythmus, auf individuellem Niveau und mit verschiedenen Zugängen arbeiten können – all das erhöht die Motivation. Vertrauen und Wertschätzung entstehen durch Freiheit, nicht durch Zwang. Deshalb steht an der esbz das Kind als Subjekt der eigenen Lernprozesse im Zentrum.

- Begeisterung und Sinnhaftigkeit sind Schlüssel für erfolgreiches Lernen. Die entscheidenden Erfahrungen machen Menschen dann, wenn sie sich gemeinsam mit anderen um etwas Wichtiges kümmern (Gerald Hüther). In jedem Jahrgang sind deshalb Gelegenheitsstrukturen für gemeinsames Gestalten in realen Lebensbezügen verankert.

Daraus hat sich eine Struktur ergeben, in der etwa die Hälfte der Lernzeit im Klassenverband mit den Klassenlehrern gearbeitet wird, die andere Hälfte ist wählbar und findet in unterschiedlichen Gruppen statt.

Jeder Tag beginnt für die Schüler der Stufe 7 bis 9 mit zwei Stunden in einem der Lernbüros, das heißt, sie können sich entscheiden, ob sie im Bereich Deutsch, Mathe, Englisch oder Natur & Gesellschaft arbeiten möchten. Im Lernbüro ist der Lehrstoff in Form von Bausteinkarten aufbereitet, die die Schüler eigenständig bearbeiten. Bei jedem Baustein können die Schüler, je nach Lernstärke, unterschiedlichen Lernpfaden mit Zusatzmaterialien folgen. Das Material hat das Kollegium der esbz selbst hergestellt, in Anlehnung an die Rahmenpläne.

Individualisierung ist möglich in Bezug auf Zeitintensität pro Fach, Komplexität, Sozialform. Die Schüler bestimmen auch den Zeitpunkt für ihre Leistungsnachweise. In jedem Lernbüro ist ein Lehrer, an den sich die Schüler bei Fragen wenden können. Es gibt an der esbz jedoch die Regel, dass Schüler sich zuerst an Klassenkameraden wenden, womit wir gute Erfahrungen machen. Hier kommen auch die Zehntklässler ins Spiel, die im Lernbüro assistieren.

Die Kontrolle darüber, dass ein Schüler nicht nur in seinen Lieblingsfächern arbeitet, behalten die Klassenlehrer über die sogenannten Logbücher und über regelmäßige Tutorengespräche. In jedem Fach müssen die Schüler im Laufe des Schuljahres eine bestimmte Anzahl von Bausteinen erfolgreich abschließen. Wie der Name schon vermuten lässt, hilft das Logbuch den Schülern, durch das Schuljahr zu navigieren und ihre einzelnen Lernetappen festzuhalten. Das Logbuch ermöglicht, sich jederzeit ein Bild über den aktuellen Stand zu verschaffen.

Jede Klasse hat zwei Klassenlehrer und 26 Schüler. Jeder Klassenlehrer ist damit für 13 Tutanden verantwortlich, mit denen er sich regelmäßig, mindestens einmal alle zwei Wochen, zusammensetzt.

Täglich verbringt die Klasse Zeit mit ihren Klassenlehrern: Soziales Lernen, Klassenrat, Lesestunde und Studierzeit (während der auch die Tutorengespräche geführt werden) sowie die Vorbereitung auf das Projekt Verantwortung und Herausforderung. Außerdem hat die Klasse an einem Tag in der Woche nach dem Lernbüro ein fünfstündiges Zeitfenster für Projekte. Dass die Kinder sich durch die Klassenzeiten in eine Gemeinschaft einbinden können, einen festen Ort und feste Aufgaben haben, ist für sie von elementarer Bedeutung in einem Schulalltag, der von individuellem Lernen und wechselnden Kurszusammensetzungen geprägt ist.

Im Jahrgang 7 und 8 wählen die Schüler jedes Halbjahr zwei Werkstätten, im Jahrgang 9 eine. Rund 40 Werkstätten stehen zur Auswahl, die von Lehrern, Eltern als Experten, externen Partnern oder von Schülern angeboten werden. In den Werkstätten findet sich der künstlerisch-ästhetische Bereich, Sport, Naturwissenschaften, Neue Medien, Praktisches Lernen und vieles mehr. Hier gibt es verpflichtende Bereiche und solche, die eine individuelle Schwerpunktsetzung ermöglichen.

Im Wahlpflichtunterricht I ab Jahrgang 7 haben die Jugendlichen die Wahl zwischen einer zweiten Fremdsprache (Französisch oder Spanisch), Naturwissenschaften, Theater, Musical oder Praktischem Lernen. Im Wahlpflichtunterricht II ab Jahrgang 9 werden Französisch und Spanisch, Sport, Kunst, Musik, Neue Medien, Theater, Berufswahlvorbereitung und weitere Kurse angeboten. Französisch und Spanisch werden als einzige Fächer noch in jahrgangshomogenen Gruppen unterrichtet.

Fördern und Fordern findet durch spezielle Materialien im Lernbüro, durch Lernpartner, in spezifischen Werkstattangeboten, in Zusatzangeboten wie dem English Day Camp in den Ferien, in besonderen Herausforderungen und in Projekten statt.

In der 7. und 8. Klasse steht das Fach Verantwortung auf dem Plan. Die Schüler suchen sich selbst eine Aufgabe außerhalb der Schule, in der sie Verantwortung für das Gemeinwesen übernehmen.

In der 8., 9. und 10. Klasse stellen sich die Jugendlichen drei Wochen einer Aufgabe außerhalb von Berlin, die sie interessiert und die für sie persönlich eine Herausforderung darstellt. Diese Aufgabe bereiten die Schüler selbständig vor und bewältigen sie allein oder in einer Gruppe.

Generell gilt der Grundsatz: Individualisierung vor Konformität, Altersmischung wenn möglich. Lernen findet möglichst in Projekten oder mit Bezügen zur Lebenswelt statt. Das Konzept für den Jahrgang 10 befindet sich gerade in der Überarbeitung. Es soll neben Logbuch, Tutorensystem und Klassenrat mit individualisierten Lernformaten in den Kern- und Prüfungsfächern und strukturell verankerter fächerübergreifender Projektarbeit stärker als bisher die Lernprinzipien aus den unteren Jahrgängen fortführen. Die Schüler des Jahrgangs 10 übernehmen als Lernpartner einmal wöchentlich in den Lernbüros Verantwortung für ihre jüngeren Mitschüler.

Auch in der dreijährigen Oberstufe sollen die pädagogischen Leitideen der Sekundarstufe I zentral verankert werden. Hier gilt es, die Freiräume auszuloten und auszuschöpfen, die trotz aller Pflichtvorgaben für das Abitur möglich sind. Lernen, Wissen zu erwerben, Lernen zu handeln in Bezug auf nachhaltige Entwicklung, Lernen, zusammen zu leben, sind auch in der Sekundarstufe II die Grundpfeiler des schulischen Lernens und Handelns. Ziel ist die Erlangung von Gestaltungskompetenz: vorausschauendes Denken, interdisziplinäres Wissen, autonomes Handeln in heterogenen Gruppen, interkulturelle Kompetenz und Partizipation an gesellschaftlichen Entscheidungsprozessen sind zentrale Elemente, die dafür nötig sind.

Der Unterricht der Oberstufe zielt darauf ab, dass die Schüler:

- in ihrer Selbständigkeit und Verantwortung für ihren eigenen Lernprozess gestärkt werden und dabei auch besondere Herausforderungen meistern,
- die fachlichen, aber auch die methodischen Anforderungen für die allgemeine Hochschulreife erwerben – in der Schule und auf Exkursionen, Studienfahrten und bei Projektkooperationen mit wissenschaftlichen Instituten und anderen Partnern,
- durch das Konzept der Profiloberstufe in Zusammenhängen lernen und
- in fächerübergreifenden Projektphasen zusätzlich zu Fachkompetenzen auch Planungs- und Präsentationskompetenzen weiter ausbauen,
- sich mit den zentralen Anforderungen an die Gesellschaft des 21. Jahrhunderts auseinandersetzen und Lösungsstrategien für die zentralen Zukunftsfragen entwickeln.

Durch die Bildung von Profilen, in denen je ein Leistungskurs mit einem oder zwei Grundkursen gekoppelt ist, setzen wir eine Struktur, in der auch in der Oberstufe Lernen in größeren Blöcken stattfinden kann. Die Profile ermöglichen darüber hinaus auch in der Oberstufe eine stabile Beziehungskultur mit mindestens acht Stunden in derselben Schülergruppe, es gibt also weiterhin die »Heimatklasse« mit Coaching durch den Tutor. Die Profile ermöglichen aber auch strukturell Raum für fächerübergreifende Projekte außerhalb der Schule, da im Plan jeweils fünf Stunden der Profilfächer an einem Wochentag im Stundenplan hintereinanderliegen. Die Profile entsprechen den drei Dimensionen der Nachhaltigkeit: Kultur, Individuum, Gesellschaft. Gesellschaft mit den

Fächern Kunst und Deutsch/Geschichte, Umwelt und Nachhaltigkeit mit Biologie und Geografie sowie Innovation und Wirtschaft mit den Fächern Englisch und Wirtschaft. Aneignung von Fachwissen ist ebenso gefragt wie die eigenverantwortliche Durchführung von Projekten. Social Business, Entrepreneurship, Design Thinking sollen wichtige Elemente der Sekundarstufe II werden.

Während ihres dreimonatigen Auslandsaufenthalts lernen die Schüler andere Kulturen kennen, erweitern ihren Horizont und verbessern ihre Fremdsprachenkenntnisse.

Wir befinden uns mitten im Transformationsprozess, Neues und Altes existiert in einigen Bereichen noch nebeneinander. Vor allem wenn Noten gegeben werden müssen und die zentralen Prüfungen anstehen, sind wir immer wieder gefährdet, in alte Muster zurückzufallen.

Es ist wichtig, sich das bewusst zu machen. Oft sind es auch die Schüler, die uns darauf aufmerksam machen. Probleme, die sich im Transformationsprozess zeigen, sind nicht per se schlecht – unser Gehirn freut sich darüber, es ist zum Problemlösen gemacht. Wichtig ist, *wie* eine Institution mit Herausforderungen, mit Scheitern umgeht. Denn das prägt den heimlichen Lehrplan und das wahre Lernen für das Leben.

Das Kollegium

Wir sind eine Teamschule, da wir davon überzeugt sind, dass eine gute Beziehungskultur mit Kooperationsstrukturen auch für das Kollegium eine Qualität darstellt. Als Lehrer an der esbz muss man Offenheit mitbringen, den Kollegen und Schülern gegenüber wie auch gegenüber Veränderungen. Teamarbeit wird auch bei den Schülern von Anfang an gefordert und gefördert.

Die kleinste Einheit ist das Klassen-Tandem: Jede Klasse hat zwei Klassenlehrer. Sie sind die Tutoren, die als Vertrauenspersonen und für Erziehungsfragen und die Elternzusammenarbeit in besonderem Maße verantwortlich sind.

Jeweils drei Klassen bilden ein Kleinteam, zu dem sechs Lehrer mit unterschiedlichen fachlichen, sozialen und methodischen Kompetenzen gehören. Dieses Kleinteam ist als pädagogische Einheit eine kleine Schule in der großen und bildet das Zentrum unserer Bildungs- und Erziehungsarbeit. Es ist demokratisch organisiert und wählt Teamsprecher, die als Bindeglied die Kleinteams im erweiterten Schulleitungsteam vertreten. Im Rahmen des Schulprofils reflektiert, koordiniert und evaluiert jedes Kleinteam seine fachliche und pädagogische Arbeit, oft mit Supervision.

Die Erzieher und Sozialpädagogen tagen manchmal als eigenes »Team Q«, sind aber auch den Kleinteams zugeordnet und nehmen themenbezogen an deren Sitzungen teil.

Alle zusammen bilden das Großteam, das dem Gesamtkollegium entspricht.

Auch die Schulleitung arbeitet in Teamstruktur. Das erweiterte Schulleitungsteam besteht aus der Schulleiterin, der pädagogischen Leiterin, der Mittelstufenleiterin, der Oberstufenleiterin, den Sprechern der Kleinteams und einem Mitarbeitervertreter. Ein stellvertretender Schulleiter wird noch dazukommen.

Donnerstag ist Konferenztag. Kleinteams tagen zweimal monatlich. Hinzu kommen in regelmäßigen Abständen der Pädagogische Salon, Arbeitsgruppensitzungen, Fachkonferenzen und Großteamsitzungen. Vor einem Jahr hat ein Kollege den Kulinarischen Salon initiiert. Er findet bei den Kollegen privat statt. In unregelmäßigen Abständen wird reihum zum Essen eingeladen, die dabei geführten anregenden Gespräche dauern meist bis in die Nacht. Dieser Rahmen ermöglicht es in besonderem Maße, sich ohne Tagesordnung, ohne Moderation und vor allem ohne den Zwang, Ergebnisse zu erzeugen, kennenzulernen, Vertrauen zu gewinnen und miteinander auszutauschen.

Elternmitarbeit

War die Schule in den letzten über 200 Jahren die untere Instanz einer Anweisungshierarchie, so ist sie nach modernem Verständnis eine Verstehens- und Verständigungsgemeinschaft, eine Verantwortungsgemeinschaft, die nur dann erfolgreich agieren kann, wenn es unter den verschiedenen, aber gleichwertigen Partnern, den Kindern und Jugendlichen, ihren Eltern, den professionellen Pädagogen in multiprofessionellen Teams und den Partnern im Gemeinwesen, zu Abstimmungen über die wesentlichen Fragen kommt.

Dazu ist ein Mehr an Zeit aller vier Gruppen für Begegnung, Kommunikation und Kooperation notwendig. Manchmal sind die Fähigkeiten für eine entsprechende wertschätzende Kommunikation und Kooperation noch wenig ausgeprägt, viele Erwachsene haben keine gute Erinnerung an ihre eigene Schulzeit, so dass es umso wichtiger ist, viele Gelegenheiten zu entwickeln, die Begegnungen und Vertrauensbildung ermöglichen.

Die Regel in unserer Bildungslandschaft ist jedoch häufig, dass Eltern eher einen Beobachterstatus in Bezug auf die Schule ihrer Kinder haben. Obwohl die gute Zusammenarbeit von Elternhaus und Schule längst als Schlüssel für den erfolgreichen Lernweg der Kinder gilt, sind Eltern oft nicht wirklich in diesen zentralen Lebensraum ihrer Kinder involviert. Warum ist das so? Eltern können durch eigenes Engagement in der Schule überholte Denkmuster über Schule und Lernen leicht korrigieren. Und sie repräsentieren gleichzeitig durch ihr erworbenes Wissen und ihre erworbenen Lebenserfahrungen einen wahren Schatz an Kompetenzen, von denen Schüler und Lehrer an den Schulen erheblich profitieren können. Also: Es ist höchste Zeit, Schule und Eltern zu einer Lerngemeinschaft zu machen.

An der esbz sind Eltern willkommen und werden als kompetente Partner verstanden und eingebunden. Wir veranstalten regelmäßig Themen-Elternabende, auf denen wichtige aktuelle Themen diskutiert werden, auch mit außerschulischen Experten. Wir feiern jedes Schuljahr einen Eltern-Lehrer-Tanzball. Auf sogenannten KOSEL-Foren beschäftigen sich Schüler, Eltern und Lehrer mit für sie relevanten aktuellen Themen, die von einer Eltern-AG vorbereitet und moderiert werden. Die Schulleiterin und der Vorstand des Elternvereins treffen sich regelmäßig, um über anstehende Schulthemen zu sprechen. Eltern haben den Strukturausschuss gegründet, der das Elternhandbuch (welches die wichtigen Elemente, Strukturen und Regeln an der esbz erklärt) entwickelt hat und weitere Themen, die der Strukturverbesserung und Transparenz dienen, in Angriff nimmt.

So entstehen Beziehungen, die über die übliche Eltern-Lehrer-Rolle hinausgehen und die wir, neben einer offenen, wertschätzenden Kommunikation zwischen allen Beteiligten, für einen wesentlichen Aspekt der Förderung der Kinder und Jugendlichen halten.

Alle Eltern verpflichten sich zur Mitarbeit. Wir sehen diese Elternmitarbeit als »Projekt Verantwortung für Eltern«, weil Eltern sich damit mitgestaltend in die Entwicklung der esbz einbringen. Wir erwarten die Mitgliedschaft im Elternverein der Schule und einen Mindesteinsatz von drei Stunden Arbeitszeit monatlich pro Familie in Schule oder Verein. Bei diesen Arbeitseinsätzen können Eltern sich vorhandenen Arbeitsgruppen anschließen, haben aber auch Raum für eigene Ideen und Potenziale.

Als Schule im Aufbau ist die esbz auf diese Unterstützung angewiesen. So waren es auch Eltern, die maßgeblich die Renovierung und Ausstattung unseres heruntergekommenen Schulgebäudes vorangetrieben haben. An sogenannten Bauwochenenden kommen 50 und mehr Menschen zum Helfen, oft mit Kindern, alles ist top organisiert und für Verpflegung gesorgt. Für neue Eltern sind Bauwochenenden eine wunderbare Gelegenheit, in die Gemeinschaft hineinzuwachsen.

Eltern betreuen auch unser Selbstlernzentrum, eine Bibliothek und Mediathek mit vielen Arbeitsplätzen. Die IT-Gruppe hat in unermüdlichem Einsatz unser Netzwerk installiert, baut es aus und ist im Notfall zur Stelle. Eine Mutter hilft im Projekt Verantwortung bei der Suche nach neuen Partnern. Eine andere Mutter entwickelt mit Jugendlichen das Essensangebot in unserer Mensa weiter. Andere Eltern bieten Werkstätten an und werden manchmal als Experten in den Projektunterricht eingeladen. Inzwischen hat die »AG Elternarbeit« eine Kartei angelegt, eine Art Freiwilligenbörse, damit Eltern bei Bedarf zielgenau angesprochen werden können. Ein Vater, der Schreiner ist, hat das Podest im Selbstlernzentrum gebaut, Landschafts- oder Hobbygärtner engagieren sich bei der Umgestaltung des Schulgeländes, Fotografen machen Fotos bei wichtigen Ereignissen. Ohne das Newsletter-Elternteam gäbe es nicht die großartigen Newsletter, die alle zwei Monate erscheinen. Die gute Organisationsstruktur führt dazu, dass nahezu alle Eltern eine Aufgabe finden.

So initiierten Eltern auch die Elternschule als Fortbildung für die Erziehungsberechtigten der neuen Siebtklässler, die in den Kosmos esbz einführt. Etwas ganz Besonderes durften wir erleben, als die Finanzierung unserer Aula gefährdet war, weil die öffentlichen Zuschüsse und die unseres Schulträgers nicht ausreichten. Sofort setzten sich Eltern zusammen und überlegten, was zu tun sei. Innerhalb von vier Monaten fanden sich weit über 100 Eltern, die in einer fantastischen Aktion eine Bürgschaft für einen Kredit leisteten.

Die enge Verzahnung von Schule und Elternhaus macht Freude und inspiriert. »Schule ist immer ein Thema in der Familie, wenn es nicht gut läuft, ein ganz schreckliches«, sagt Iris Bussler, die Mutter eines Jungen aus dem Gründungsjahrgang. »Wenn ich also die Chance habe, konstruktiv etwas zu tun, damit Schule gut funktioniert und die Kinder gerne hingehen, dann stecke ich meine Energie da sehr gerne rein.«

Anmerkungen

1 Rainer Maria Rilke: *Von Kunst-Dingen*. Gustav Kiepenheuer Verlag 1983

2 Werner A. Leeb im Gespräch mit Claus Otto Scharmer, am Rande der TRIGON Studientage, März 2002; publiziert in: *Trigon Themen*, 2/2002. S. 2–3. www.trigon.at/mediathek/pdf/trigon_themen/2002/TrigonThemen202.pdf

3 Ebd., S. 2

4 Ebd.

5 Selbstverständnis der Evangelischen Schule Berlin Zentrum. www.ev-schule-zentrum.de/selbstverstaendnis.0.html (zuletzt aufgerufen am 27.2.2012)

6 Ebd.

7 Vereinte Nationen: Agenda 21. Konferenz der Vereinten Nationen für Umwelt und Entwicklung, Rio de Janeiro 1992. www.un.org/depts/german/conf/agenda21/agenda_21.pdf

8 UNESCO/UN-Dekade »Bildung für nachhaltige Entwicklung«: *Das Konzept der Gestaltungskompetenz.* www.bne-portal.de/core media/generator/unesco/de/02__UN-Dekade_20BNE /01__Was_ 20 ist_20BNE/Gestaltungskompetenz.html

9 Vgl. Bertelsmann Stiftung (Hrsg.): *Kinder- und Jugendpartizipation in Deutschland. Daten, Fakten, Perspektiven,* Gütersloh: Verlag Bertelsmann Stiftung 2005. www.bertelsmann-stiftung.de/bst/de/media/xcms_bst_dms_17946_17947_2.pdf

10 Statistisches Bundesamt Deutschland (Destatis)/Wissenschaftszentrum Berlin für Sozialforschung (WZB), Zentrales Datenmanagement (Hrsg.) in Zusammenarbeit mit Das Sozio-Oekonomische Panel (SOEP) am Deutschen Institut für Wirtschaftsforschung (DIW): *Datenreport 2011: Ein Sozialbericht für die Bundesrepublik Deutschland.* Bd. 1; www.de statis.de/jetspeed/portal/cms/Sites/destatis/Internet/DE/Content/Publikationen/Querschnittsveroeffentlichungen/Datenreport/Downloads/Datenreport2011, property=file.pdf

11 Ebd., S. 360

12 Ebd., S. 358

13 Ebd., S. 360

14 Stiftung Mercator: www.stiftung-mercator.de/presse/presseter mine/pressetermin-details/article/mercator-bildungsdiskurs-geht-mit-andreas-schleicher-auf-die-suche-nach-der-schule-der-zukunft.html (Seite zuletzt aufgerufen am 27.2.2012)

15 Wilhelm Heitmeyer (Hrsg.): *Deutsche Zustände. Folge 8.* Frankfurt am Main: Suhrkamp Verlag 2010

16 Klaus Werner/Hans Weiss: *Das neue Schwarzbuch Markenfirmen: Die Machenschaften der Weltkonzerne.* Berlin: Ullstein 2006

17 Petra Schäfer-Timpner/Roger Richter (Fotograf): *Armut gehört ins Museum: Jugend im Gespräch mit Muhammad Yunus.* Epubli 2010

18 Vgl. Prof. em. Dr. Klaus Klemm im Auftrag der Bertelsmann Stiftung:»Gemeinsam lernen. Inklusion leben. Status quo und Herausforderungen inklusiver Bildung in Deutschland«. Gütersloh: Gütersloher Verlagshaus 2010

19 Vgl. EKD:»Kirche und Bildung: Herausforderungen, Grundsätze und Perspektiven evangelischer Bildungsverantwortung und kirchlichen Bildungshandelns. Eine Orientierungshilfe des Rates der EKD«. Gütersloh: Gütersloher Verlagshaus 2010

20 Vgl. Prof. em. Dr. Klaus Klemm im Auftrag der Bertelsmann Stiftung:»Gemeinsam lernen. Inklusion leben. Status quo und Herausforderungen inklusiver Bildung in Deutschland«. Gütersloh: Gütersloher Verlagshaus 2010

21 Vgl. Gesetz zu dem Übereinkommen der Vereinten Nationen vom 13. Dezember 2006 über die Rechte von Menschen mit Behinderungen sowie zu dem Fakultativprotokoll vom 13. Dezember 2006 zum Übereinkommen der Vereinten Nationen über die Rechte von Menschen mit Behinderungen, Artikel 24. Am 21. Dezember 2008 vom Deutschen Bundestag mit Zustimmung des Bundesrates beschlossen. www.un.org/Depts/german/uebereinkommen/ar61 106-dbgbl.pdf

22 UNESCO: *Policy Guidelines on Inclusion in Education.* Paris 2009, S. 14. http://unesdoc.unesco.org/images/0017/001778/177849e.pdf

23 Vgl. Kate Picket/Richard Wilkinson: *Gleichheit ist Glück: Warum gerechte Gesellschaften für alle besser sind.* Berlin: Tolkemitt bei Zweitausendeins 2010

24 Vgl. Kate Picket/Richard Wilkinson: *Gleichheit ist Glück: Warum gerechte Gesellschaften für alle besser sind.* Berlin: Tolkemitt bei Zweitausendeins 2010

25 Richard Louv: *Das letzte Kind im Wald. Geben wir unseren Kindern die Natur zurück!.* Weinheim: Beltz 2011

26 Markus Deggerich in: *Der Spiegel WISSEN* Nr. 2/2010, S. 102

27 Vgl. Joachim Bauer: *Prinzip Menschlichkeit. Warum wir von Natur aus kooperieren.* Hamburg: Hoffmann und Campe 2006

Literaturverzeichnis

Bauer, Joachim: *Prinzip Menschlichkeit. Warum wir von Natur aus kooperieren.* Hamburg: Hoffmann und Campe, 2006

Bertelsmann Stiftung (Hrsg.): *Kinder- und Jugendpartizipation in Deutschland. Entwicklungsstand und Handlungsansätze.* Gütersloh: Verlag Bertelsmann Stiftung, 2007

Bertelsmann Stiftung (Hrsg.): *Kinder- und Jugendpartizipation in Deutschland. Daten, Fakten, Perspektiven.* Gütersloh: Verlag Bertelsmann Stiftung, 2005

Bîrzéa, César/Kerr, David/Mikkelsen, Rolf, et al.: *All-European Study on Education for Democratic Citizenship Policies.* Strasbourg: Council of Europe, 2004

Bundesministerium des Innern (Hrsg.): *Theorie und Praxis des gesellschaftlichen Zusammenhalts.* Berlin 2008

Delors, Jaques: *Lernfähigkeit – unser verborgener Reichtum. Bildung für das 21. Jahrhundert.* Hrsg. von der Deutschen UNESCO-Kommission, Neuwied 1998

Dijk, Lutz van: *Themba.* München: Cbt, 2008

Dijk, Lutz van: *Niemand wird mich töten.* Wuppertal: Peter Hammer Verlag, 2011

Dohmen, Günther: *Das informelle Lernen – Die internationale Erschließung einer bisher vernachlässigten Grundform menschlichen Lernens für das lebenslange Lernen aller.* BMBF, Bonn 2001

Dueck, Gunter: *Aufbrechen! Warum wir eine Exzellenzgesellschaft werden müssen.* Frankfurt am Main: Eichborn Verlag, 2010

Dueck, Gunter: *Professionelle Intelligenz: Worauf es morgen ankommt.* Frankfurt am Main: Eichborn Verlag, 2011

Dürr, Karlheinz/Ferreira Martins, Isabel/Spajic-Vrkas, Vedrana: *Demokratie-Lernen in Europa.* Strasburg: Council for Cultural Co-Operation (CDCC) 2001. www.bpb.de/files/V0ZNDB.pdf

Edelstein, Wolfgang: »›Verantwortungslernen‹ als Kernbestand schulischer Bildung? Bedingungen und Chancen schulischer Transformation«, in: Anne Sliwka/Christian Petry/Peter E. Kalb (Hrsg.): *Durch Verantwortung lernen. Service Learning in Schule und Gemeinde.* Weinheim: Beltz, 2004

Edelstein, Wolfgang/Fauser, Peter: »Demokratie lernen und leben. Gutachten zu einem BLK-Modellversuchsprogramm«, in: Bund-Länder-Kommission für Bildungsplanung und Forschungsförderung (Hrsg.): *Materialien zur Bildungsplanung und Forschungsförderung.* Heft 96, Bonn 2001

EKD: »Kirche und Bildung: Herausforderungen, Grundsätze und Perspektiven evangelischer Bildungsverantwortung und kirchlichen Bildungshandelns. Eine Orientierungshilfe des Rates der EKD«. Gütersloh: Gütersloher Verlagshaus, 2010

Haan, Gerhard de/Edelstein, Wolfgang/Eikel, Angelika (Hrsg.): *Qualitätsrahmen Demokratiepädagogik.* Weinheim: Beltz, 2007

Heitmeyer, Wilhelm (Hrsg.): *Deutsche Zustände. Folge 8.* Frankfurt am Main: Suhrkamp, 2010

Hüther, Gerald: *Was wir sind und was wir sein könnten. Ein neurobiologischer Mutmacher.* Frankfurt am Main: S. Fischer, 2011

Hüther, Gerald: *Die Macht der inneren Bilder. Wie Visionen das Gehirn, den Menschen und die Welt verändern.* Göttingen: Vandenhoeck & Ruprecht, 2006

Klemm, Klaus, im Auftrag der Bertelsmann Stiftung: »Gemeinsam lernen. Inklusion leben. Status quo und Herausforderungen inklusiver Bildung in Deutschland«. 2010

Kretschmer, Winfried (Hrsg.): *Soziale Innovation. Das unbekannte Feld der Erneuerung.* Dossier *changeX*, eBook changeX, Erding/München 2011

Leeb, Werner A., im Gespräch mit Claus Otto Scharmer, am Rande der TRIGON Studientage. März 2002, publiziert in: *Trigon Themen*, 2/2002, S. 2–3, www.trigon.at/mediathek/pdf/trigon_themen/2002/TrigonThemen202.pdf

Louv, Richard: *Das letzte Kind im Wald. Geben wir unseren Kindern die Natur zurück!.* Weinheim: Beltz, 2011

Mettler-von Meibom, Barbara: *Wertschätzung*. München: Kösel, 2006

Moore Lappé, Frances: *Packen wir's an! Klarheit, Kreativität und Mut in einer verrückt gewordenen Welt*. Bielefeld: Kamphausen, 2009

Picket, Kate/Wilkinson, Richard: *Gleichheit ist Glück: Warum gerechte Gesellschaften für alle besser sind*. Berlin: Tolkemitt bei Zweitausendeins, 2010

Radermacher, Franz Josef/Spiegel, Peter/Obermüller, Marianne: *Global Impact. Der neue Weg zur globalen Verantwortung*. München: Hanser, 2009

Rilke, Rainer Maria: *Von Kunst-Dingen*. Gustav Kiepenheuer Verlag 1983

Schäfer-Timpner, Petra/Richter, Roger (Fotograf): *Armut gehört ins Museum: Jugend im Gespräch mit Muhammad Yunus*. Epubli 2010

Seifert, Anne: *Resilienzförderung an der Schule: Eine Studie zu Service-Learning mit Schülern aus Risikolagen*. Wiesbaden: VS-Verlag, 2011

Seifert, Anne/Zentner, Sandra: *Service-Learning – Lernen durch Engagement: Methode, Qualität, Beispiele und ausgewählte Schwerpunkte. Eine Publikation des Netzwerks Lernen durch Engagement*. Weinheim: Freudenberg Stiftung, 2010

Sliwka, Anne: *Bürgerbildung Demokratie beginnt in der Schule*. Weinheim: Beltz, 2008

Sliwka, Anne/Frank, Sandra: *Service-Learning. Verantwortung in Schule und Gemeinde*. Weinheim: Beltz, 2004

Spiegel, Peter: *Eine bessere Welt unternehmen. Wirtschaften im Dienst der Menschheit. Social Impact Business*. Freiburg/Br: Herder, 2011

Spiegel, Peter: *Eine humane Weltwirtschaft. Erfolgsfaktor Mensch*. Vorwort von Ernst Ulrich von Weizsäcker. Nachwort von Franz Josef Radermacher. Report an die Global Marshall Plan Initiative. Düsseldorf: Patmos, 2007

Statistisches Bundesamt Deutschland (Destatis)/Wissenschaftszentrum Berlin für Sozialforschung (WZB)/Zentrales Datenmanagement (Hrsg.) in Zusammenarbeit mit Das Sozio-Oekonomische Panel (SOEP) am Deutschen Institut für Wirtschaftsforschung (DIW): *Datenreport 2011: Ein Sozialbericht für die Bundesrepublik Deutschland*. Bd. 1; www.destatis.de/jetspeed/portal/cms/Sites/destatis/Inter

net/DE/Content/Publikationen/Querschnittsveroeffentlichungen/
Datenreport/Downloads/Datenreport2011,property=file.pdf

UNESCO: *Policy Guidelines on Inclusion in Education*. Paris 2009,
S. 14; http://unesdoc.unesco.org/images/0017/001778/177849e.pdf

UNESCO/UN-Dekade »Bildung für nachhaltige Entwicklung«: *Das
Konzept der Gestaltungskompetenz*; www.bne-portal.de/core media/
generator/unesco/de/02__UN-Dekade_20BNE/01__Was_20ist
_20BNE/Gestaltungskompetenz.html

Vereinte Nationen: Agenda 21. Konferenz der Vereinten Nationen für
Umwelt und Entwicklung. Rio de Janeiro 1992; www.un.org/depts/
german/conf/agenda21/agenda_21.pdf

Werner-Lobo, Klaus: *Uns gehört die Welt! Macht und Machenschaften
der Multis*. München: Hanser, 2008

Dank

Momentaufnahme aus dem Jahr 1986: Erpressung, Gewalt und Mobbing in Klasse 8 des Jungengymnasiums. Die Jugendlichen hatten sich schließlich eine »Gruppe« gewünscht, und ich habe eingeladen zu mir nach Hause. Sechzehn Schüler kamen. In der Woche darauf waren es 33. Die neu Dazugekommenen musste ich wegschicken. Offensichtlich brauchten die Jugendlichen etwas, und so machte ich mich gemeinsam mit ihnen auf die Suche. Es war ein langer Weg. Er lehrte mich Respekt für die Bedürfnisse von Kindern und Jugendlichen, Bewunderung für den Mut und die Potenziale von Heranwachsenden und den Wunsch, eine Schule zu entwickeln, in der Kinder und Jugendliche sich mit Kopf, Herz und Hand entfalten und gesellschaftlich engagieren können.

Heute blicke ich voller Dankbarkeit auf all das, was auf diesem Weg entstehen durfte und was nur möglich wurde und wird durch die vielen: die Kinder, die mich mit ihrer Ehrlichkeit und Herzkraft berühren und mit ihrer Kreativität, Begeisterung, ihrem Strahlen anstecken, die Eltern, die dem Projekt einer neuen Schule Vertrauen und Zuversicht schenken, die Kolleginnen und Kollegen, die mit mir in der Sehnsucht übereinstimmen, das pädagogische Ethos zu leben, die Verantwortlichen in Kommune, Organisationen und Institutionen, die entdecken, dass hier eine Chance für die Erneuerung unserer Gesellschaft liegt, die Freundinnen und Freunde, die mir zur Seite stehen und als Weggefährten immer wieder inspirieren.

Mein besonderer Dank gilt der Schulstiftung der Evangelischen Kirche Berlin-Brandenburg-Schlesische Oberlausitz, die unsere Teilnahme am Berliner Pilotprojekt Gemeinschaftsschule unterstützt hat und uns in all unseren Innovationen bestärkt, dem mutigen, visionären und unglaublich engagierten Team der Evangelischen Schule Berlin Zentrum, den Eltern, die eine neue Schule wollten, sie gründeten und sich, wo immer möglich, unterstützend einbringen, den Kindern, die uns täglich das Herz öffnen, den Projektpartnern, Universitäten, Unternehmen, die mit uns zusammen das Abenteuer einer neuen Schule wagen, und den vielen Lehrerinnen und Lehrern, ganze Kollegien, die sich haben ermutigen lassen und den Aufbruch wagen, was uns wiederum bestätigt und stärkt.

Mein intensiver Wunsch ist, dass wir gemeinsam Wege finden, wie Kinder das in ihnen schlummernde Potenzial mit Freude und Begeisterung entdecken und entwickeln, um so zu verantwortungsvollen Bürgerinnen und Bürgern mit Gemeinsinn, Visionskraft und Handlungsmut heranwachsen zu können. Otto Herz und Gerald Hüther danke ich als Vor- und Mitdenker für die wunderbare Freundesbegleitung. Mit ihnen teile ich die Vision, dass die Zukunft Welt-Bürger mit Verantwortungs-Bewusst-Sein, Spür-Sinn, Ehr-Furcht, Kreativität, Unternehmungs-Geist und Zivil-Courage braucht, dass Schulen Werk-Stätten- und Wirk-Stätten der Menschlichkeit werden. An diesem Maßstab muss sich unser Bildungssystem messen.

Dass dieses große Anliegen heute seinen Niederschlag in einem Buch findet, dafür danke ich insbesondere meinem Kollegen Peter Spiegel, durch den ich nicht nur viele Visionäre kennenlernen durfte, sondern der mich auch nach vielen Anfragen anderer letztlich von der aktuellen Wichtigkeit dieses Buches überzeugte. Wir danken Marianne Obermüller, die mit der earthrise society das Entstehen dieses Buches tatkräftig unterstützte, sowie Julia Schoon, die mit vielen Interviews und redaktionellen Arbeiten mit großartigem Einsatz daran mitwirkte, dass unser Buch so wurde, wie es jetzt ist.

Margret Rasfeld

Mein Dank gilt den vielen Lehrern aus der Schulzeit und danach, die mir auf meinen Wegen so viele wertvolle Lerngeschenke bereitet haben. Mein ausdrücklicher und ehrlicher Dank gilt aber auch jenen Lehrern, die mich dazu verleitet haben, über alternative Ansätze einer besseren Bildung nachzudenken, weil mir vieles, was ich während meiner Schülerjahre erleben durfte, als deutlich verbesserungsbedürftig erschien.

Mein tiefer Dank sei insbesondere auch an Erik Blumenthal gerichtet, der aufgrund seiner jahrzehntelangen psychologischen Erfahrung einmal meinte: »Erziehung ist die Kunst, aus hochintelligenten Kindern ziemlich dumme Erwachsene zu machen.« Mit dem Ansatz der Potenzialentfaltung von Gerald Hüther und in der praktischen Umsetzung von Margret Rasfeld entsteht die Perspektive, dass wir vielleicht in absehbarer Zeit tatsächlich ausrufen können: Bildung ist die Kunst, aus hochintelligenten Kindern noch viel intelligentere Erwachsene zu machen. Für die mutigen Schritte in diese Richtung: meine tief dankbare Verbeugung vor Gerald Hüther und Margret Rasfeld – und vor allen, die sich aufgemacht haben, Bildung neu zu erfinden entsprechend dem Menschenbild, in jedem Menschen ein Bergwerk zu sehen, reich an Edelsteinen von unschätzbarem Wert.

Peter Spiegel

Register

Agenda 21 30 ff., 77, 80, 179, 234, 261

Aktiv-Hof 110, 149, 152 ff., 187, 190

Anerkennung 26, 47, 52, 58 f., 104, 118, 130, 138, 143, 145, 175, 177, 196, 232, 235

Aufsteiger des Jahres 107 f., 144, 180

Ausland 42, 90, 98 f., 109, 118, 156 ff., 160, 162 f., 240

Auszeichnung 45, 104, 107, 144 ff., 180, 196

Autist/Autismus 84, 125, 231

autoritär 191, 198 f.

Bangladesch 92, 156 ff., 164

Baustein
Siehe Lernbaustein

Begeisterung 9, 16 f., 23, 64, 68, 72, 87, 90, 95, 110, 164 f., 183, 188, 190, 235

Behindertenrechtskonvention 123, 131

Beziehungskultur 18, 104, 186, 234 f., 239 f.

Bilanz- und Zielgespräch 101, 106 f., 129, 140, 171, 195, 233

Bildungsbündnis 187 f., 201

Bildungssystem 12, 16, 22 ff., 35, 53, 120 f., 123, 130 f., 170 f., 182, 188 f., 205, 207 f., 212, 214, 218

Binnendifferenzierung 96, 99, 122

Blue Economy 47, 50 f., 109, 111, 153

Chaos 41, 156, 194, 198

Coach 38, 44, 73, 84, 87, 94, 119, 125, 133 ff., 152, 161, 167, 172, 174 f., 189, 227, 234 f., 239

Curriculum 27, 38, 40 f., 46, 53 f., 72, 143, 183, 191, 227

Demokratie 39, 52, 138, 143 f., 206

Design Thinking 38, 44, 111 ff., 116 f., 172 f., 175, 235, 240

Dhaka 156 ff., 163 ff.

Education Innovation Lab 11, 218 ff., 226 f.

ehrenamtliches Engagement 31, 45, 47, 52 ff., 56, 61, 75, 79, 84, 91, 98, 104, 107 f., 111, 118, 130, 138, 166 f., 180, 221, 223, 226, 242

Einstellung 14, 34, 39, 52, 89

Eltern 11 f., 14 ff., 19, 25 f., 30, 40 ff., 47, 56 f., 59, 67 f., 70, 84, 86 f., 90, 97 f., 101, 106 ff., 110 f., 118, 127, 129, 130, 136, 144, 149, 152, 154, 161, 167, 170 f., 180, 188, 195, 197 f., 225 f., 229 ff., 237, 241 ff.

Entrepreneurship 163, 218 ff., 226, 240

Ethos 28, 30, 32, 37, 130, 234

evangelisch 31 f., 67, 184, 187, 229

Finkbeiner, Felix 75

Förderbedarf 100, 106, 121, 125, 129, 231

Forum 31, 41, 61, 91, 130, 143 f., 169, 178 ff., 232

Ganztagsschule 83, 233

Gehirn 16, 19, 45, 63 ff., 89, 149, 240

Gelegenheit 17, 24, 38, 40, 43, 53, 63, 81, 89, 91, 104, 123, 130, 135, 177, 180, 236, 242 f.

Gemeinschaft 29, 31, 37, 44 f., 54, 117 f., 124, 130, 133, 139, 144, 149, 151 ff., 178, 180, 190, 209 f., 215, 217, 230, 237, 243 f.

Gemeinschaftsschule 18, 26, 97, 123, 180, 229 f., 232 ff.
Gemeinsinn 20, 46, 52, 121, 253
Gerechtigkeit 31, 35 f.
Gesellschaft 10, 21 f., 24 f., 33, 52 f., 80 f., 86 ff., 93, 111 f., 115 f., 121 f., 131, 143, 149, 174, 187, 189, 190, 200, 202, 204 ff., 218, 226, 228, 236, 239
Gestalter 24, 28, 190
Gottesdienst 161, 177, 179
Grundschule 54, 57 f., 75 f., 78 f., 81 f., 84 ff., 90, 121, 123, 127, 129, 135 f., 143, 188, 223, 229 ff.

Hasso Plattner Institut für Design Thinking 44, 111, 114, 172, 175
Haus des Lernens 30 f., 123
heimlicher Lehrplan 23, 240
Heterogenität 23, 27, 120 f., 124, 234
hochbegabt 44, 126 f., 172
Hochschule 117, 182 f., 208 f., 213, 216, 227, 239
Hüther, Gerald 10, 12, 19, 64, 86, 182, 186, 220, 227, 236

individuell 25, 27, 41, 62, 73, 93 ff., 102, 109 f., 119, 122 ff., 128 f., 134, 138, 146, 180, 191, 210, 212, 226, 232 ff.
Inklusion 18, 121 ff., 126, 130 ff., 185, 231
Innovation 8, 11, 21 ff., 28, 50, 80, 87, 110 ff., 189, 194, 197, 199, 205 f., 218 ff., 226 ff., 234, 240
Institut für Bildungskunst 182, 187 ff., 201
interdisziplinär 35, 40, 111 f., 115, 238

jahrgangsübergreifend 134

Klassenlehrer 42 f., 86, 96, 104, 135, 139, 154, 177, 196, 233, 236 f., 240
Klassenrat 37, 130, 138 ff., 169, 196, 199, 234, 237 f.
Klimabotschafter 75 ff., 80, 136
Klimaschutz 50, 76, 78, 136, 149, 179

Landkreis Ostwestfalen-Lippe 186, 201
Lehrer 11, 14 ff., 19, 23 ff., 40 ff., 48, 50, 55, 58 f., 62, 65 f., 68, 70 ff., 77, 83 ff., 93 f., 96, 99, 101, 104 f., 107 f., 110 f., 115 ff., 124 ff., 133 ff., 140 ff., 144 f., 147 f., 153 f., 156 f., 164 f., 167 ff., 178 ff., 182 ff., 186, 188 ff., 193, 195, 198 f., 208, 212 ff., 233, 236 f., 240 ff.
Lehrerfortbildung 11, 18, 44 f., 65, 68, 72, 96, 100, 108, 134, 145, 168 f., 179, 184, 193, 235
Lernbaustein 51, 93 ff., 105, 108, 118, 126, 133, 135, 180, 236
Lernbüro 42, 93 f., 96, 98, 100 f., 105, 118, 123, 125, 128, 130, 133 ff., 168 f., 171, 180, 186, 190, 193, 195, 235 ff.
Lernbüro Plus 100, 125 f.
Lernen durch Engagement 39, 41, 46 f., 55, 61, 72, 143
Lernpfad 99, 126, 236
Lese-Rechtschreib-Schwäche 58
Lied der Woche 130, 146, 178 f.
Lob 82, 104, 130, 145 f., 176, 178
Logbuch 93, 101 ff., 106, 169, 171, 190, 195, 236 f.

Mathematik 48 f., 97, 135, 202 f., 209 ff.
Metakompetenz 25, 46, 97
Migrant/Migrationshintergrund 80, 82, 130, 190, 223, 231
Mitbestimmung 229

Mittelstufe 45, 47, 57, 68, 105, 145, 241

Motivation 56, 63, 69, 71, 76, 88, 95 f., 104, 115, 193, 215, 218, 235

multikulturell 88

Musik 48, 68 ff., 163, 178 f., 237

Mutkarte 79, 130, 177 f.

Mut/mutig 22, 24, 26, 28, 31, 38 f., 56, 58 f., 64, 90, 119, 124, 127, 144, 146, 158, 165, 168, 170, 177, 185 f., 191, 193, 199

nachhaltig 8, 22, 31 f., 35, 38, 40 f., 46, 50, 77, 95, 104, 113, 143, 154, 183, 186, 206, 221 f., 238 ff.

Naturerfahrung 149 f., 153

Naturverbindung 117, 151 f., 155

Naturwissenschaften 48 ff., 66, 70, 93, 98, 147, 195, 200, 208 f., 230, 237

Neues Lernen 167, 187, 190

Noten 28, 45, 97 f., 104, 107, 109, 115, 120, 180, 204, 233, 240

Oberstufe 233, 238 f., 241

Offenheit 12, 31, 38, 110, 118 f., 128, 240

Pädagogik 25, 68 f., 72

Paradigmenwechsel 20, 64, 73, 111, 124, 195, 234

Peer Learning/Peer Education 28, 44, 86, 133 ff., 143

Peter Gläsel Stiftung 183, 187 ff., 201

Pflichterfüller 22, 24, 28

PH Salzburg 72

Pionier 51, 72, 116, 126, 182, 230

Plant for the Planet 38, 75 f., 78 f., 135 f., 147, 157, 164, 178

Portfolio 28, 108

Potenzial 8 ff., 14, 17, 21 ff., 27, 39, 63 f., 80, 94, 104, 121, 123 f., 149,

152 ff., 175, 189, 199, 202, 204, 209, 211 ff., 216, 218, 227, 243

Projektarbeit 40, 45, 47, 57, 116, 238

Projekt Herausforderung 37, 41, 62, 64, 72 f., 78, 150, 154, 158, 169, 171, 190, 196

Projekt Verantwortung 37, 41, 44, 46, 51 ff., 56, 58 f., 78, 84 f., 108, 112, 114, 128, 134 f., 138, 147, 157, 164, 171, 186, 190, 196, 234 f., 237, 243 f.

Rahmenlehrplan 70, 96, 125

Reflexion/reflektieren 22, 28, 46, 55, 73, 84, 109, 178, 196, 207, 241

Religion 59, 83

Respekt 52, 59, 102, 131, 232

Risikobereitschaft 23, 63, 194

Ritual 130, 144, 177 ff.

Schatzsucher 28, 104, 123

Scheitern 23 f., 26, 28, 62, 98, 114, 129, 189, 191, 240

Schulkonferenz 160, 197, 229

Schulkultur 26, 35, 37, 40, 138, 199, 229, 234

Schulversammlung 37, 55, 76, 99, 130, 133, 138, 144 ff., 177 ff., 190, 234

Selbstwirksamkeit 21, 26, 39 f., 63, 66, 130, 138, 153

Selektion/selektiv 15, 22, 24 f., 28, 120, 122 f., 182

Sinn/sinnhaft 8, 18, 26, 28, 35, 40, 52 f., 64, 87, 94, 104, 120, 154, 171, 177, 183, 202 f., 206 ff., 212, 215 ff., 220, 226, 235

Sinn-Stiftung 17, 19, 152 f., 155, 187, 189 f., 201, 220

Social Business 91, 206, 224, 240

Sonderpädagoge/Sonderpädago-
gin 66, 74, 100, 106, 117, 119, 125,
129, 182
Soziales Lernen 37, 86, 138 f. 199 f.,
237
Sprachbotschafter 44, 52, 80 f.,
83 ff., 136, 222
Student 65 f., 74, 119, 168, 213, 222,
223

Team 31, 38, 42 ff., 46, 65, 73, 93, 95,
100, 110, 112 ff., 130, 133, 172,
174 f., 178, 185, 197, 204, 209 ff.,
215, 219 ff., 229, 240 ff., 244
Transformation 9, 16, 19, 22, 24, 26,
182, 184, 186, 189 f., 227, 240
Tutor 55, 93, 99, 101, 104 ff., 125,
130, 212 ff., 233, 238 ff.
Tutorengespräch 96, 98, 101, 105 f.,
118, 124 f., 171, 236 f.

Universität 48, 65, 71 f., 77, 87, 116,
167, 219

Verantwortung 8, 13, 20, 24, 30 ff.,
34, 37, 39 ff., 44, 46, 51 ff., 58 f.,
61 ff., 65, 72, 78, 84 ff., 108, 112,
114, 128, 134 f., 138 f., 141, 147,
157, 160, 163 f., 168, 171, 185 f.,
188, 190, 194, 196, 198 f., 204,
216 f., 222, 232, 234 f., 237 ff.,
242 ff.

Vertrauen 25, 28, 31, 40, 45, 58, 63,
65, 68, 73, 104, 117 f., 124 ff., 140,
159, 168, 171, 177, 235, 240 ff.
Vision 21 f., 26, 32, 38 f., 63, 75, 83,
87, 91, 131, 137, 152, 161, 170,
177, 183, 187, 190, 200
Vision Summit 75, 77, 91, 135 f.,
220
Vorbild 54, 89, 186, 220

Werkstatt 44, 48, 70, 82, 85, 117,
135, 151, 238
Wertschätzung 14, 25, 102, 104, 110,
122, 124, 168, 184, 234 f.

Yunus, Muhammad 91 f., 113

Zertifikat 28, 56, 59, 99, 101, 107,
126, 169, 233
Zukunft 10, 12, 14 ff., 25 f., 34, 37,
46, 62, 72, 80, 88, 111, 121, 129,
156, 170 f., 182, 184 f., 202, 218 ff.,
239

Über die Autoren

Margret Rasfeld wurde 1951 in Gladbeck geboren. Sie ist Biologie- und Chemielehrerin mit Zusatzqualifikationen in der Organisationsentwicklung, themenzentrierter Interaktion sowie Kunst- und Gestaltungstherapie. Von 1976 bis 1992 war sie an Gymnasien in Nordrhein-Westfalen als Lehrerin tätig, wo sie, oft als Pionierin, innovative Unterrichtsformen umsetzte, mit Projekten auch außerhalb der Schule sowie Aufgaben, die für die Kinder einen erkennbaren Bezug zu ihrem Leben und ihrer Umwelt hatten. So gründete sie beispielsweise 1982 am Gymnasium Borbeck eine Umweltgruppe, die zuerst das Schulgebäude begrünte und dann einen Schulgarten anlegte, der von der Deutschen Gartenbaugesellschaft hochrangig ausgezeichnet wurde. Für ihr Engagement und die Projekte im Umweltbereich erhielten ihre Schüler zahlreiche Preise. 1987 entwickelte Margret Rasfeld ein bundesweit beachtetes Präventivkonzept der Schulsozialarbeit, das sie – als herausgehobenes Vorhaben vom Kultusministerium gefördert – mit vielen außerschulischen Partnern umsetzte. Sie erhielt dafür den Bundesgesundheitspreis. Im Rahmen dieses Konzeptes begleitete Margret Rasfeld in psychosozialer Gruppenarbeit eine Jungengruppe von Klasse 8 bis 12. Anlass war Mobbing, Gewalt, Diebstähle, Terror gegenüber Lehrern. Die Erfahrung war für Margret Rasfeld ein Schlüsselerlebnis, aus dem ein Grundpfeiler ihrer späteren Schulkonzepte resultierte: Menschen stärken, wertschätzende Beziehungen als Basis erfolgreichen Lernens, Lehrer als Lernbegleiter, Coachs und Potenzialentdecker, Schule als Werk- und Wirkstätte der Menschlichkeit.

In den Jahren von 1992 bis 1997 baute sie als didaktische Leiterin die Gesamtschule Borbeck in Essen auf. In dieser Zeit zeichnete sich bereits ab, dass es in Essen zur Gründung einer weiteren Gesamtschule kommen würde, und Margret Rasfeld entwickelte ihr visionäres reformpädagogisches Konzept, mit dem sie sich 1997 erfolgreich auf die Leitung der Gesamtschule Essen-Holsterhausen bewarb. In den folgenden zehn Jahren baute sie diese zur bundesweit beachteten, vielfach ausgezeichneten Agenda-Schule und zur damals einzigen inklusiven weiterführenden Schule in Essen auf.

In dieser fünfzügigen Schule im sozialen Brennpunkt entwickelte und erprobte sie vieles, was heute Teil des herausragenden Konzeptes der Evangelischen Schule Berlin Zentrum ist: Inklusion, wertschätzende Beziehungskultur, Lob und Anerkennung, Mutkarte, Projekt Verantwortung, Menschen mit Botschaften, Kinder als Referenten, Peer Education, Projektarbeit mit außerschulischen Partnern, enge Zusammenarbeit mit den Eltern. Wichtige Elemente fehlten dort jedoch, insbesondere die Aufhebung der äußeren Differenzierung mit dem Lernbüro und die Jahrgangsmischung.

Seit 2007 ist Margret Rasfeld Leiterin der Evangelischen Schule Berlin Zentrum, eine der 16 Schulen, die in Berlin zum Schuljahr 2008 das Pilotprojekt Gemeinschaftsschule starteten. Dort setzt sie nun mit ihrem engagierten Team ihre über die Jahre gereifte Vision einer radikal neuen Lern- und Schulkultur konsequent um und entwickelt sie mit der gesamten Schulgemeinde kontinuierlich weiter. Im April 2009 wurde Margret Rasfeld von Klaus Wowereit, Regierender Bürgermeister von Berlin, unter dem Motto »Sei visionär, sei mutig, sei Berlin« als Botschafterin für Berlin für ihr Konzept und Engagement für die »Eine Schule für Alle« ausgezeichnet, im Mai 2011 erhielt sie den Berliner Naturschutzpreis für ihr herausragendes Engagement in der praktischen Naturschutzarbeit, der Jugendumweltbildung sowie der Entwicklung und Umsetzung eines neuen Schulkonzeptes.

Von Anfang an hatte Margret Rasfeld ein umfassendes Verständnis ihrer Lehrerinnenrolle und verband ihre Tätigkeit als Lehrerin mit der Schul- und Kommunalentwicklung. Seit 1988 hat sie im Gesunde Städte Netzwerk der WHO mitgearbeitet, war maßgeblich beteiligt an der Entwicklung der Community Education in Deutschland und initiierte und leitete in diesem Kontext zahlreiche Modellprojekte in den Feldern Gesundheitsförderung, Schulsozialarbeit, Gewaltprävention, Mädchenförderung, Demokratiepädagogik, kulturelle Bildung, Agenda 21. Als gefragte Referentin berät sie Schulen, Bildungsprojekte und Stiftungen. 2011 wurde sie als eine von sechs Kernexperten in den Zukunftsdialog der Bundeskanzlerin »Wie wollen wir lernen?« berufen.

Peter Spiegel, geboren 1953, studierte Soziologie in Regensburg, war zwischen 1981 und 1988 beim Verlag C.H. Beck tätig, und anschließend selbständiger Verleger. Er ist Initiator und Leiter des Genisis Institute for Social Innovation and Social Impact Strategies sowie des Vision Summit, Senior Fellow an der Humboldt-Viadrina School of Governance, Vorstand der Global Entrepreneurs, Generalsekretär des Global Economic Network und Political Affairs Director des Senats der Wirtschaft Deutschland, Autor und Herausgeber von mehr als 25 Büchern, Keynote Speaker und Workshopleiter bei 30 bis 50 Events pro Jahr, Mitglied des Club of Marrakesh, vormals u. a. Generalsekretär des Club of Budapest International sowie Mitinitiator der Global Marshall Plan Initiative. Als Leiter des Genesis Instituts trug er maßgeblich zum Durchbruch der Social-Business- und Social-Innovation-Bewegung im deutschsprachigen Raum bei. Sein Vorschlag des FUNDAEC-Bildungsansatzes an die Jury der EXPO 2000 wurde dort aufgenommen und als »das derzeit beste Bildungsprojekt der Welt« gewertet. In seiner Zeit als Verleger publizierte er mit Erik Blumenthal, Theo Schoenaker, Fari Khabirpour und Frederick Mayer mehrere führende Psychologen und Pädagogen.

Zu seinen aktuellen Engagements zählen u.a.:

- Autor, Co-Autor, Herausgeber und Ghostwriter von über 25 Büchern sowie zahlreichen weiteren Buchbeiträgen
- Initiator, Institutsleiter und Geschäftsführer des im August 2008 gegründeten »Genisis Institute for Social Innovation and Impact Strategies« (kurz: Genisis Institut; www.genisis-institute.org)
- Initiator und Leiter des »Vision Summit«, einem seit 2007 jährlich stattfindenden internationalen Konferenzformat für

visionäre gesellschaftspolitische Zukunftskonzepte (www.vision summit.org)

- Senior Fellow an der Humboldt-Viadrina School of Governance und Initiator sowie Co-Leiter des 2011 dort eingerichteten Education Innovation Lab (www.humboldt-viadrina.org)
- Initiator und Vorstand der »Global Entrepreneurs« (www.global-entrepreneurs.org)
- Political Affairs Director des »Senats der Wirtschaft Deutschland« (www.senat-der-wirtschaft.de)
- Weitere Informationen unter: www.peterspiegel.de